商品の仕入れ

4/12　商品¥400,000の仕入れ
商品（資産）の増加－買掛金（負債）の増加

（借）商　　品　400,000　　（貸）買　掛　金　400,000

商品の売り上げ

4/15　商品¥350,000（原価¥250,000）の売り上げ
現金（資産）の増加　　商品（資産）の減少
売掛金(資産)の増加　　商品売買益(収益)の発生

（借）現　　　金　200,000　　（貸）商　　　品　250,000
　　　売　掛　金　150,000　　　　　商品売買益　100,000

4/27　売掛金¥100,000の回収
現金（資産）の増加－売掛金（資産）の減少

（借）現　　　金　100,000　　（貸）売　掛　金　100,000

費用の支払い

4/10　家賃¥20,000の支払い
支払家賃（費用）の発生－現金（資産）の減少

（借）支払家賃　20,000　　（貸）現　　金　20,000

4/25　従業員に給料¥80,000の支払い
給料（費用）の発生－現金（資産）の減少

（借）給　　料　80,000　　（貸）現　　金　80,000

4/30　雑費¥4,000の支払い
雑費（費用）の発生－現金（資産）の減少

（借）雑　　費　4,000　　（貸）現　　金　4,000

図解 決算手続き《1》 〔本文P.49～P.61参照〕

① 仕訳帳　2

平成○年	摘要	元丁	借方	貸方
	前ページから		2,060,000	2,060,000
	（日常の取引の合計）		2,457,000	2,457,000

① 合計試算表〔決算前勘定合計額〕
平成○年4月30日

借方	元丁	勘定科目	貸方
1,202,000	1	現　　　　金	705,000
150,000	2	売　掛　　金	100,000
580,000	3	商　　　　品	350,000
220,000	4	備　　　　品	
	5	買　掛　　金	400,000
200,000	6	借　入　　金	250,000
	7	資　本　　金	500,000
	8	商品売買益	140,000
	9	受取手数料	12,000
80,000	10	給　　　　料	
20,000	11	支　払　家賃	
4,000	12	雑　　　　費	
1,000	13	支　払　利息	
2,457,000		（照合）	2,457,000

② 仕訳帳　3

平成○年	摘要	元丁	借方	貸方
	決　算　仕　訳			
4/30	諸　　口　（損　益）	14		152,000
	（商品売買益）	8	140,000	
	（受取手数料）	9	12,000	
	収益の各勘定の振替			
〃	（損　益）　諸　　口	14	105,000	
	（給　　料）	10		80,000
	（支払家賃）	11		20,000
	（雑　　費）	12		4,000
	（支払利息）	13		1,000
	費用の各勘定の振替			
〃	（損　益）	14	47,000	
	（資　本　金）	7		47,000
	当期純利益の振替			
			304,000	304,000

② 仕訳帳　4

平成○年	摘要	元丁	借方	貸方
5/1	前　期　繰　越　高	✓	997,000	997,000

② 総勘

現　金　1
	1,202,000		705,000
		4/30 次期繰越	497,000
	1,202,000		1,202,000
5/1 前期繰越	497,000		

商　品　3
	580,000		350,000
		4/30 次期繰越	230,000
	580,000		580,000
5/1 前期繰越	230,000		

買掛金　5
4/30 次期繰越	400,000		400,000
		5/1 前期繰越	400,000

資本金　7
4/30 次期繰越	547,000		500,000
		4/30 損　益	47,000
	547,000		547,000
		5/1 前期繰越	547,000

給　料　10
	80,000	4/30 損　益	80,000

支払家賃　11
	20,000	4/30 損　益	20,000

雑　費　12
	4,000	4/30 損　益	4,000

支払利息　13
	1,000	4/30 損　益	1,000

①仕訳帳の締め切り（日常の取引）と試算表の作成 → ②総勘定元帳・仕訳帳の締め切り → ③損益計算書・貸借対照表の作成
　　　　　　　　　　　　　　　　　　　　　　　　　　　（精算表）

定 元 帳

売 掛 金　2

150,000	100,000
	4/30 次期繰越　50,000
150,000	150,000
5/1 前期繰越　50,000	

備 品　4

220,000	4/30 次期繰越　220,000
5/1 前期繰越　220,000	

借 入 金　6

200,000	250,000
4/30 次期繰越　50,000	
250,000	250,000
	5/1 前期繰越　50,000

損 益　14

4/30 給　料　80,000	4/30 商品売買益　140,000
〃 支払家賃　20,000	〃 受取手数料　12,000
〃 雑　費　4,000	
〃 支払利息　1,000	
〃 資本金　47,000	
152,000	152,000

商品売買益　8

4/30 損　益　140,000	140,000

受取手数料　9

4/30 損　益　12,000	12,000

繰越試算表　〔次期繰越一覧〕
平成○年4月30日

借　方	元丁	勘定科目	貸　方
497,000	1	現　　　金	
50,000	2	売　掛　金	
230,000	3	商　　　品	
220,000	4	備　　　品	
	5	買　掛　金	400,000
	6	借　入　金	50,000
	7	資　本　金	547,000
997,000			997,000

③ 貸 借 対 照 表　〔財政状態〕
東海商店　　　平成○年4月30日

資　産	金　額	負債および純資産	金　額
現　　　金	497,000	買　掛　金	400,000
売　掛　金	50,000	借　入　金	50,000
商　　　品	230,000	資　本　金	500,000
備　　　品	220,000	当期純利益	47,000
	997,000		997,000

③ 損 益 計 算 書　〔経営成績〕
東海商店　　　平成○年4月1日から平成○年4月30日まで

費　用	金　額	収　益	金　額
給　　　料	80,000	商品売買益	140,000
支払家賃	20,000	受取手数料	12,000
雑　　　費	4,000		
支払利息	1,000		
当期純利益	47,000		
	152,000		152,000

注
1. 各勘定口座の金額は合計金額で記載してある。
2. 説明の都合上，勘定口座の配列が番号順でない部分がある。
3. ▨ は決算仕訳とその転記を示している。

図解 決算手続き《2》 〔本文P.105～P.120参照〕

棚卸表 〔決算整理事項一覧表〕
平成○年12月31日

勘定科目	摘要	内訳	金額
繰越商品	ブラウス 80枚 @¥2,090	167,200	
	Tシャツ 30〃〃〃 1,300	39,000	206,200
売掛金	期末残高		180,000
	貸倒引当金 売掛金残高の2%	3,600	176,400
備品	商品陳列ケース 取得原価	240,000	
	当期減価償却額	27,000	213,000

仕訳帳

平成○年	摘要
	決算仕訳
12 31	(仕 入)
	(繰越商品)
	期首商品棚卸高の振替
〃	(繰越商品)
	(仕 入)
	期末商品棚卸高の振替
〃	(貸倒引当金繰入)
	(貸倒引当金)
	貸倒引当金の計上
〃	(減価償却費)
	(備 品)
	減価償却費の計上
〃	諸口 (損 益)
	(売 上)
	(受取手数料)
	収益の各勘定の振替
〃	(損 益) 諸口
	(仕 入)
	(給 料)
	(貸倒引当金繰入)
	(減価償却費)
	(支払家賃)
	(雑 費)
	費用の各勘定の振替
〃	(損 益)
	(資本金)
	当期純利益の振替

(整理仕訳) (振替仕訳)

精算表 〔決算過程一覧表〕
平成○年12月31日

勘定科目	残高試算表 借方	残高試算表 貸方	整理記入 借方	整理記入 貸方	損益計算書 借方	損益計算書 貸方	貸借対照表 借方	貸借対照表 貸方
現金	76,000						76,000	
当座預金	361,100						361,100	
売掛金	180,000						180,000	
貸倒引当金		2,000		1,600				3,600
繰越商品	168,000		206,200	168,000			206,200	
備品	240,000			27,000			213,000	
買掛金		258,000						258,000
資本金		700,000						700,000
売上		572,000				572,000		
受取手数料		23,000				23,000		
仕入	430,900		168,000	206,200	392,700			
給料	73,000				73,000			
支払家賃	24,000				24,000			
雑費	2,000				2,000			
	1,555,000	1,555,000						
貸倒引当金繰入			1,600		1,600			
減価償却費			27,000		27,000			
当期純利益					74,700			74,700
			402,800	402,800	595,000	595,000	1,036,300	1,036,300

> **注**
> 1. 勘定口座は，決算仕訳に関連のあるもののみとりあげてある。

①試算表作成→②棚卸表作成→(整理仕訳・転記→振替仕訳・転記)→③総勘定元帳・仕訳帳締め切り→④損益計算書 貸借対照表 作成
　　　　　　　　　　　　　　　　　　(精算表)

総勘定元帳

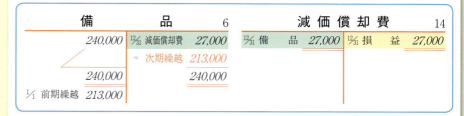

2. ■は整理仕訳に関連あるものを示してある。
3. ■は振替仕訳とその転記を示してある。

小切手, 領収証, 配当金領収証の例

小切手の例 〔本文 P.70 参照〕

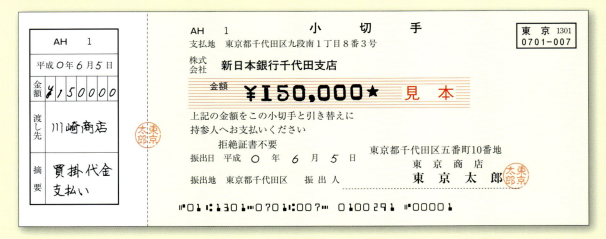

領収証の例 〔本文 P.194 参照〕

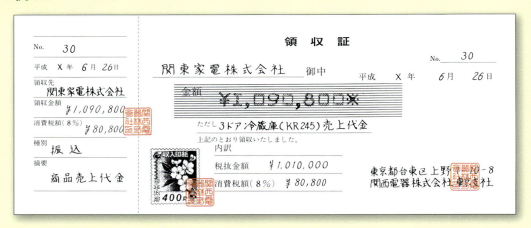

配当金領収証の例 〔本文 P.141 参照〕

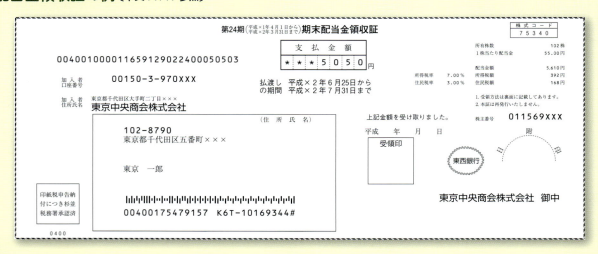

総勘定元帳

現金　1

平成○年	摘要	仕丁	借方	平成○年	摘要	仕丁	貸方
4/1	資本金	1	500000	4/2	備品	1	220000
5	諸口	〃	140000	4	商品	〃	180000
9	借入金	〃	250000	10	支払家賃	〃	20000
15	諸口	〃	200000	20	諸口	2	201000
18	受取手数料	2	12000	25	給料	〃	80000
27	売掛金	〃	100000	30	雑費	〃	4000
			(1202000)				(705000)

売掛金　2

4/15	諸口	1	150000	4/27	現金	2	100000

商品　3

4/4	現金	1	180000	4/5	現金	1	100000
12	買掛金	〃	400000	15	諸口	〃	250000
			(580000)				(350000)

備品　4

4/2	現金	1	220000				

買掛金　5

				4/12	商品	1	400000

借入金　6

4/20	現金	2	200000	4/9	現金	1	250000

総勘定元帳

7 資本金

平成○年	摘要	仕丁	借方	平成○年	摘要	仕丁	貸方
				4/1	現　金	1	500000

8 商品売買益

平成○年	摘要	仕丁	借方	平成○年	摘要	仕丁	貸方
				4/5	現　金	1	40000
				15	諸　口	〃	100000
							(140000)

9 受取手数料

平成○年	摘要	仕丁	借方	平成○年	摘要	仕丁	貸方
				4/18	現　金	2	12000

10 給料

平成○年	摘要	仕丁	借方	平成○年	摘要	仕丁	貸方
4/25	現　金	2	80000				

11 支払家賃

平成○年	摘要	仕丁	借方	平成○年	摘要	仕丁	貸方
4/10	現　金	1	20000				

12 雑費

平成○年	摘要	仕丁	借方	平成○年	摘要	仕丁	貸方
4/30	現　金	2	4000				

13 支払利息

平成○年	摘要	仕丁	借方	平成○年	摘要	仕丁	貸方
4/20	現　金	2	1000				

借方合計額 ¥2,457,000 ＝ 貸方合計額 ¥2,457,000

First Stageシリーズ

簿記概論

実教出版

簿記を学ぶみなさんへ

　わたしたちは四方を海に囲まれ，美しい森や肥沃な平野に恵まれた日本列島に暮らしている。この豊かな自然と共生しながら，わが国は世界有数の国民所得をもつ国へと発展してきた。わが国の経済の発展のために重要な役割をはたしてきたのが，簿記である。

　簿記は，500年余の歴史をもっているが，その必要性は現在でも失われることはない。それは，簿記が，企業のさまざまなビジネス活動を金額によってとらえ，それを企業に関係する人たちに知らせるための知識・技術だからである。現代の社会では，企業がその活動を適切に，効率よく行うために，簿記の知識・技術は欠くことのできないものとなっている。

　このように，社会的に大きな役割をはたしている簿記の知識・技術を学習して身につけることは，将来，みなさんが社会人として生活していくうえで，大いに役立つ。

　さらに，簿記は，その学習の過程で，ものごとを合理的に考え，処理していく能力や生活態度を身につけることにもなる。

　本書は，「簿記」の概論書として，その学習効果をじゅうぶんあげることができるように，次の点に配慮して編修した。

(1) 本書は，学習者の立場に立って，第Ⅰ編　簿記の基礎，第Ⅱ編　取引の記帳と決算Ⅰ，第Ⅲ編　取引の記帳と決算Ⅱ，第Ⅳ編　帳簿と伝票，第Ⅴ編　取引の記帳と決算Ⅲ，第Ⅵ編　本支店の会計，第Ⅶ編　複合仕訳帳制，発展編　株式会社の記帳　まで，基礎的な内容から応用的，特殊な内容へ，基本的な処理から複雑な処理へと，一つひとつ発展的・段階的に学習できるように構成した。

(2) 簿記の記帳手続きの流れや，会計処理の方法を適切に理解できるように，例や図表を多く用いた。また，学びやすくするために，用語に読みがな（ルビ）をつけたり，計算式を示したり，さらに，文章・表現をできるだけやさしく，簡潔にした。

(3) 簿記の学習は反復・徹底することが効果的であることから，各章末に［確認問題］と［完成問題］をかかげた。さらに，巻末に記帳例題をかかげ，総合的な理解の徹底を期した。

(4) 簿記の学習の幅をひろげることができるよう，本文の内容を側注で補うとともに，すすんだ学習内容や会計処理の別法を紹介する囲み記事 "Let's Try" や基本的な学習内容の確実な理解を図るための囲み記事 "self check" などをそれぞれ関連する箇所に示した。

　みなさんは，本書によって「簿記」をじゅうぶんに学習し，その知識と技術を身につけることによって，21世紀に生きる有能な社会人になることができるよう，心から希望してやまない。

もくじ

第1編 簿記の基礎

第1章 企業の簿記 ── 10
1. 簿記の意味 ── 10
2. 簿記の目的 ── 11
3. 簿記の種類 ── 12
4. 簿記の歴史 ── 12
5. 現代社会と簿記 ── 12
6. 簿記の基礎的条件 ── 13

第2章 簿記の要素 ── 14
1. 資産・負債・純資産と貸借対照表 ── 14
2. 収益・費用と損益計算書 ── 22

第3章 取引と勘定 ── 27
1. 取引 ── 27
2. 勘定 ── 28
3. 勘定記入法 ── 29
4. 取引の分解と勘定記入 ── 30

第4章 仕訳と転記 ── 33
1. 仕訳 ── 33
2. 転記 ── 34

第5章 仕訳帳と総勘定元帳 ── 36
1. 仕訳帳と総勘定元帳の意味 ── 36
2. 仕訳帳の記入法 ── 36
3. 総勘定元帳の記入法 ── 38

第6章 試算表 ── 43
1. 試算表の意味 ── 43
2. 試算表と貸借平均の原理 ── 43

3. 試算表の作成 ——————— 44

第7章 決算 ——————— 49
1. 決算の意味と手続き ——————— 49
2. 精算表の作成 ——————— 50
3. 総勘定元帳の締め切り ——————— 52
4. 繰越試算表の作成 ——————— 58
5. 仕訳帳の締め切り ——————— 59
6. 損益計算書と貸借対照表の作成 ——————— 60
7. 複式簿記の基本的なしくみ ——————— 61
8. 簿記一巡の手続き ——————— 62

第 II 編 取引の記帳と決算 I

第8章 現金・預金の記帳 ——————— 66
1. 現金 ——————— 66
2. 当座預金 ——————— 70
3. その他の預金 ——————— 74
4. 小口現金 ——————— 74

第9章 商品売買の記帳 ——————— 81
1. 分記法と3分法 ——————— 81
2. 仕入帳と売上帳 ——————— 84
3. 商品有高帳 ——————— 86
4. 商品売買損益の計算 ——————— 88

第10章 掛け取引の記帳 ——————— 92
1. 売掛金勘定と売掛金元帳 ——————— 92
2. 買掛金勘定と買掛金元帳 ——————— 94
3. 貸し倒れ ——————— 97

第11章 固定資産の記帳 ——————— 101
1. 固定資産の取得 ——————— 101
2. 固定資産の売却 ——————— 102
3. 固定資産台帳 ——————— 103

第12章 決算(その1) ——————— 105
1. 決算整理の意味 ——————— 105
2. 商品に関する勘定の整理(売上原価の計算)——105
3. 貸し倒れの見積もり ——————— 109
4. 固定資産の減価償却 ——————— 112
5. 棚卸表 ——————— 113
6. 8桁精算表 ——————— 114
7. 帳簿の締め切り ——————— 117
8. 損益計算書と貸借対照表の作成(その1)
——————— 119

第 III 編 取引の記帳と決算 II

第13章 手形取引の記帳 ——————— 126
1. 手形の種類 ——————— 126
2. 約束手形の記帳 ——————— 126
3. 為替手形の記帳 ——————— 129
4. 手形の裏書と割引 ——————— 132
5. 受取手形記入帳と支払手形記入帳 —— 134

第14章 有価証券の記帳 ——————— 139
1. 有価証券の意味 ——————— 139
2. 有価証券の取得 ——————— 139
3. 有価証券の売却 ——————— 140

第15章 その他の債権・債務の記帳 —— 144
1. 貸付金・借入金 ——————— 144

- 2. 手形貸付金・手形借入金 ——— 145
- 3. 前払金・前受金 ——— 145
- 4. 未収金・未払金 ——— 146
- 5. 立替金・預り金 ——— 147
- 6. 仮払金・仮受金 ——— 148
- 7. 商品券 ——— 148
- 8. 他店商品券 ——— 149

第16章 販売費及び一般管理費の記帳 153
- 1. 販売費及び一般管理費の意味とその種類 ——— 153
- 2. 販売費及び一般管理費の記帳 ——— 153
- 3. 租税公課 ——— 155

第17章 資本金の記帳 ——— 160
- 1. 個人企業の資本金 ——— 160
- 2. 引出金 ——— 160
- 3. 所得税と住民税 ——— 162

第18章 決算(その2) ——— 166
- 1. 決算整理 ——— 166
- 2. 費用・収益の繰り延べ ——— 171
- 3. 費用・収益の見越し ——— 174
- 4. 損益計算書と貸借対照表の作成(その2) ——— 181

第Ⅳ編 帳簿と伝票

第19章 帳簿 ——— 188
- 1. 帳簿の種類 ——— 188
- 2. 分課制度と帳簿組織 ——— 189
- 3. 帳簿の形式 ——— 190
- 4. 帳簿に関する法規 ——— 192

第20章 仕訳伝票と3伝票制 ——— 194
- 1. 証ひょうと伝票 ——— 194
- 2. 仕訳伝票 ——— 195
- 3. 3伝票制 ——— 196
- 4. 3伝票の集計と転記 ——— 202

第21章 5伝票制 ——— 208
- 1. 5伝票の起票 ——— 208
- 2. 5伝票の集計と転記 ——— 211

第Ⅴ編 取引の記帳と決算Ⅲ

第22章 特殊な商品売買の記帳 ——— 220
- 1. 未着商品売買 ——— 220
- 2. 委託販売 ——— 221
- 3. 割賦販売 ——— 222
- 4. 試用販売 ——— 223
- 5. 予約販売 ——— 224

第23章 特殊な手形取引の記帳 ——— 227
- 1. 自己受為替手形 ——— 227
- 2. 手形の書き換え ——— 228
- 3. 不渡手形 ——— 229
- 4. 荷為替手形 ——— 231
- 5. 手形の裏書・割引と保証債務 ——— 233

第24章 決算(その3) ——— 238
- 1. 決算整理 ——— 238
- 2. 2区分の損益計算書と貸借対照表の作成 ——— 245

発展学習：棚卸減耗損および商品評価損の計算 ————249

第VI編 本支店の会計

- 第25章 **支店の取引** ————252
  1. 支店会計の独立 ————252
  2. 本支店間の取引 ————252
  3. 支店相互間の取引 ————255

- 第26章 **本支店の財務諸表の合併** ————258
  1. 本支店の財務諸表の合併 ————258
  2. 未達取引 ————258
  3. 貸借対照表と損益計算書の合併 ————260
  発展学習：内部利益の控除 ————268

第VII編 複合仕訳帳制

- 第27章 **複合仕訳帳制による記帳** ————274
  1. 複合仕訳帳制 ————274
  2. 現金出納帳 ————275
  3. 当座預金出納帳 ————283
  4. 仕入帳・売上帳 ————286
  5. 普通仕訳帳 ————290

発展編 株式会社の記帳

- 第28章 **設立と開業の記帳** ————300
  1. 株式会社の設立と開業 ————300
  2. 株式の発行 ————302

- 第29章 **剰余金の処分に関する記帳** ————306
  1. 純利益の計上 ————306
  2. 剰余金の処分 ————306

- 第30章 **社債の記帳** ————313
  1. 社債の発行 ————313
  2. 社債の利払い ————314
  3. 社債の期末評価 ————314
  4. 社債の償還 ————315

- 第31章 **株式会社の税金の記帳** ————319
  1. 税金の種類 ————319
  2. 法人税・住民税・事業税の記帳 ————319

記帳例題
第1例題 ————322
第2例題 ————324
第3例題 ————326

さくいん ————330

（本書は，高等学校用教科書を底本として制作したものです。）
※各問題の解答は，弊社ホームページ（http://www.jikkyo.co.jp/）の本書の紹介からダウンロードできます。

第Ⅰ編 簿記の基礎

わたしたちがこれから学ぶ簿記は、どのようなもので、また、どのような目的やしくみをもっているのか。

第Ⅰ編では、簿記の意味や役割、目的などを理解し、基本的な取引の記帳から決算までの一巡の手続きを学習しよう。

> 簿記は人類の創造した最高のものの一つである。
> ゲーテ〔ドイツの文学者〕

簿記の基礎	Ⅰ
取引の記帳と決算Ⅰ	Ⅱ
取引の記帳と決算Ⅱ	Ⅲ
帳簿と伝票	Ⅳ
取引の記帳と決算Ⅲ	Ⅴ
本支店の会計	Ⅵ
複合仕訳帳制	Ⅶ
株式会社の記帳	発展

第1章 企業の簿記

企業で用いられる簿記は，どのようなもので，どのような役割や種類があるのか。また，簿記は，どのように発達してきたのかなど簿記の基礎を学習しよう。

キーワード：簿記

1 簿記の意味

わたしたちの家庭では，勤め先の会社などから受け取る給料や，食料品や衣服などの代金を，家計簿とよばれる帳簿に，細かく記録している。この記録によって，家計のむだをはぶき，毎日の生活をできるかぎり合理的に営むように努力をしている。

企業では，商品の仕入れや売り上げ，その仕入代金の支払いや売上代金の受け取りを行う。また，従業員への給料の支払い，広告料・交通費などの支払い，机・いす・パソコンなどの購入，必要に応じて銀行から資金の借り入れなど，いろいろな経営活動を営んでいる。

企業では，現金の収入・支出だけでなく，いろいろな経営活動について，帳簿への記録が日々行われる。**簿記**(bookkeeping)とは，企業

企業の経営活動の例

の経営活動を一定の記帳方法に従って，帳簿に記録し，計算・整理を行うことである。

2 簿記の目的

簿記は，企業の経営活動を，記録・計算・整理することによって，次のような目的をはたしている。

1 財産管理

現金や預金，商品，店舗，土地，銀行からの借入金などを財産という。簿記では，これら財産が増加したり，減少したりした場合，そのつど金額と増減原因を記録するので，財産の変動を厳密に管理することができる。

また，実際にある財産と簿記による記録を照合して，金額などにくい違いがあれば，経営者にその原因を調査するきっかけを与えることになる。このような企業の**財産管理**を行うのが，簿記の第一の目的である。

2 財政状態の明示

企業経営の元手となった資金や銀行からの借入金などはいくらか，現金や預金，商品，店舗などの金額はいくらかなど，一定時点におけるこれらのものの現在高を**財政状態**という。この財政状態は，簿記によって明らかにすることができる。

3 経営成績の明示

一定期間に商品の売り上げはいくらあったのか，また，同じ期間の仕入れや給料の支払いなどはいくらあったのか，その結果，どのくらいの利益をあげたのかなどの内容を**経営成績**という。この経営成績は簿記によって明らかにすることができる。

このような目的をもつ簿記を通じて，企業の経営者は，経営の状況を知り，経営方法のよしあしを考えて，将来の経営方針を立てることができる。

簿記の目的	財産管理
	財政状態の明示
	経営成績の明示

3　簿記の種類

　簿記は記帳方法の違いによって，単式簿記と複式簿記に分けられる。**単式簿記**は，現金の収入・支出の記録を中心に特に定まった記帳方法によらないで記帳する簿記である。**複式簿記**は，一定の記帳方法によって組織的に記録・計算・整理する簿記である。ふつう「簿記」という場合は，複式簿記を意味している。

　また，簿記が用いられる業種の違いによって，**商業簿記**，**工業簿記**，農業簿記，銀行簿記などに分けられる。企業には個人商店や会社などがあるが，これから学ぶ「簿記」は，個人企業の商品売買業において用いられる商業簿記である。

4　簿記の歴史

　複式簿記は，商業活動がもっとも盛んであった14世紀ころのイタリアの商人によって考案された。15世紀になると，活版印刷の技術が発明され，1494年にイタリアの数学者ルカ・パチョーリ（Luca Pacioli）によって，世界最初の簿記書が発刊された。その後，複式簿記はヨーロッパ各国およびアメリカに伝えられて，日本には明治6年（1873年）にアレクサンダー・アラン・シャンドの「銀行簿記精法」，明治7年には福沢諭吉の「帳合之法　第二編」❷などによってひろく紹介された。

　こんにちでは，コンピュータによる記帳も一般化してきているが，その原理は従来からの簿記とかわらない。

　このように複式簿記は，500年あまりの歴史をもち，世界各国に普及し，実際の企業経営のなかでひろく活用されている。

❶ルカ・パチョーリ著「算術・幾何・比および比例総覧」のなかに「計算および記録」と題して，簿記についてくわしく述べている。
❷アメリカのブライアントとストラットンの簿記の教科書を翻訳したものである。

5　現代社会と簿記

　現代社会において多くの企業では，簿記やこれに関連する業務を経理部門などに担当させている。そして簿記が生み出す情報は，会計情報として出資者や債権者，国や地方公共団体などの多くの利用者に提供され，さまざまな形で活用されている。このように会計情報は，現代社会において重要な役割をはたしている。そのため，経理部門など

の会計担当者は，適正な会計情報を提供する重要な役割と責任をもつことになる。

さらに，会計情報が適正かどうかを調べて証明する公認会計士という会計にかかわる専門的な職業もある。

6 簿記の基礎的条件

簿記には，前提として次の三つの基礎的条件がある。

1 会計単位

簿記の記録・計算・整理の対象となる範囲を**会計単位**という。簿記では，企業の経営活動に関係する金銭や物品の増減などが記録・計算・整理の対象となる。たとえば，右の図では大阪商店が会計単位となる。

2 会計期間

企業の経営活動は，ふつう継続して営まれているので，財政状態や経営成績を明らかにするためには，一定の期間的な区切りをつける必要がある。この区切られた期間を**会計期間**といい，会計期間の初めを**期首**，終わりを**期末**という。

❶個人企業では，1月1日から12月31日までの1年間を会計期間とする。

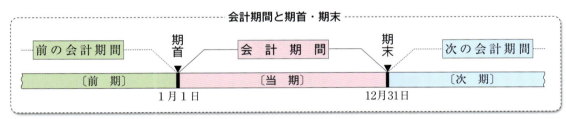

3 貨幣金額表示

企業の経営活動における金銭や物品の増減などの記録は，すべて貨幣金額を尺度にして行われる。したがって，貨幣金額で表示することのできないものは，簿記の対象にはならない。

❷わが国であれば"円(¥)"で表示する。

確認問題

1．簿記の目的を述べなさい。
2．簿記の基礎的条件を三つ述べなさい。

第2章 簿記の要素

簿記の要素とはどのようなものか。また，貸借対照表・損益計算書はどのように作成するのか。

ここでは，簿記の要素と貸借対照表・損益計算書について学習しよう。

キーワード　資産　負債　純資産　収益　費用　

1 資産・負債・純資産と貸借対照表

簿記による日々の経営活動の記録は，資産・負債・純資産・収益・費用という五つの要素に分けて行う。

1 資　産

企業は経営活動を行うために，現金・商品・建物・備品などの財貨をもっている。また，商品を売り渡し，その代金をあとで受け取る債権や，現金を貸して返済を求める債権などももっている。このような企業の経営活動に必要な財貨や債権を，簿記では**資産**（assets）という。

資産のおもなものは，次のとおりである。

現　　金	……所有する金銭など
売　掛　金❶	……商品を掛けで売り上げたときに生じる債権
貸　付　金	……現金を貸し付けたときに生じる債権
商　　品	……販売するために所有する物品
建　　物	……営業に用いる店舗，事務所など
備　　品	……営業に用いる机・いす・金庫・事務機器・商品陳列ケースなど
土　　地	……営業に用いる建物などの敷地

❶商品の売上代金を後日に受け取ることや，仕入代金を後日に支払うことを**掛け**という。

2 負　債

企業の経営活動のなかで，商品を仕入れて代金をあとで支払う債務や，銀行などから現金を借りて返済をしなければならない債務が生じることがある。このような企業の経営活動によって生じた債務を，簿

記では**負債**(liabilities)という。負債は，将来一定の金額を支払わなければならないなどの義務であるから，資産を減少させる性質をもっている。

負債のおもなものは，次のとおりである。

> **買　掛　金**……商品を掛けで仕入れたときに生じる債務
> **借　入　金**……現金を借り入れたときに生じる債務

3 純資産

企業がもっている資産の総額から負債の総額を差し引いた額を**純資産**という。この純資産を，本書では，**資本**(capital)とする。これを等式で示すと，次のようになる。これを**資本等式**という。

　　　資　産　－　負　債　＝　資　本

例 1

千代田商店の平成○年１月１日における資産と負債の額から資本の額を計算しなさい。

現　　金 ¥400,000　　売掛金 ¥500,000　　商　品 ¥1,200,000
備　　品 　400,000　　買掛金 　300,000　　借入金 　200,000

解答

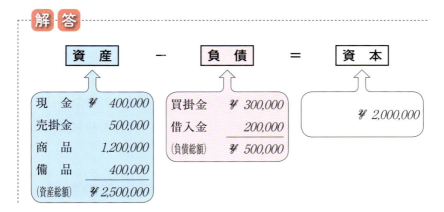

4 貸借対照表

企業における一定の期日の資産，負債および資本の状態を財政状態といい，この財政状態を明らかにする表を**貸借対照表**(Balance Sheet；B/S)という。

上で学んだ資本等式の負債を右辺に移すと，次の等式になる。これ

を**貸借対照表等式**という。

$$資　産　=　負　債　+　資　本$$

　貸借対照表は，この貸借対照表等式にもとづいて表を左右に等分し，資産の各項目と金額を左側に，負債および資本の各項目と金額を右側に記入して作成する。したがって，貸借対照表では，左側の資産の合計額と，右側の負債と資本の合計額は必ず一致する。

❶企業が作成する貸借対照表は，資産，負債および純資産の各部に区分して表示しなければならない。本書では，純資産の部に「**資本金**」として記載する。

例 2

　例1の千代田商店の平成○年1月1日の貸借対照表を作成しなさい。

解答

貸　借　対　照　表

千代田商店　　　平成○年1月1日　　　（単位：円）

資　　産	金　　額	負債および純資産	金　　額
現　　　　金	400,000	買　　掛　　金	300,000
売　　掛　　金	500,000	借　　入　　金	200,000
商　　　　品	1,200,000	資　　本　　金	2,000,000
備　　　　品	400,000		
	2,500,000		2,500,000

（企業名を記入／作成年月日を記入／余白の斜線／合計線／締切線）

　千代田商店の会計期間は，平成○年1月1日から平成○年12月31日までの1年とする。例2の平成○年1月1日の貸借対照表は，期首に作成されたものなので**期首貸借対照表**といい，期末の12月31日に作成される貸借対照表を**期末貸借対照表**という。ふつう，貸借対照表という場合には期末貸借対照表を意味している。

5 資産・負債・資本の増減と純損益の計算

　企業の経営活動によって，期首の資産・負債・資本が増減・変化する。その結果，期末資本が期首資本より大きい場合には，その差額を**当期純利益**または**純利益**といい，逆の場合にはその差額を**当期純損失**または**純損失**という。この関係を等式で示すと次のとおりである。

$$期末資本　-　期首資本　=　当期純利益　\binom{マイナスのとき}{は，当期純損失}$$

16　第2章●簿記の要素

このように，期末資本と期首資本を比較して，当期純損益（当期純利益または当期純損失）を計算する方法を，**財産法**という。

例 3

千代田商店の平成○年1月1日から1月31日までの経営活動は，次のとおりである。よって，資産・負債・資本の金額がどのように変化するか計算しなさい。

1月5日　商品¥250,000を仕入れ，代金は現金で支払った。

　9日　仕入価額¥400,000の商品を¥550,000で売り渡し，代金は掛けとした。

14日　商品¥300,000を仕入れ，代金は掛けとした。

17日　借入金¥100,000とその利息¥10,000を，ともに現金で支払った。

21日　商品売買の仲介をして，その手数料¥35,000を現金で受け取った。

25日　売掛金のうち¥300,000を現金で回収した。

30日　本月分の給料¥60,000を現金で支払った。

31日　広告料¥15,000を現金で支払った。

❶個人企業は，ふつう，1年を一会計期間としているが，ここでは学習の便宜上1か月を一会計期間とする。

解 答

1月1日の資産・負債・資本の金額は，例2で作成した貸借対照表のとおりである。

資　　産		負債・資本	
現　　金	400,000	買 掛 金	300,000
売 掛 金	500,000	借 入 金	200,000
商　　品	1,200,000		
備　　品	400,000	資 本 金	2,000,000

1月5日は，商品（資産）が¥250,000増加し，現金（資産）が¥250,000減少している。

資　　産		負債・資本	
現　　金	150,000	買 掛 金	300,000
（=400,000－250,000）		借 入 金	200,000
売 掛 金	500,000		
商　　品	1,450,000		
（=1,200,000+250,000）		資 本 金	2,000,000
備　　品	400,000		

1月9日は，商品（資産）が¥400,000減少し，売掛金（資産）が¥550,000増加している。よって，資産の総額は¥2,650,000　負債の総額は¥500,000となり，資本の額は¥2,150,000となる。

資　　産	負債・資本
現　　金　　　　　150,000	買 掛 金　　　　　300,000
売 掛 金　　　　1,050,000	借 入 金　　　　　200,000
（= 500,000 + 550,000）	
商　　品　　　　1,050,000	
（= 1,450,000 − 400,000）	資 本 金　　　　2,150,000
備　　品　　　　　400,000	（= 2,650,000 − 500,000）

　1月14日は，商品（資産）が¥300,000増加し，買掛金（負債）が¥300,000増加している。

現　　金　　　　　150,000	買 掛 金　　　　　600,000
売 掛 金　　　　1,050,000	（= 300,000 + 300,000）
商　　品　　　　1,350,000	借 入 金　　　　　200,000
（= 1,050,000 + 300,000）	資 本 金　　　　2,150,000
備　　品　　　　　400,000	（= 2,950,000 − 800,000）

　1月17日は，現金（資産）が¥110,000減少し，借入金（負債）が¥100,000減少している。よって，資産総額は¥2,840,000　負債総額は¥700,000となり，資本の額は¥2,140,000となる。

現　　金　　　　　 40,000	買 掛 金　　　　　600,000
（= 150,000 − 110,000）	借 入 金　　　　　100,000
売 掛 金　　　　1,050,000	（= 200,000 − 100,000）
商　　品　　　　1,350,000	資 本 金　　　　2,140,000
備　　品　　　　　400,000	（= 2,840,000 − 700,000）

　1月21日は，現金（資産）が¥35,000増加している。よって，資産総額は¥2,875,000　負債総額は¥700,000となり，資本の額は¥2,175,000となる。

現　　金　　　　　 75,000	買 掛 金　　　　　600,000
（= 40,000 + 35,000）	借 入 金　　　　　100,000
売 掛 金　　　　1,050,000	
商　　品　　　　1,350,000	資 本 金　　　　2,175,000
備　　品　　　　　400,000	（= 2,875,000 − 700,000）

1月25日は，売掛金(資産)が¥300,000減少し，現金(資産)が¥300,000増加している。

資　　産		負債・資本	
現　　金	375,000	買　掛　金	600,000
（＝75,000＋300,000）		借　入　金	100,000
売　掛　金	750,000		
（＝1,050,000－300,000）			
商　　品	1,350,000	資　本　金	2,175,000
備　　品	400,000		

1月30日は，現金(資産)が¥60,000減少している。よって，資産総額は¥2,815,000 負債総額は¥700,000となり，資本の額は¥2,115,000となる。

資　　産		負債・資本	
現　　金	315,000	買　掛　金	600,000
（＝375,000－60,000）		借　入　金	100,000
売　掛　金	750,000		
商　　品	1,350,000	資　本　金	2,115,000
備　　品	400,000	（＝2,815,000－700,000）	

1月31日は，現金(資産)が¥15,000減少している。よって，資産総額は¥2,800,000 負債総額は¥700,000となり，資本の額は¥2,100,000となる。

資　　産		負債・資本	
現　　金	300,000	買　掛　金	600,000
（＝315,000－15,000）		借　入　金	100,000
売　掛　金	750,000		
商　　品	1,350,000	資　本　金	2,100,000
備　　品	400,000	（＝2,800,000－700,000）	

これまでの資産・負債・資本の増減変化をまとめると次ページの表のとおりである。

増　減　表

平成○年	資産				負債		資本
	現金	売掛金	商品	備品	買掛金	借入金	資本金
1/1（期首）	400,000	500,000	1,200,000	400,000	300,000	200,000	2,000,000
1/5	−250,000		+250,000				0
9		+550,000	−400,000				+150,000
14			+300,000		+300,000		0
17	−110,000					−100,000	−10,000
21	+35,000						+35,000
25	+300,000	−300,000					0
30	−60,000						−60,000
31	−15,000						−15,000
1/31（期末）	300,000	750,000	1,350,000	400,000	600,000	100,000	2,100,000
	\multicolumn{4}{l}{2,800,000}	\multicolumn{2}{l}{700,000}	2,100,000

　増減表の期首と期末の資産・負債の金額にもとづく，期首および期末の資本等式は，次のようになる。

> **期首資産　−　期首負債　＝　期首資本**

　¥2,500,000 − ¥500,000 ＝ ¥2,000,000

> **期末資産　−　期末負債　＝　期末資本**

　¥2,800,000 − ¥700,000 ＝ ¥2,100,000

　千代田商店の期首資本は¥2,000,000であり，期末資本が¥2,100,000であるので，その差額¥100,000だけ資本が増加し，純利益が生じたことになる。これを式で示せば，次のようになる。

> **期末資本　−　期首資本　＝　当期純利益**

　¥2,100,000 − ¥2,000,000 ＝ ¥100,000

　この式から期末資本は，次の式のようになる。

> **期末資本　＝　期首資本　＋　当期純利益**

　¥2,100,000 ＝ ¥2,000,000 ＋ ¥100,000

　千代田商店の期首と期末の資産・負債・資本の変化を図で示すと，

次のようになる。

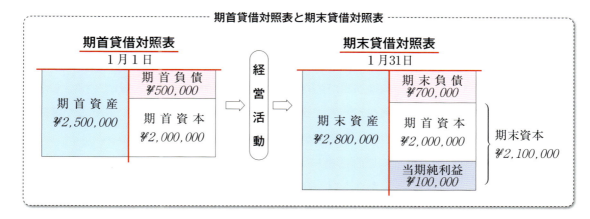

上の図から，期末貸借対照表のしくみを示すと，次のようになる。

> 期末資産 ＝ 期末負債 ＋ 期首資本 ＋ 当期純利益
>
> ¥2,800,000 ＝ ¥700,000 ＋ ¥2,000,000 ＋ ¥100,000

期末貸借対照表では，期末資本を期首の資本金と当期純利益に分けて表示する。なお，純損失が生じた場合は，資産の側に当期純損失を表示する。❶

❶
期末貸借対照表

期末資産	期末負債
当期純損失	期首資本

例 4

例3の千代田商店の1月31日における資産・負債・資本にもとづいて，平成○年1月31日の期末貸借対照表を作成しなさい。なお，当期純利益は¥100,000であった。

解答

貸 借 対 照 表

千代田商店　　　　平成○年1月31日　　　　（単位：円）

資　産	金　額	負債および純資産	金　額
現　　　　金	300,000	買　　掛　　金	600,000
売　　掛　　金	750,000	借　　入　　金	100,000
商　　　　品	1,350,000	資　　本　　金	2,000,000
備　　　　品	400,000	当　期　純　利　益	100,000
	2,800,000		2,800,000

資本金 2,000,000 → 期首資本
資本金＋当期純利益 → 期末資本 ¥2,100,000

2 収益・費用と損益計算書

1 収益

例4の千代田商店の貸借対照表では，一会計期間の純利益，つまり資本の純増加高が¥100,000生じたことが明らかにされている。しかし，この純利益がどのような原因で生じたかはわからない。そこで簿記では，その原因を明らかにするための記録や計算を行う。

❶例3の1月9日，21日の経営活動では収益が発生している。

企業の経営活動によって，資本が増加する原因を**収益**(revenues)❶という。たとえば，商品を仕入価額より高い価額で売り渡したときに生じる商品売買益は，その額だけ資本を増加させる原因となるから収益である。収益のおもなものは，次のとおりである。

> **商品売買益**……商品の売上価額から商品の仕入価額を差し引いた差額
> **受取手数料**……商品売買の仲介などで受け取った手数料
> **受 取 家 賃**……所有する建物を貸して受け取った家賃
> **受 取 利 息**……貸付金や預金などで受け取った利息

2 費用

❷例3の1月17日，30日，31日の経営活動では費用が発生している。

企業の経営活動によって，資本が減少する原因を**費用**(expenses)❷という。たとえば，従業員に支払った給料は，その額だけ資本を減少させる原因となるから費用である。費用のおもなものは，次のとおりである。

> **給　　　　料**……従業員などに支払う給与
> **広　告　料**……新聞・ちらし・テレビなどへの広告代金
> **支 払 家 賃**……店舗や事務所として借りた建物の賃借料
> **支 払 地 代**……店舗や事務所などの敷地の賃借料
> **通　信　費**……電話料・郵便切手代・インターネットの接続料など
> **消 耗 品 費**……帳簿・伝票・コピー用紙などの事務用品代金など
> **保　険　料**……店舗の火災などに備えてかける保険の料金
> **修　繕　費**……店舗の照明器具の取り替えや備品などの修繕の費用
> **水道光熱費**……水道料・電気料・ガス代など
> **交　通　費**……バス代・電車賃・タクシー代など
> **雑　　　　費**……特定の項目に入らない営業の諸費用
> **支 払 利 息**……借入金に対して支払った利息

3 収益・費用の発生と純損益の計算

純損益は，一会計期間に生じた収益の総額から費用の総額を差し引くことによって算出できる。これを式で示すと，次のとおりである。

> 収益総額 － 費用総額 ＝ 当期純利益 （マイナスのときは，当期純損失）

このように，収益の総額と費用の総額を比較して，当期純損益を計算する方法を，**損益法**という。

例 5

p.20の増減表において，資本が増加している日に発生した収益と資本が減少している日に発生した費用を示しなさい。

解答

平成 ○年	資　本 資本金	収　益		費　用		
		商品売買益	受取手数料	給　料	広告料	支払利息
1/9	+150,000	150,000				
17	－10,000					10,000
21	+35,000		35,000			
30	－60,000			60,000		
31	－15,000				15,000	
合計	100,000	150,000	35,000	60,000	15,000	10,000
		\\ 185,000			\\ 85,000		

例5の収益総額は￥185,000であり，費用総額は￥85,000である。この収益総額と費用総額との差額￥100,000が当期純利益である。

> 収益総額 － 費用総額 ＝ 当期純利益
> ￥185,000 － ￥85,000 ＝ ￥100,000

この純利益は，前に学んだ期末資本から期首資本を差し引いて計算した財産法による当期純利益と一致する。

これは，複式簿記が二つの面から純利益（または純損失）を計算し，その純損益が一致するしくみをもっていることを示している。

4 損益計算書

企業の一会計期間の収益と費用の内容を経営成績といい，この経営成績を明らかにする表を**損益計算書**(Profit and Loss Statement；P/L)❶という。

❶Income Statement；I/Sともいう。

損益計算書のしくみを式で示すと，次のようになる。これを**損益計算書等式**❷という。

❷この式の収益と費用は，それぞれの総額を意味する。

費　　用　＋　当期純利益　＝　収　　益

¥85,000　＋　¥100,000　＝　¥185,000

ただし，純損失が生じる場合は次の等式になる。

費　　用　＝　収　　益　＋　当期純損失

損益計算書は，損益計算書等式にもとづいて作成する。費用の各項目と金額を左側に，収益の各項目と金額を右側に記入する。純利益が生じた場合は左側に，純損失が生じた場合は右側に表示する。❸

❸簿記の慣習上は赤で表示することもあるが，実務では黒で表示することが多い。

例 6

例5の解答にもとづいて，千代田商店の平成○年1月1日から同年1月31日までの損益計算書を作成しなさい。

解答

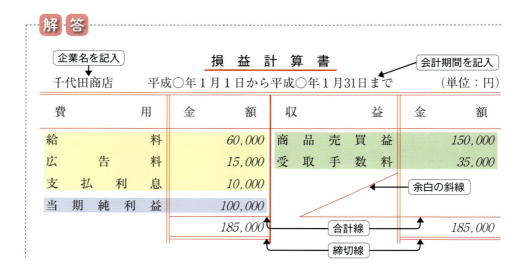

千代田商店の貸借対照表(例2・例4)と損益計算書(例6)の関係を図で示すと，次ページのとおりである。

上の図のように，貸借対照表と損益計算書の当期純損益は必ず一致する。

確認問題

1．次の各文の　　　のなかに，下記の語群のなかからもっとも適当な語を記入しなさい。

(1) 現金・商品・建物などの財貨や売掛金・貸付金などの ア を イ といい，この総額から負債の総額を差し引くと ウ の額が求められる。

(2) 企業の経営活動の結果，期末資本が期首資本より大きいときは エ が生じ，逆の場合は オ が生じたことになる。

(3) 商品売買益・受取手数料など カ を増加させる原因を キ といい，給料・支払利息など ク を減少させる原因を ケ という。

(4) 企業の一定時点における財政状態を明らかにする表を コ といい，左側に サ ，右側に負債と シ を記入する。当期純利益は ス 側に表示する。

(5) 企業の一会計期間における経営成績を明らかにする表を セ といい，左側に ソ を，右側に収益を記入し，当期純利益は タ 側に表示する。

┌─ 語　群 ─────────────────────────────┐
│　貸借対照表　　当期純利益　　債権　　収益　　資産　　資本　│
│　損益計算書　　当期純損失　　債務　　費用　　負債　　右　　左　│
└──────────────────────────────────┘

2．品川商店の平成○年1月1日の資産と負債は，次のとおりである。よって，

(1) 資産の総額と負債の総額を計算しなさい。

(2) 資本等式を用いて，資本の額を計算しなさい。

現　　金 ¥ 80,000　売掛金 ¥210,000　商　　品 ¥250,000
備　　品 　220,000　買掛金 　160,000　借入金 　200,000

3．上記2．の品川商店の資料から，貸借対照表を作成しなさい。

完成問題

1. 新宿商店の平成○年1月1日と同年12月31日の資産と負債は，それぞれ次のとおりである。よって，

(1) 期首資本と期末資本の額を求めなさい。
(2) 当期純損益を求めなさい。
(3) 期末貸借対照表を作成しなさい。

	〈1月1日〉	〈12月31日〉
現　　　金	¥200,000	¥340,000
売　掛　金	0	890,000
商　　　品	550,000	610,000
建　　　物	1,800,000	1,700,000
備　　　品	300,000	380,000
買　掛　金	0	570,000
借　入　金	500,000	750,000

2. 上記1．の新宿商店の平成○年1月1日から同年12月31日までの収益と費用の発生額は，次のとおりである。よって，

(1) この期間の収益の総額と費用の総額を求めなさい。
(2) 当期純損益を求めなさい。
(3) 損益計算書を作成しなさい。

商品売買益 ¥2,070,000	受取手数料 ¥171,000	給　　料 ¥880,000
広　告　料 560,000	支払家賃 300,000	交　通　費 140,000
雑　　　費 70,000	支払利息 41,000	

3. 次の表の（　）のなかにあてはまる適切な金額を計算しなさい。

	期首資本	期末 資産	期末 負債	期末 資本	収益の総額	費用の総額	純利益(+)または純損失(-)
(1)	600,000	1,150,000	（ア）	840,000	（イ）	670,000	（ウ）
(2)	706,000	（エ）	280,000	（オ）	1,034,000	1,090,000	（カ）
(3)	（キ）	1,650,000	（ク）	1,120,000	980,000	（ケ）	-80,000

第3章 取引と勘定

取引とはどのようなものか。また，取引をどのように記録・計算・整理するのか。
ここでは，取引や勘定の意味，勘定記入法などについて学習しよう。本章から第7章までは簿記一巡の手続きについて学ぶ。

キーワード：取引　勘定　検索

1 取引

第2章で学んだように，資産・負債・資本は，備品の購入，銀行からの借り入れ，商品の売り上げなどによって増減する。このように，資産・負債・資本を増減させることがらを，簿記では**取引**(transactions)という。

また，家賃の受け取りや給料の支払いなどによる収益・費用の発生も，資本を増減させることがらであるから，取引である。

簿記上の取引　➡　資産・負債・資本の増減（収益・費用の発生）

簿記で取引という場合，それが資産・負債・資本を増減させたかどうかが，ポイントとなる。したがって，建物を借りる契約は一般的には取引というが，資産・負債・資本の増減はないので，簿記上は取引とはいわない。反対に，火災による建物の焼失は一般的には取引とはいわないが，建物という資産が減少しているので簿記上の取引となる。

例 1

次の①と②は，簿記上の取引となるかどうか考えなさい。
① 現金￥50,000を銀行から借り入れた。
② 1か月￥200,000の給料で従業員を雇い入れる契約をした。

解答

①は，現金という資産が増加し，同時に借入金という負債も増加しているので，簿記上の取引となる。

②は，契約をしただけで，資産・負債・資本の増減（収益・費用の発生）はないので，簿記上の取引ではない。

2 勘定

1 勘定と勘定科目

簿記では，取引が発生すると，それが資産・負債・資本にどのような増減をもたらしたか，または，どのような内容の収益・費用を発生させたかを細かく区分して記録・計算する。この記録・計算を行うために設けられる簿記上の区分単位を**勘定**(account；a/c)といい，この勘定につけられた名称を**勘定科目**という。

なお，ふつう，勘定は貸借対照表に属するものと，損益計算書に属するものとに分類することができるが，そのおもなものは，次のとおりである。

勘 定			
貸借対照表に属する勘定		損益計算書に属する勘定	
資産の勘定	負債の勘定	費用の勘定	収益の勘定
現　　　金 売　掛　金 商　　　品 貸　付　金 建　　　物 備　　　品 土　　　地 　　　など	買　掛　金 借　入　金 　　　など 資本の勘定 資　本　金 　　　など	給　　　料 広　告　料 通　信　費 支　払　家　賃 消　耗　品　費 交　通　費 雑　　　費 支　払　利　息 　　　など	商品売買益 受取手数料 受取利息 　　　など

2 勘定口座とその形式

勘定ごとにその増減を記録・計算するために設けた帳簿上の場所を**勘定口座**という。

勘定口座の形式には，次のように**標準式**と**残高式**がある。

標準式は，記入欄を中心から左側と右側の二つに分けている。簿記では，左側を**借方**(debit, debtor；Dr.)，右側を**貸方**(credit, creditor；Cr.)という。

❶❷ 歴史的には借り・貸しの意味があった。いまでは，勘定口座の左側の欄，右側の欄を示すことばとして用いられている。さらに，貸借対照表・損益計算書や勘定形式の帳簿の左側・右側の欄をよぶときに用いられる。

〈標準式〉　　　　　　　　　現　　金　　　　　　　　　　　1

平成年	摘要	仕丁	借方	平成年	摘要	仕丁	貸方

残高式は，借方欄と貸方欄のほかに残高欄を設けており，実務では，残高式のほうが便利であるため，多く利用されている。

〈残高式〉　　　　　　　　　現　　金　　　　　　　　　　　1

平成年	摘　要	仕丁	借　方	貸　方	借または貸	残　高

なお，簿記の学習目的のためには，標準式を簡略にした，右のようなT字形の勘定口座を多く用いる。

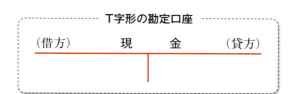

3　勘定記入法

取引の結果生じた資産・負債・資本の増減額または収益・費用の発生額を勘定に記入する方法は，次のとおりである。

▶貸借対照表に属する勘定の記入法◀

① 資産は貸借対照表の借方に表示されるから，資産の勘定は増加額を借方に，減少額を貸方に記入する。
② 負債は貸借対照表の貸方に表示されるから，負債の勘定は増加額を貸方に，減少額を借方に記入する。
③ 資本は負債と同じように，貸借対照表の貸方に表示されるから，資本の勘定は増加額を貸方に，減少額を借方に記入する。

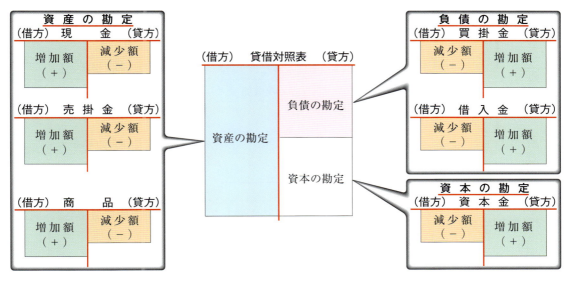

▶損益計算書に属する勘定の記入法◀

① 収益は損益計算書の貸方に表示されるから，収益の勘定は発生額を貸方に記入する。
② 費用は損益計算書の借方に表示されるから，費用の勘定は発生額を借方に記入する。

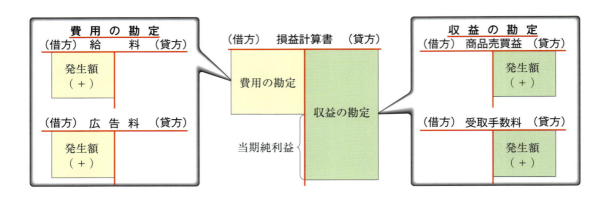

4 取引の分解と勘定記入

簿記では，取引が発生すると，勘定記入法にしたがって各勘定口座に記入する。このためには，まずその発生した取引の内容を分解して，①どのような勘定科目に，②どれだけの金額の増減が生じたかを明らかにしなければならない。

取引内容の分解の例を示すと，次のようになる。

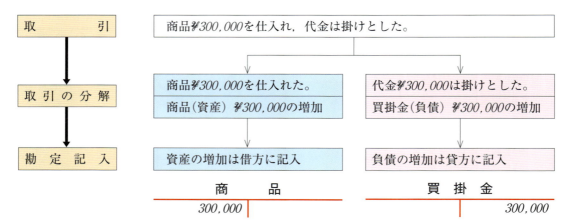

このように，取引は，必ず借方と貸方の取引要素に分解され，しかも借方と貸方の金額は必ず等しくなる。

❶これを**取引の二面性**という。

なお，一つの取引で，借方が二つ以上，あるいは貸方が二つ以上の取引要素の場合もある。

すべての取引は，前ページの例に示したような取引要素❶の組み合わせから成り立っている。これを**取引要素の結合関係**という。この結合関係を一般的な形で示すと，次のようになる。

❶借方の四つの要素と貸方の四つの要素をあわせて**取引の8要素**という。

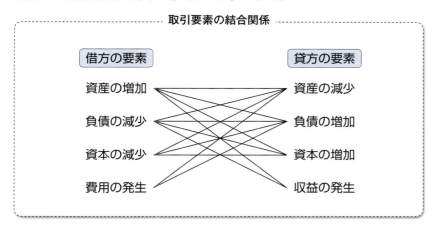

例 2

次の取引について，取引要素の結合関係を考えて分解し，勘定口座に記入しなさい。

　1月1日　現金¥500,000を出資して開業した。
　　5日　商品¥100,000を仕入れ，代金は現金で支払った。
　　8日　商品¥200,000を仕入れ，代金は掛けとした。
　　13日　原価¥200,000の商品を¥290,000で売り渡し，代金は現金で受け取った。
　　24日　本月分の給料¥80,000を現金で支払った。
　　25日　買掛金のうち¥150,000を現金で支払った。

❷(借)は借方を，(貸)は貸方を示す。

解 答

1月1日 (借)現　金(資産)の増加¥500,000 ⇔ (貸)資本金(資本)の増加¥500,000
　5日 (借)商　品(資産)の増加¥100,000 ⇔ (貸)現　金(資産)の減少¥100,000
　8日 (借)商　品(資産)の増加¥200,000 ⇔ (貸)買掛金(負債)の増加¥200,000
　13日 (借)現　金(資産)の増加¥290,000 ⇔ (貸){ 商品(資産)の減少　¥200,000
　　　　　　　　　　　　　　　　　　　　　　商品売買益(収益)の発生　¥90,000
　24日 (借)給　料(費用)の発生¥80,000 ⇔ (貸)現　金(資産)の減少¥80,000
　25日 (借)買掛金(負債)の減少¥150,000 ⇔ (貸)現　金(資産)の減少¥150,000

1. 次の文の□□□のなかに，下記の語群のなかからもっとも適当な語を記入しなさい。

資産・負債・資本を増減させることがらを　ア　という。また，収益の発生は　イ　を増加させ，費用の発生は資本を　ウ　させるから，収益・費用の発生も　ア　である。

なお，商品の盗難や建物の焼失が起こったときも，資産・負債・資本を増減させるので　ア　となる。

> 語　群
> 増加　　減少　　取引　　勘定
> 資本　　借方　　貸方　　発生

2. 次の勘定は，その増加額または発生額を借方・貸方のどちらに記入するかを答えなさい。

（ア）商　　品　　（イ）借　入　金　　（ウ）受 取 利 息
（エ）貸　付　金　　（オ）支 払 利 息　　（カ）土　　地
（キ）資　本　金　　（ク）商品売買益　　（ケ）現　　金

完成問題

次の取引について，取引要素の結合関係を考えて分解し，勘定口座に記入しなさい。

⑴　現金¥600,000を出資して開業した。
⑵　商品¥80,000を仕入れ，代金は掛けとした。
⑶　広告料¥24,000を現金で支払った。
⑷　原価¥30,000の商品を¥40,000で売り渡し，代金は現金で受け取った。
⑸　現金¥100,000を借り入れた。
⑹　買掛金¥60,000を現金で支払った。
⑺　給料¥70,000を現金で支払った。

第 4 章　仕訳と転記

簿記では，取引をどのような手続きで勘定口座に記入するのか。
ここでは，取引を勘定口座に記入する手続きとしての仕訳と転記について学習しよう。

キーワード　仕訳　転記

1　仕　訳

　前章では，取引を分解したあと，ただちに勘定口座に記入する方法を学んだ。しかし，この方法では，記入もれや誤りを生じることがある。そこで，取引を分解したあと，ただちに勘定口座に記入するのではなく，その前に**仕訳**（journalizing）という準備作業を行うことが必要となる。仕訳は取引を分解したあと，次の三つの手順にしたがって行う。

手順1	勘定科目は何かを決定する。
手順2	借方側の勘定科目と貸方側の勘定科目を決定する。
手順3	勘定科目の金額はいくらかを決定する。

例 1

次の取引を分解し，仕訳の手順1～3にしたがって，仕訳を行いなさい。

　取　引　4月26日に銀行から現金￥600,000を借り入れた。

解・答

取引の分解
　現金（資産）の増加￥600,000 ⟺ 借入金（負債）の増加￥600,000
　手順1　勘定科目は現金勘定と借入金勘定である。
　手順2　現金という資産が増加しているので借方側の勘定科目は現金である。
　　　　　借入金という負債が増加しているので貸方側の勘定科目は借入金である。

1．仕　訳　**33**

手順3 金額は借方，貸方ともに¥600,000である。

以上の手順にしたがって仕訳を行うと次のとおりである。

4/26　（借）現　　　金　600,000　（貸）借　入　金　600,000

2 転記

取引が仕訳されたら，続いてその仕訳にもとづいて勘定口座へ記入する。記入は次のように行う。

> ① 借方に仕訳した勘定について，その勘定口座の借方に，日付と金額を記入する。
> ② 貸方に仕訳した勘定について，その勘定口座の貸方に，日付と金額を記入する。

勘定口座へ記入するこの手続きを**転記**（posting）という。仕訳と転記の関係を示すと，次のようになる。

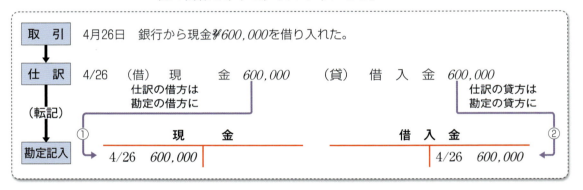

例 2

次の取引の仕訳を示し，勘定口座に転記しなさい。

1月 1日　現金¥500,000を出資して開業した。
　　5日　商品¥100,000を仕入れ，代金は現金で支払った。
　　8日　商品¥200,000を仕入れ，代金は掛けとした。
　 13日　原価¥200,000の商品を¥290,000で売り渡し，代金は現金で受け取った。
　 24日　本月分の給料¥80,000を現金で支払った。
　 25日　買掛金のうち¥150,000を現金で支払った。

解答

仕訳　1/1　（借）現　　　金　500,000　（貸）資　本　金　500,000
　　　　5　（借）商　　　品　100,000　（貸）現　　　金　100,000

1/8	(借)商　　品	200,000	(貸)買　掛　金	200,000		
13	(借)現　　金	290,000	(貸)商　　品	200,000		
			商品売買益	90,000		
24	(借)給　　料	80,000	(貸)現　　金	80,000		
25	(借)買　掛　金	150,000	(貸)現　　金	150,000		

転記

```
         現      金                              商      品
1/1   500,000 | 1/5  100,000         1/5  100,000 | 1/13  200,000
 13   290,000 |  24   80,000           8  200,000 |
              |  25  150,000

         買   掛   金                         資   本   金
1/25  150,000 | 1/8  200,000                           | 1/1  500,000

       商品売買益                              給      料
              | 1/13   90,000         1/24   80,000 |
```

確認問題

次の取引の仕訳を示し，勘定口座に転記しなさい。

(1) 現金￥600,000を出資して開業した。
(2) 商品￥100,000を仕入れ，代金は掛けとした。
(3) 原価￥80,000の商品を￥120,000で売り渡し，代金は現金で受け取った。
(4) 本月分の給料￥70,000を現金で支払った。
(5) 買掛金のうち￥50,000を現金で支払った。

完成問題

次の取引の仕訳を示し，勘定口座に転記しなさい。

4月1日　現金￥500,000と備品￥200,000を出資して開業した。

　6日　商品￥80,000を仕入れ，代金は掛けとした。

　10日　原価￥60,000の商品を￥70,000で売り渡し，代金は掛けとした。

　13日　商品￥170,000を仕入れ，代金のうち￥100,000は現金で支払い，残額は掛けとした。

　17日　銀行から￥200,000を借り入れ，利息￥5,000を差し引かれて，手取金を現金で受け取った。

　22日　買掛金￥50,000を現金で支払った。

　25日　売掛金￥60,000を現金で回収した。

　29日　本月分の家賃￥25,000を現金で支払った。

　30日　商品売買の仲介を行い，手数料￥12,000を現金で受け取った。

第5章 仕訳帳と総勘定元帳

仕訳や勘定の記入は，どのような帳簿にどのように行うのか。
ここでは，仕訳帳と総勘定元帳の意味，記入法について学習しよう。

キーワード　仕訳帳　総勘定元帳　検索

1 仕訳帳と総勘定元帳の意味

第4章で学んだように簿記は，取引→仕訳→転記の順序で行う。この仕訳を記入する帳簿を**仕訳帳**(journal)という。また，すべての勘定口座が設けられている帳簿を**総勘定元帳**(general ledger)または**元帳**(ledger)という。

したがって，帳簿の記入の流れは次のようになる。

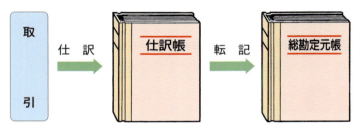

仕訳帳は，すべての取引を発生順に記録する帳簿として重要である。また，総勘定元帳は，勘定ごとにその金額の増減を記録・計算する帳簿で，損益計算書や貸借対照表を作成する資料となる。

2 仕訳帳の記入法

仕訳帳の記入方法は，次のとおりである。

① **日付欄❶**　取引が発生した月日を記入する。ただし，取引発生の月が同一の場合は，各ページの最初に書くだけでよい。同じ日に二つ以上の取引があるときは，同一ページの場合は次の取引から「〃」(ディットー)をつける。

❶年の欄には取引の発生した年を記入する。ただし，ここでは便宜上○印で示してある。

② **摘要欄** 左側に借方の勘定科目，右側に貸方の勘定科目を記入する。原則として，借方の勘定科目を最初に記入し，次の行に貸方の勘定科目を，それぞれ（　）をつけて記入する。借方または貸方の勘定科目が二つ以上の場合は，勘定科目の上に「**諸口**」と記入する。❶ 諸口は勘定科目ではないので（　）はつけない。さらに勘定科目の次の行に，取引の内容を簡単に示す**小書き**を記入する。❷

③ **借方欄と貸方欄** 借方欄には借方の勘定科目の金額を記入し，貸方欄には貸方の勘定科目の金額を記入する。

④ **元丁欄** 仕訳を総勘定元帳の勘定口座に転記したとき，その勘定口座の番号またはページ数を記入する。

このほか，仕訳帳の記入では，次のことに注意する。

ⓐ 一つの取引の仕訳と次の取引の仕訳を区別するために，摘要欄に単線（区切線）を引く。

ⓑ そのページの記入が終わって次のページに移るとき，最終の行の借方欄と貸方欄の上部に単線（合計線）を引いて，その行に借方欄と貸方欄の合計額を記入し，摘要欄には「次ページへ」と書く。❸ 同時に，次ページの第1行の摘要欄に「前ページから」と書き，借方欄と貸方

❶勘定科目が，借方が二つ以上で貸方が一つの場合は，貸方の勘定科目を借方の「諸口」と同じ行に記入する。
（折り込み4/20の仕訳参照）

❷小書きはやや小さめに書く。

❸摘要欄に余白がある場合は，単線を摘要欄の $\frac{2}{3}$ 程度までのばし，斜線を引く。

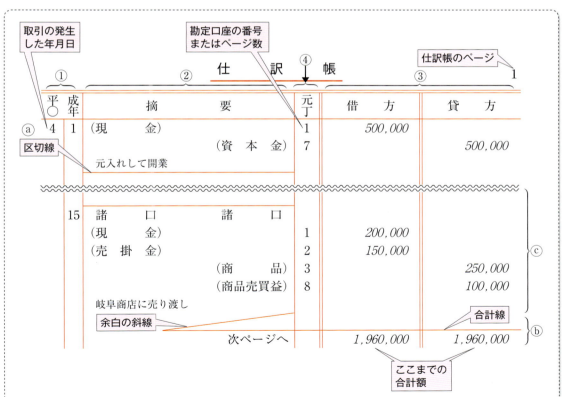

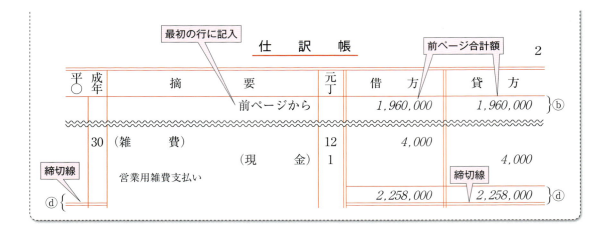

欄に前ページの合計額を記入する。

ⓒ　一つの取引の仕訳は，2ページにわたって記入しない。

ⓓ　仕訳帳は，一会計期間のすべての取引の記入が終わったとき（期末）に，借方欄・貸方欄に合計線を引き，借方欄と貸方欄の合計額を記入して，その下に複線（締切線）を引いて締め切る。日付欄も締切線を引いて締め切る。

3　総勘定元帳の記入法

仕訳帳の仕訳を総勘定元帳の勘定口座に転記する方法は，次のとおりである。

❶年の欄には，仕訳帳の作成年を記入する。

①　**日付欄**　仕訳帳の日付を記入する。❶月の記入は各ページの最初のみでよい。

②　**借方欄と貸方欄**　仕訳帳の借方金額を借方欄に記入し，仕訳帳の貸方金額を貸方欄に記入する。次ページの記入例で説明すると，現金勘定は仕訳帳の借方欄に￥500,000と記入されているから，総勘定元帳の現金勘定の借方欄に￥500,000と記入する。また，資本金勘定は仕訳帳の貸方欄に￥500,000と記入されているから，総勘定元帳の資本金勘定の貸方欄に￥500,000と記入する。

日付と金額の記入をしたあとに相手勘定科目を記入するようにします。

③　**摘要欄**　仕訳の相手勘定科目を記入する。相手勘定科目が二つ以上のときは，「諸口」と記入する。次ページの記入例では，仕訳帳の現金勘定の相手勘定科目は「資本金」であるから，現金勘定の借方の摘要欄に「資本金」と記入する。そして，資本金勘定の貸方の摘要欄には相手勘定科目である「現金」を記入する。

④ **仕丁欄** 仕訳が記入されている仕訳帳のページ数を記入する。記入例では，現金勘定の借方の仕丁欄および資本金勘定の貸方の仕丁欄に「1」と記入する。

⑤ 転記が終了したら，仕訳帳の元丁欄に転記した勘定口座の番号またはページ数を記入する。❶

❶この記入は，転記の終了を示すとともに，転記後に，仕訳帳記入事項と元帳記入事項を照合する場合の手がかりとなり，記入もれなどをふせぐことができる。

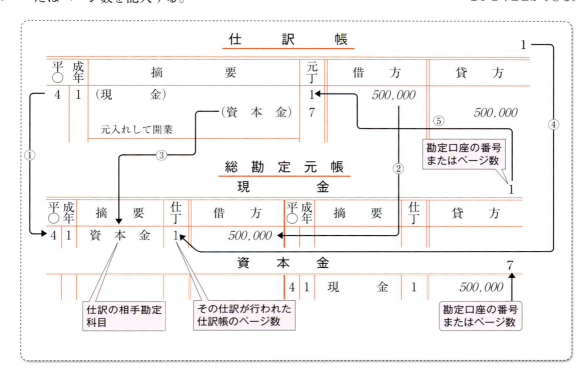

なお，残高式の現金勘定および資本金勘定へ転記した場合は，次のようになる。

(残高式)

現　金　　　　　　　　　　　　　　　1

平成○年		摘　要	仕丁	借　方	貸　方	借または貸	残　高
4	1	資　本　金	1	500,000		借	500,000

勘定の残高が借方の場合は「借」貸方の場合は「貸」と記入

資　本　金　　　　　　　　　　　　　7

平成○年		摘　要	仕丁	借　方	貸　方	借または貸	残　高
4	1	現　　金	1		500,000	貸	500,000

3. 総勘定元帳の記入法　39

> **例**

　東海商店の4月中の取引を仕訳帳に記入し，総勘定元帳に転記しなさい。

4月1日　現金¥500,000を出資して，東海商店を開業した。
　　2日　営業用の机・いすなどの備品¥220,000を買い入れ，代金は現金で支払った。
　　4日　愛知商店から商品¥180,000を仕入れ，代金は現金で支払った。
　　5日　静岡商店に原価¥100,000の商品を¥140,000で売り渡し，代金は現金で受け取った。
　　9日　銀行から現金¥250,000を借り入れた。
　10日　本月分の家賃¥20,000を現金で支払った。
　12日　三重商店から商品¥400,000を仕入れ，代金は掛けとした。
　15日　岐阜商店に原価¥250,000の商品を¥350,000で売り渡し，代金のうち¥200,000は現金で受け取り，残額は掛けとした。
　18日　商品売買の仲介を行い，手数料¥12,000を現金で受け取った。
　20日　借入金¥200,000と利息¥1,000を，現金で支払った。
　25日　本月分の給料¥80,000を現金で支払った。
　27日　岐阜商店から売掛金¥100,000を現金で受け取った。
　30日　営業用の雑費¥4,000を現金で支払った。

> **解答**

仕訳帳　折り込み1と2に示す。
総勘定元帳　折り込み3と4に示す。

記帳上の注意

帳簿の記入は，正確・明りょうに行う。記帳にあたっては，次のことに注意する。
① 文字はかい書で，数字はアラビア数字を用いる。

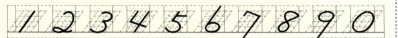

② 文字・数字の大きさは，行間の $\frac{2}{3}$ から $\frac{1}{2}$ ぐらいとし，下のけい線によせて書く。
③ 数字は，3桁（けた）ごとに「，」(コンマ)をつける。
④ けい線は赤で引く。見出し行の上部，金額欄の左右および締切線は複線とする。
⑤ 数字の訂正は，1字だけのまちがいでも数字全部を訂正する。文字の訂正は，まちがった文字だけを訂正する。けい線の訂正は，まちがったけい線の両はしに×印をつけて訂正する。いずれも訂正箇所に訂正印を押す。
（訂正記入の例は，折り込み1に示した。）
⑥ 記帳を簡単にするために，次の記号が用いられる。
　¥　（円）　　　　　@¥　（単価，@はatアットの略）
　✓　（チェックマーク，照合済みや転記不要などの印）
　〃　（ディットー，上に同じ）　　#（ナンバー，番号，第○号）
　a/c　（勘定，accountアカウントの略）

確認問題

1．次の文の □ のなかに，次ページの語群のなかからもっとも適当な語を記入しなさい。

(1) すべての取引の仕訳を発生順に記入する帳簿を ア という。この帳簿の イ 欄には，勘定科目のほかに，取引の内容を簡単に記入する。これを ウ という。借方または貸方の勘定科目が二つ以上の場合は，勘定科目の上に エ と記入する。

(2) 仕訳帳の1ページの記入が終了したら， オ 欄の最後の行に カ と記入する。そして，次ページの1行目に キ と記入する。

(3) 総勘定元帳は，すべての ク が設けられている帳簿で，その帳簿の摘要欄には仕訳の ケ 科目を記入する。勘定科目が二つ以上あるときは， コ と記入する。

(4) 仕訳帳から総勘定元帳に転記する場合，仕訳帳の　サ　欄には，その転記を行った総勘定元帳の　シ　の番号またはページ数を記入するとともに，総勘定元帳の仕丁欄には，転記された取引が記帳されている　ス　のページ数を記入する。

> **語　群**
> 元丁　　勘定口座　　借方　　仕訳帳　　諸口　　前ページから
> 仕丁　　相手勘定　　貸方　　小書き　　摘要　　次ページへ

2．次の仕訳帳から，総勘定元帳に転記しなさい。仕訳帳の元丁欄も記入すること。

仕　訳　帳　　　　　　　　　　　　1

平成○年		摘　要	元丁	借　方	貸　方
5	4	（商　品）　　　諸　口		640,000	
		（現　金）			450,000
		（買掛金）			190,000
		沼津商店から仕入れ			

総　勘　定　元　帳

現　金　　　　　　　　　　　　1

平成○年	摘　要	仕丁	借　方	平成○年	摘　要	仕丁	貸　方

商　品　　　　　　　　　　　　3

買　掛　金　　　　　　　　　　7

完成問題

浜松商店の次の取引を仕訳帳に記入し，総勘定元帳に転記しなさい。

5月1日　現金¥1,500,000　建物¥1,000,000を元入れ（出資）して営業を開始した。

　　4日　備品¥250,000を買い入れ，代金は現金で支払った。

　　7日　銀行から現金¥500,000を借り入れた。

　　12日　清水商店から商品¥300,000を仕入れ，代金のうち¥200,000は現金で支払い，残額は掛けとした。

　　21日　事務用の文房具¥8,000を買い入れ，代金は現金で支払った。

　　25日　本月分の電話料¥4,000を現金で支払った。

第 6 章　試算表

総勘定元帳の記入が正しいかどうかは，どのようにして確かめるのか。
ここでは，試算表の意味や種類・作成方法などについて学習しよう。

キーワード　合計試算表　残高試算表　合計残高試算表

1　試算表の意味

　第5章で学んだように，取引は仕訳帳に仕訳し，総勘定元帳に転記する。この転記が正しく行われたかどうかを確かめることをおもな目的として作成する表を，**試算表**(Trial Balance；T/B)という。
　試算表は，期末に必ず作成するが，毎日，毎週末，毎月末などに作成することもある。

2　試算表と貸借平均の原理

　第3章で学んだように，簿記では，取引を借方と貸方に分解し，しかもその借方金額と貸方金額は，つねに等しくなるように仕訳される。この仕訳の結果を受けて，借方の勘定は，その金額をその勘定口座の借方に転記し，また，貸方の勘定については，その金額をその勘定口座の貸方に転記する。
　したがって，すべての勘定の借方に記入した金額の合計と，すべての勘定の貸方に記入した金額の合計とは必ず等しくなる。これを**貸借平均の原理**という。試算表は，この貸借平均の原理を利用して作成される。以上のような関係をまとめると次ページのようになる。

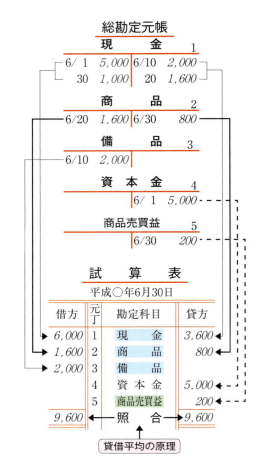

3 試算表の作成

　試算表の勘定科目欄に，資産・負債・資本・収益・費用の順に勘定科目を記入し，元丁欄に，勘定口座の番号を記入する。また，いつ勘定の金額を試算表に集計したか，その時点を示すため，日付を記入する。

　試算表の種類には，**合計試算表・残高試算表・合計残高試算表**の三つがある。それぞれの試算表は，次のように作成する。

1 合計試算表

　合計試算表は，各勘定口座の借方合計額と貸方合計額を集めて作成する。合計試算表の借方欄の合計額と貸方欄の合計額は一致する。

　なお，借方合計額および貸方合計額は，仕訳帳を期末に締め切ったときの借方欄と貸方欄の各合計額とも一致する。

例 1

東海商店の次の総勘定元帳の勘定記録から4月30日における合計試算表を作成しなさい。

	現	金	1
4/ 1	資 本 金 500,000	4/ 2 備　　品 220,000	
5	諸　　口 140,000	4 商　　品 180,000	
9	借 入 金 250,000	10 支払家賃 20,000	
15	諸　　口 200,000	20 諸　　口 201,000	
18	受取手数料 12,000	25 給　　料 80,000	
27	売 掛 金 100,000	30 雑　　費 4,000	
	（合計 1,202,000)	（合計 705,000)	

	買 掛 金	5
	4/12 商　　品 400,000	

	資 本 金	7
	4/ 1 現　　金 500,000	

	受 取 手 数 料	9
	4/18 現　　金 12,000	

	支 払 家 賃	11
4/10 現　　金 20,000		

	支 払 利 息	13
4/20 現　　金 1,000		

	売 掛 金	2
4/15 諸　　口 150,000	4/27 現　　金 100,000	

	商 品	3
4/ 4 現　　金 180,000	4/ 5 現　　金 100,000	
12 買 掛 金 400,000	15 諸　　口 250,000	

	備 品	4
4/ 2 現　　金 220,000		

	借 入 金	6
4/20 現　　金 200,000	4/ 9 現　　金 250,000	

	商 品 売 買 益	8
	4/ 5 現　　金 40,000	
	15 諸　　口 100,000	

	給 料	10
4/25 現　　金 80,000		

	雑 費	12
4/30 現　　金 4,000		

解 答

合 計 試 算 表
平成○年4月30日

借　方	元丁	勘 定 科 目	貸　方
1,202,000	1	現　　　　金	705,000
150,000	2	売　掛　　金	100,000
580,000	3	商　　　　品	350,000
220,000	4	備　　　　品	
	5	買　掛　　金	400,000
200,000	6	借　入　　金	250,000
	7	資　本　　金	500,000
	8	商 品 売 買 益	140,000
	9	受 取 手 数 料	12,000
80,000	10	給　　　　料	
20,000	11	支　払　家　賃	
4,000	12	雑　　　　費	
1,000	13	支　払　利　息	
2,457,000			2,457,000

2 残高試算表

残高試算表は，各勘定口座の残高を集めて作成する。そのさい，勘定口座の残高が借方にあれば❶，試算表の借方の金額欄に，残高が貸方にあれば貸方の金額欄に記入する。

残高試算表の借方欄と貸方欄のそれぞれの合計額は一致する。

残高試算表には，すべての勘定の残高が集められているので，この表から，企業の財政状態と経営成績のあらましを知ることができる。

❶勘定の借方合計額が貸方合計額より大きい場合，その差引残高を借方残高という。

例 2

例1の東海商店の総勘定元帳の勘定記録によって，残高試算表を作成しなさい。

解答

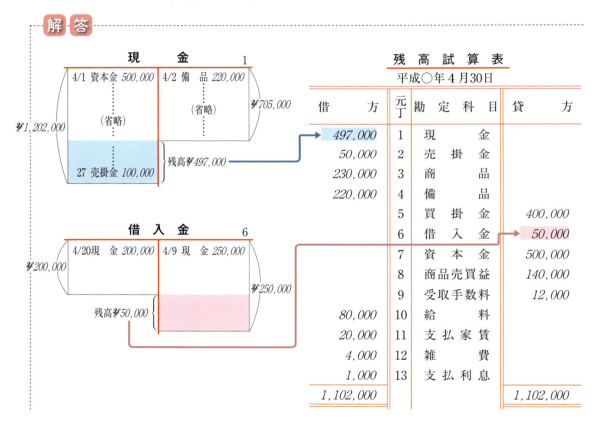

3 合計残高試算表

合計残高試算表は，合計試算表と残高試算表を一つにまとめて作成する。

例1・例2によって，合計残高試算表を作成しなさい。

解答

合計残高試算表
平成○年4月30日

借方残高	借方合計	元丁	勘定科目	貸方合計	貸方残高
497,000	1,202,000	1	現　　　　金	705,000	
50,000	150,000	2	売　掛　金	100,000	
230,000	580,000	3	商　　　　品	350,000	
220,000	220,000	4	備　　　　品		
		5	買　掛　金	400,000	400,000
	200,000	6	借　入　金	250,000	50,000
		7	資　本　金	500,000	500,000
		8	商品売買益	140,000	140,000
		9	受取手数料	12,000	12,000
80,000	80,000	10	給　　　　料		
20,000	20,000	11	支　払　家　賃		
4,000	4,000	12	雑　　　　費		
1,000	1,000	13	支　払　利　息		
1,102,000	2,457,000			2,457,000	1,102,000

確認問題

1．期末（平成○年12月31日）の次の勘定口座の記帳から，合計試算表を作成しなさい。

```
     現      金   1              売 掛 金   2              商      品   3
 1,000,000 | 290,000         260,000 | 200,000         300,000 | 200,000
   150,000 |  70,000                                   250,000 | 120,000
   200,000 |  13,000
           | 400,000              貸 付 金   4              備      品   5
                                  300,000 |                200,000 |

     買 掛 金   6              資 本 金   7              商品売買益   8
   400,000 | 300,000                   | 1,200,000              | 60,000
           | 250,000                                             | 30,000

    受 取 利 息   9              給      料  10              雑      費  11
           |  10,000          70,000 |                     13,000 |
```

2．上記1．の資料から，残高試算表を作成しなさい。

完成問題

1． 次の勘定口座の(A)に取引(B)を記入した場合の，5月31日現在の合計残高試算表を作成しなさい。

(A) 平成○年5月24日現在の勘定口座の記入

現　　金　1	売　掛　金　2	商　　品　3
400,000　150,000	100,000　150,000	300,000　100,000
140,000　120,000	250,000	120,000　150,000
200,000		

買　掛　金　4	資　本　金　5	商品売買益　6
140,000　400,000	500,000	30,000
120,000　120,000		50,000

(B) 平成○年5月25日から月末までの取引

5月25日　商品¥150,000を仕入れ，代金は掛けとした。
　　26日　原価¥100,000の商品を¥150,000で売り渡し，代金のうち¥100,000は現金で受け取り，残額は掛けとした。
　　27日　買掛金残高のうち¥100,000を現金で支払った。
　　31日　売掛金残高のうち¥80,000を現金で受け取った。

2． 横浜商店では，期末に残高試算表を作成した。ところが次のように借方と貸方の合計額が一致しなかった。誤りを訂正して，正しい残高試算表を作成しなさい。ただし，各勘定の金額は正しいものとする。

残　高　試　算　表
平成○年5月31日

借　　方	元丁	勘　定　科　目	貸　　方
315,000	1	現　　　　　金	
	2	売　　掛　　金	170,000
	3	商　　　　　品	330,000
260,000	4	備　　　　　品	
235,000	5	買　　掛　　金	
200,000	6	借　　入　　金	
	7	資　　本　　金	600,000
121,000	8	商　品　売　買　益	
	9	支　払　家　賃	48,000
	10	消　耗　品　費	27,000
	11	支　払　利　息	6,000
1,131,000			1,181,000

第7章 決算

企業は，経営成績と財政状態をどのようにして明らかにするのか。

ここでは，決算の意味とその手続き，精算表の作成および損益計算書と貸借対照表の作成など，決算手続きについて学習しよう。

キーワード　決算　振替　締め切り　[検索]

1 決算の意味と手続き

簿記では，日々の取引を仕訳して仕訳帳に記入し，総勘定元帳に転記して，各勘定の増減を記録・計算する。これが簿記の日常の手続きである。

一会計期間が終わると，その期間中の経営成績と期末の財政状態を明らかにする必要がある。このため，期末の帳簿の記録を整理し，すべての帳簿を締め切り，損益計算書と貸借対照表を作成する。この一連の手続きを**決算**といい，期末の決算を行う日を**決算日**という。

決算手続きは，下に示すように，決算予備手続きに始まり，次に決算本手続きを行い，最後に決算報告をすることで終わる。

決算手続きのうち，下に示した決算予備手続きの1.と2.については すでに学んだ。❶ 3.の棚卸表の作成とそれにもとづく決算整理については，第12章で学ぶ。

本章では，決算予備手続きのなかの4.精算表の作成と，決算本手続き，および決算報告について学ぶ。なお，本章の説明でも，第5章の東海商店の例を用いる。（決算日は4月30日とする。）

Ⅰ．決算予備手続き	1. 仕訳帳（日常の取引）の締め切り 2. 試算表の作成 3. 棚卸表の作成，それにもとづく決算整理 4. （精算表の作成）❷

❶このとき，仕訳帳の合計額と合計試算表の合計額が一致することを確かめることが必要である。

❷精算表の作成については，予備手続きに入れないこともある。

↓

Ⅱ．決算本手続き	1．総勘定元帳の締め切り 　①　収益・費用の各勘定残高の損益勘定への振替 　②　損益勘定で計算された当期純利益（または当期純損失）の資本金勘定への振替 　③　収益・費用の各勘定と損益勘定の締め切り 　④　資産・負債の各勘定と資本金勘定の締め切り 2．繰越試算表の作成 3．仕訳帳（決算仕訳）の締め切り

Ⅲ．決算報告	1．損益計算書の作成 2．貸借対照表の作成

2　精算表の作成

1　精算表の意味

　精算表（work sheet；w/s）は，決算手続きのうち，試算表，決算整理，損益計算書および貸借対照表を一つにまとめた一覧表である。精算表は，決算手続きの全体的な流れを理解するのに役立ち，また損益計算書や貸借対照表を作成する場合の基礎資料となる。
　ここで学ぶ精算表は，**6桁精算表**とよばれるもっとも簡単なもので，試算表，損益計算書および貸借対照表の三つについて，それぞれ借方金額欄と貸方金額欄が設けられているものである。

❶決算整理を行うための貸借欄をさらに設けたものが**8桁精算表**である。これは第12章で学ぶ。

2　精算表の作成法

　6桁精算表は，次のように作成する。
①　総勘定元帳の各勘定の残高または46ページで学んだ残高試算表の各勘定の金額を残高試算表欄に書き移し，借方と貸方の各合計額が一致することを確認して締め切る。
②　残高試算表欄の各勘定の金額のうち，収益と費用の各勘定の金額を損益計算書欄に書き移す。
③　残高試算表欄の各勘定の金額のうち，資産と負債の各勘定と資本

金勘定の金額を貸借対照表欄に書き移す。

④ 損益計算書欄および貸借対照表欄の借方と貸方の金額をそれぞれ合計し，その差額を計算する。この差額は，「当期純利益（または当期純損失）」であり，合計額の少ない側に記入する。当期純利益は，損益計算書欄では借方に，貸借対照表欄では貸方に示され，当期純損失はその逆になる。

⑤ 損益計算書欄および貸借対照表欄の借方と貸方の各合計金額が一致することを確認して締め切る。

例 1

東海商店の次の勘定残高によって精算表を作成しなさい。

現　　　　金	¥497,000	売　掛　金	¥50,000	商　　　　品	¥230,000
備　　　　品	220,000	買　掛　金	400,000	借　入　金	50,000
資　本　金	500,000	商品売買益	140,000	受取手数料	12,000
給　　　　料	80,000	支払家賃	20,000	雑　　　　費	4,000
支払利息	1,000				

解答

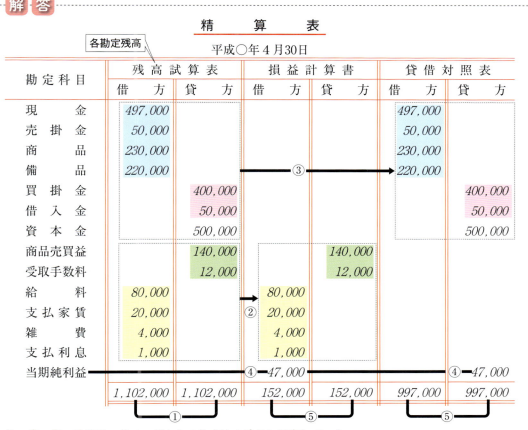

注．①〜⑤の番号は，前ページからの作成法の番号と対応している。

3 総勘定元帳の締め切り

総勘定元帳の締め切りから繰越試算表の作成までの手続きを図で示すと，次のとおりである。

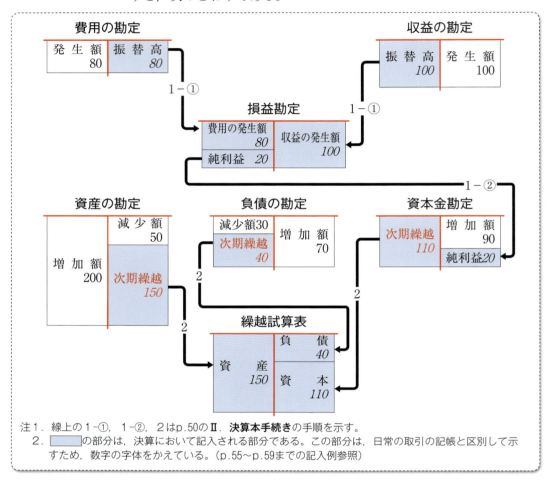

注1．線上の 1−①，1−②，2 は p.50 の Ⅱ．**決算本手続き**の手順を示す。
 2．　　　の部分は，決算において記入される部分である。この部分は，日常の取引の記帳と区別して示すため，数字の字体をかえている。(p.55〜p.59 までの記入例参照)

1 収益・費用の各勘定残高を損益勘定に振り替える

❶決算日に，すべての収益と費用を損益勘定に集める。このような勘定を**集合勘定**という。
❷振替も仕訳帳を通して行わなければならないので，仕訳が必要である。
❸ p.55 例2の仕訳帳参照。

一会計期間の各収益の額と各費用の額を集計して当期純利益（または当期純損失）を計算するために，総勘定元帳に**損益勘定**を新しく設け，この勘定に収益と費用の各勘定残高を移す。このように，ある勘定口座の金額を他の勘定口座に移すことを**振替**といい，そのための仕訳を**振替仕訳**という。この振替仕訳は，あとで学ぶ整理仕訳とともに**決算仕訳**とよばれ，これを仕訳帳に記入するときは，摘要欄に「決算仕訳」と明記する。

Self check 振替仕訳の方法

振替仕訳の方法を一般的な形で示すと，次のようになる。

たとえば，12月31日にA勘定の借方に記入されている金額￥600をB勘定の借方に振り替える場合には，下記の振替仕訳をする。

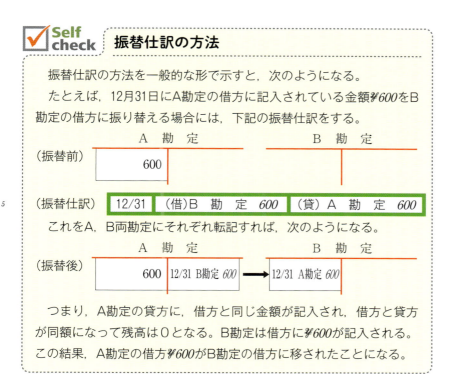

つまり，A勘定の貸方に，借方と同じ金額が記入され，借方と貸方が同額になって残高は0となる。B勘定は借方に￥600が記入される。この結果，A勘定の借方￥600がB勘定の借方に移されたことになる。

第6章例1（p.45）の東海商店における収益の勘定（商品売買益・受取手数料）と費用の勘定（給料・支払家賃・雑費・支払利息）の各勘定残高を損益勘定に振り替えるために，次の振替仕訳（ア）と（イ）を行う。

（ア）　収益の各勘定残高を損益勘定の貸方に振り替えるための仕訳

4/30	（借）	商品売買益	140,000	（貸）	損　　益	152,000
		受取手数料	12,000			

（ア）の振替仕訳にもとづいて，損益勘定への転記を示すと，次のようになる。❶

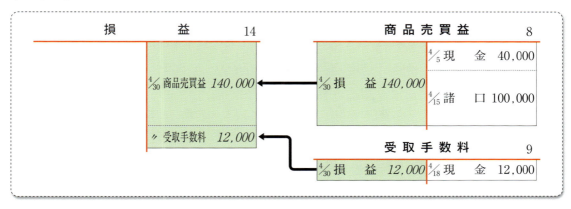

❶収益・費用の各勘定残高を損益勘定に転記する場合には，それぞれの合計額を「諸口」としてまとめて転記しないで，各勘定科目ごとに転記する。これは，損益勘定で収益・費用の発生原因を明らかにするためである。

(イ) 費用の各勘定残高を損益勘定の借方に振り替えるための仕訳

4/30	（借）損　　　益	105,000	（貸）給　　　料	80,000
			支 払 家 賃	20,000
			雑　　　費	4,000
			支 払 利 息	1,000

（イ）の振替仕訳にもとづいて，損益勘定への転記を示すと，次のようになる。

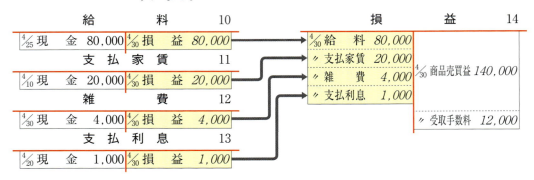

2　損益勘定で計算された当期純利益（または当期純損失）を資本金勘定に振り替える

　上に示したように，損益勘定には，収益の各勘定残高と費用の各勘定残高がすべて転記されているので，この勘定によって

> 収　益　－　費　用　＝　当期純利益

の計算を行うことができる。つまり，この当期純利益だけ資本が増えたわけであるから，この金額を資本金勘定の貸方に振り替える。

　上に示した東海商店の損益勘定では，当期純利益が￥47,000になるから，これを次の振替仕訳によって資本金勘定に振り替える。

4/30	（借）損　　　益	47,000	（貸）資　本　金	47,000

反対に，費用の総額が収益の総額より多い場合には，当期純損失が生じたのであるから，この金額を資本金勘定の借方に振り替える。

　　　（借）資　本　金　×××　　（貸）損　　　益　×××

3 収益・費用の各勘定と損益勘定を締め切る

　以上の手続きによって，収益の各勘定残高は損益勘定の貸方へ，また費用の各勘定残高は損益勘定の借方に振り替えられる。続いて損益勘定の残高（当期純利益または当期純損失）は資本金勘定に振り替えられる。

　この結果，収益・費用の各勘定と損益勘定は，それぞれ借方合計額と貸方合計額が一致するから，これらの勘定をすべて締め切る。

例 2

東海商店の決算仕訳（振替仕訳）を行い，収益・費用の各勘定を締め切りなさい。

❶決算仕訳の最初の行に記入する。

解答

仕　訳　帳　　　　3

平成○年		摘　　要	元丁	借　方	貸　方
		決　算　仕　訳 ❶			
4	30	諸　口　　（損　　益）	14		152,000
		（商品売買益）	8	140,000	
		（受取手数料）	9	12,000	
		収益の各勘定の振替			
	〃	（損　　益）　　諸　口	14	105,000	
		（給　　料）	10		80,000
		（支払家賃）	11		20,000
		（雑　　費）	12		4,000
		（支払利息）	13		1,000
		費用の各勘定の振替			
	〃	（損　　益）	14	47,000	
		（資　本　金）	7		47,000
		当期純利益の振替			
				304,000	304,000

総勘定元帳

商品売買益　8

平成○年	摘要	仕丁	借方	平成○年	摘要	仕丁	貸方
4 30	損　益	3	140,000	4 5	現　金	1	40,000
				15	諸　口	〃	100,000
			140,000				140,000

> 借方・貸方ともに金額欄が1行の場合は，そのまま締め切る。

受取手数料　9

| 4 30 | 損　益 | 3 | 12,000 | 4 18 | 現　金 | 2 | 12,000 |

給　料　10

| 4 25 | 現　金 | 2 | 80,000 | 4 30 | 損　益 | 3 | 80,000 |

支払家賃　11

| 4 10 | 現　金 | 1 | 20,000 | 4 30 | 損　益 | 3 | 20,000 |

雑　費　12

| 4 30 | 現　金 | 2 | 4,000 | 4 30 | 損　益 | 3 | 4,000 |

支払利息　13

| 4 20 | 現　金 | 2 | 1,000 | 4 30 | 損　益 | 3 | 1,000 |

損　益　14

4 30	給　料	3	80,000	4 30	商品売買益	3	140,000
〃	支払家賃	〃	20,000	〃	受取手数料	〃	12,000
〃	雑　費	〃	4,000				
〃	支払利息	〃	1,000				
〃	資本金	〃	47,000				
			152,000				152,000

> 振替は，勘定の同じ側（借方なら借方・貸方なら貸方）にしかできません。
> ①収益の勘定の残高は 貸方 側にある。 → 損益勘定の 貸方 側に振り替えられる。
> ②費用の勘定の残高は 借方 側にある。 → 損益勘定の 借方 側に振り替えられる。

4 資産・負債の各勘定と資本金勘定を締め切る

資産・負債の各勘定と資本金勘定は，次のように締め切る。

(ア) 資産の各勘定の締め切り

資産の勘定は借方に残高が生じるから，貸方に赤字で[❶]，日付欄には決算日，摘要欄には「**次期繰越**」，金額欄にはその残高を記入する。これを**繰越記入**という。ついで，借方・貸方の各合計額を同じ行に記入して締め切る。

次に，借方の日付欄には次期最初の日付，摘要欄には「**前期繰越**」，金額欄には次期繰越額と同額を記入する。これを**開始記入**という。

(イ) 負債の各勘定と資本金勘定の締め切り

負債の各勘定と資本金勘定は貸方に残高が生じるので，繰越記入は借方に行い，開始記入は貸方に行う。記入方法は資産の各勘定と同様である。

資産・負債の各勘定と資本金勘定の繰越記入および開始記入は，仕訳帳に記入しないで，直接，総勘定元帳に記入する。総勘定元帳の仕丁欄には「√」をつける。このような締切方法を**英米式決算法**という。

❶ 簿記の慣習上は赤で記入するが，実務では黒で記入することが多い。

例 3

東海商店の資産・負債・資本の各勘定を締め切りなさい。

解 答

総 勘 定 元 帳

現　金　　　1

平成○年		摘　要	仕丁	借　方	平成○年		摘　要	仕丁	貸　方
4	1	資　本　金	1	500,000	4	2	備　　品	1	220,000
	5	諸　　口	〃	140,000		4	商　　品	〃	180,000
	9	借　入　金	〃	250,000		10	支払家賃	〃	20,000
	15	諸　　口	〃	200,000		20	諸　　口	2	201,000
	18	受取手数料	2	12,000		25	給　　料	〃	80,000
	27	売　掛　金	〃	100,000		30	雑　　費	〃	4,000
						〃	次期繰越	√	497,000
				1,202,000					1,202,000
5	1	前期繰越	√	497,000					

		売	掛	金					2
平成○年	摘要	仕丁	借方	平成○年	摘要	仕丁	貸方
4	15	諸口	1	150,000	4	27	現金	2	100,000
						30	次期繰越	✓	50,000
				150,000					150,000
5	1	前期繰越	✓	50,000					

		商	品						3
4	4	現金	1	180,000	4	5	現金	1	100,000
	12	買掛金	〃	400,000		15	諸口	〃	250,000
						30	次期繰越	✓	230,000
				580,000					580,000
5	1	前期繰越	✓	230,000					

		備	品						4
4	2	現金	1	220,000	4	30	次期繰越	✓	220,000
5	1	前期繰越	✓	220,000					

		買	掛	金					5
4	30	次期繰越	✓	400,000	4	12	商品	1	400,000
					5	1	前期繰越	✓	400,000

		借	入	金					6
4	20	現金	2	200,000	4	9	現金	1	250,000
	30	次期繰越	✓	50,000					
				250,000					250,000
					5	1	前期繰越	✓	50,000

		資	本	金					7
4	30	次期繰越	✓	547,000	4	1	現金	1	500,000
						30	損益	3	47,000
				547,000					547,000
					5	1	前期繰越	✓	547,000

4 繰越試算表の作成

　資産・負債・資本の勘定の締め切り後，各勘定について繰越高の計算と記入が正しく行われたかどうかを確かめるために**繰越試算表**を作成する。繰越試算表は，決算日の各勘定の次期繰越高を集めて作成する。そのさい，資産は借方の金額欄に，負債・資本は貸方の金額欄に記入する。

例 4

例3の東海商店の総勘定元帳の勘定記録から繰越試算表を作成しなさい。

解答

繰 越 試 算 表
平成○年4月30日

借　方	元丁	勘　定　科　目	貸　方
497,000	1	現　　　　　金	
50,000	2	売　　掛　　金	
230,000	3	商　　　　　品	
220,000	4	備　　　　　品	
	5	買　　掛　　金	400,000
	6	借　　入　　金	50,000
	7	資　　本　　金	547,000
997,000			997,000

5 仕訳帳の締め切り

仕訳帳は，日常の取引の記入が終了したときに，いったん，借方と貸方の各合計額を計算して締め切る。（折り込み－2　参照）

さらに，決算仕訳が終了したとき，もう一度，借方と貸方の各合計額を計算して締め切る。（p.55参照）

なお，次期最初の日付で，仕訳帳の第1行目に「前期繰越高」として，繰越試算表の合計額を記入する。この合計額は総勘定元帳に転記しない。総勘定元帳への開始記入は，仕訳帳を通さず直接各勘定に記入する。したがって，仕訳帳の元丁欄には「√」をつけておく。

仕　訳　帳　　　　4

平成○年		摘　　　　要	元丁	借　方	貸　方
5	1	前　期　繰　越　高	√	997,000	997,000

以上の記入によって，期末の仕訳帳の合計額と総勘定元帳の各勘定の金額を集計した合計試算表の合計額が一致する。

6 損益計算書と貸借対照表の作成

　総勘定元帳と仕訳帳の締め切り，および繰越試算表の作成に続いて，最後に決算報告として損益計算書と貸借対照表を作成する。
　損益計算書は，主として損益勘定にもとづいて作成し，貸借対照表は，資産・負債・資本の各勘定残高（次期繰越高）や，繰越試算表にもとづいて作成する。

例 5

　例2（p.55）の損益勘定と例4（p.59）の繰越試算表にもとづいて，東海商店の損益計算書と貸借対照表を作成しなさい。

解 答

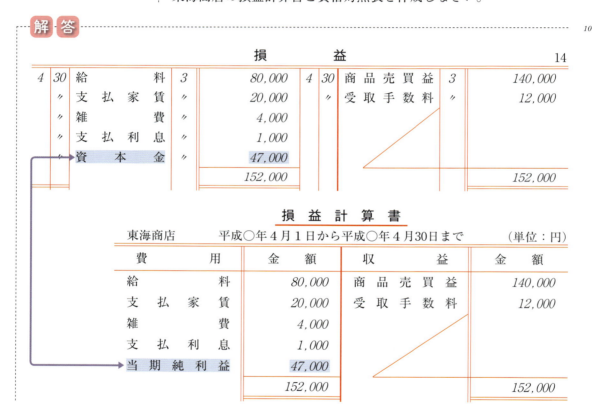

> ✓ Self check 　**損益勘定では当期純利益を「資本金」と書く**
>
> 　当期純利益については，損益計算書ではそのまま「当期純利益」と記入するが，損益勘定では「資本金」と記入しなければならないことに注意しよう。
> 　なぜなら，勘定の摘要欄には相手勘定科目を書くことになっているからである。

60　第7章●決　算

繰 越 試 算 表
平成○年4月30日

借 方	元丁	勘 定 科 目	貸 方
497,000	1	現　　　　金	
50,000	2	売　　掛　　金	
230,000	3	商　　　　品	
220,000	4	備　　　　品	
	5	買　　掛　　金	400,000
	6	借　　入　　金	50,000
	7	資　　本　　金	547,000
997,000			997,000

貸 借 対 照 表

東海商店　　　　　平成○年4月30日　　　　　（単位：円）

資　産	金　額	負債および純資産	金　額
現　　　　金	497,000	買　　掛　　金	400,000
売　　掛　　金	50,000	借　　入　　金	50,000
商　　　　品	230,000	資　　本　　金	500,000
備　　　　品	220,000	当　期　純　利　益	47,000
	997,000		997,000

期末資本 ¥547,000

7　複式簿記の基本的なしくみ

複式簿記の基本的なしくみを東海商店の例によって説明する。

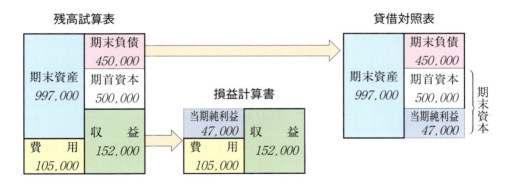

上の図で明らかなように，損益計算書と貸借対照表の当期純利益はそれぞれ貸借反対側にあらわれ，同一金額である。

残高試算表のしくみを式で示すと，次ページのようになる。これを**試算表等式**という。

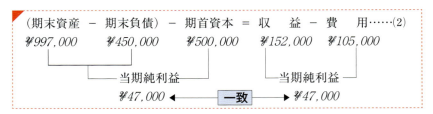

(1)式の，貸借対照表の項目を左辺に，損益計算書の項目を右辺に集めると，次の(2)式のようになる。(2)式の左辺は期末資本と期首資本の差額として，また右辺は収益と費用の差額として，それぞれ当期純損益を計算する式であり，左辺と右辺で計算された当期純損益は，必ず一致する。

❶財産法による純損益
❷損益法による純損益

(2)式をもとに，損益計算書と貸借対照表のしくみを式で示すと，次のようになる。

損益計算書……費　用　+　当期純利益　=　収　益
　　　　　　　¥105,000　　¥47,000　　¥152,000

貸借対照表……期末資産　=　期末負債　+　期首資本　+　当期純利益
　　　　　　　¥997,000　　¥450,000　　¥500,000　　¥47,000

以上のことから，損益計算書と貸借対照表の当期純利益または当期純損失は，たがいに貸借反対側にあらわれ，金額は必ず等しいことがわかる。これが複式簿記のすぐれた特徴である。

8 簿記一巡の手続き

これまで学んできたように，簿記手続きは，日常の手続きと，決算の手続きに分けられる。

日常の手続きでは，毎日の経営活動を記録・計算するため，仕訳帳に仕訳し，総勘定元帳へ転記を行う。

決算の手続きでは，会計期間の正しい経営成績と，期末の正しい財政状態を明らかにするため，会計期間ごとに，試算表への集計，決算整理，および貸借対照表・損益計算書の作成を行う。

この一連の手続きを，**簿記一巡の手続き**といい，図で示すと次のとおりである。なお，図のうち，棚卸表の作成とそれにともなう整理仕訳については，第12章で学ぶ。

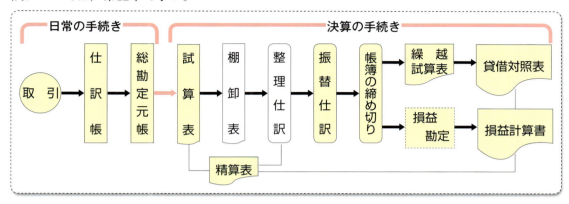

1．次の（　）のなかに，決算の順序を示す番号をつけなさい。
　a．（　）資産・負債の各勘定と資本金勘定を締め切る。
　b．（　）収益・費用の各勘定と損益勘定を締め切る。
　c．（　）試算表を作成する。
　d．（　）繰越試算表を作成する。
　e．（　）収益・費用の各勘定残高を損益勘定に振り替える。
　f．（　）仕訳帳（決算仕訳）を締め切る。
　g．（　）当期純損益を損益勘定から資本金勘定に振り替える。
　h．（　）損益計算書と貸借対照表を作成する。
　i．（　）仕訳帳（日常の取引）を締め切る。

2．次の文の　　　　のなかに，次ページの語群のなかからもっとも適当な語を記入しなさい。
　(1) 期末に作成する　ア　を，等式で示すと次のようになる。
　　　　イ　＋費用＝　ウ　＋期首資本＋収益
　(2) 決算では，収益・費用の各勘定を　エ　勘定に振り替えて，この勘定で純損益を計算する。この金額が，純利益の場合には資本金勘定の　オ　に振り替え，純損失の場合には　カ　に振り替える。
　(3) 総勘定元帳の各勘定の借方・貸方の合計金額を集めた表を　キ　という。この表の借方欄と貸方欄の各合計は，取引の総額をあらわすから，　ク　の合計額と一致することになる。
　(4) 決算にあたって，資産・　ケ　の各勘定と資本金勘定を締め切ったあとで，その繰越記入が正しく行われたかどうかを確かめるために，　コ　を作成する。

語 群

| 期末資産 | 借方 | 損益 | 残高試算表 | 繰越試算表 |
| 期末負債 | 貸方 | 負債 | 合計試算表 | 仕訳帳 |

3． 次の決算手続きについて，振替仕訳とＴ字形の勘定口座への記入を示しなさい。ただし，決算日は12月31日とする。

(1) 商品売買益¥82,000を損益勘定に振り替えた。

(2) 給料¥50,000と広告料¥12,000を損益勘定に振り替えた。

(3) 当期純利益¥20,000を資本金勘定に振り替えた。

完成問題

1． 名古屋商店の次の勘定口座の記録によって，

(1) 合計残高試算表を作成しなさい。

(2) 精算表を作成しなさい。

(3) 決算に必要な仕訳を示しなさい。

(4) 各勘定口座を締め切りなさい。

(5) 繰越試算表を作成しなさい。

(6) 損益計算書と貸借対照表を作成しなさい。

ただし，会計期間は，平成○年１月１日から平成○年12月31日とする。

現　　金　1	売　掛　金　2	商　　品　3	備　　品　4
613,000 | 481,000	925,000 | 720,000	1,156,000 | 946,000	210,000 |

買　掛　金　5	資　本　金　6	商品売買益　7	受取手数料　8
460,000 | 632,000	| 500,000	| 194,000	| 7,000

給　　料　9	通　信　費　10	支払家賃　11	消耗品費　12
68,000 |	5,000 |	24,000 |	19,000 |

2． 三重商店の期末における総勘定元帳勘定残高によって，

(1) 精算表を作成しなさい。

(2) 損益勘定の記入を示しなさい。

(3) 貸借対照表を作成しなさい。

ただし，会計期間は，平成○年１月１日から平成○年12月31日とする。

総勘定元帳勘定残高

現　　金 ¥100,000　売掛金 ¥80,000　商　　品 ¥90,000　買　掛　金 ¥65,000
資　本　金　180,000　商品売買益　80,000　受取手数料　20,000　給　　料　43,000
消耗品費　12,000　通信費　16,000　雑　　費　4,000

＊ 第１例題(p.322)を記帳し，決算を行いなさい。 ＊

第Ⅱ編 取引の記帳と決算Ⅰ

現金・預金に関する取引，商品売買に関する取引，固定資産に関する取引などの記帳は，どのように行うのか。

第Ⅱ編では，商品売買業で日常生じる取引の記帳と，商品の売買損益の計算，貸し倒れの見積もり，固定資産の減価償却などの決算整理を含んだ決算手続きとその記帳を学習しよう。

簿記の筆とるわかものにまことのをのこ君を見る。

与謝野鉄幹〔詩人〕

簿記の基礎	Ⅰ
取引の記帳と決算Ⅰ	Ⅱ
取引の記帳と決算Ⅱ	Ⅲ
帳簿と伝票	Ⅳ
取引の記帳と決算Ⅲ	Ⅴ
本支店の会計	Ⅵ
複合仕訳帳制	Ⅶ
株式会社の記帳	発展

第8章 現金・預金の記帳

簿記上の現金や預金にはどのようなものがあり，その記帳はどのように行うのか。
ここでは，現金・現金過不足・当座預金・小口現金の各勘定への記帳や，現金出納帳・当座預金出納帳などの補助簿の記入法について学習しよう。

キーワード　現金　現金過不足　当座預金　小口現金　［検索］

❶利札は，公社債の券面に刷り込まれた半年分の利息の受取証で，これを金融機関に持参すれば，現金の支払いを受けることができる。

❷配当金領収証は，株式会社からの配当を示す領収証で，これを金融機関に持参すれば現金の支払いを受けることができる。

1 現　金

1 現金勘定

簿記上，現金として扱われるものには，紙幣や硬貨などの通貨のほかに，いつでも通貨にかえられる次のようなものがある。

① 他人振り出しの小切手
② 支払期日の到来した公社債の利札❶
③ 配当金領収証など❷

現　金	
前期繰越高	支　払　額
収　入　額	次期繰越高（帳簿残高）

簿記上，現金として扱われるものを受け取ったときは現金勘定の借方に記入し，これを支払ったときは貸方に記入する。したがって，現金勘定の残高は，つねに借方に生じ，現金の帳簿残高を示す。

例1

5月6日　文京商店に対する売掛金￥100,000を，同店振り出しの小切手で受け取った。

　8日　荒川家具店から金庫￥210,000を買い入れ，代金のうち￥100,000は文京商店から受け取った小切手を渡し，残額は現金で支払った。

仕 訳

5/6	(借)現　　　金	100,000	(貸)売　掛　金	100,000
8	(借)備　　　品	210,000	(貸)現　　　金	210,000

2 現金出納帳

現金に関する取引は，仕訳帳に記入し，総勘定元帳の現金勘定に転記するとともに，その明細を**現金出納帳**に記入する。これにより，取引先名や取引内容などの明細を把握することができる。なお，現金出納帳の残高は，現金勘定の残高とつねに一致するので，定期的に二つの帳簿を照合することにより，記帳が正しく行われているかどうかを確認することができる。

❶実務では，赤字で記入しない場合が多い。
❷補助簿には，現金出納帳のほか，あとで学ぶ当座預金出納帳・仕入帳・売上帳・商品有高帳・売掛金元帳・買掛金元帳などがある。

現　金　出　納　帳　　　2

平成○年		摘　　　　要	収　入	支　出	残　高
5	1	前月繰越	132,000		132,000
	6	文京商店から売掛金回収　小切手受け取り	100,000		232,000
	8	荒川家具店から金庫を買い入れ		210,000	22,000
	12	青山商店に売り上げ　小切手受け取り	200,000		222,000
	16	芝商店の買掛金を青山商店からの小切手で支払う		200,000	22,000
	19	立川商店に現金売り上げ	150,000		172,000
	25	本月分給料支払い		96,000	76,000
	31	次月繰越❶		76,000	
			582,000	582,000	
6	1	前月繰越	76,000		76,000

補助簿は月ごとに締め切るので，次月繰越・前月繰越と記入

現金出納帳のように，ある特定の取引について補助的な明細記録を行う帳簿を**補助簿**❷といい，仕訳帳や総勘定元帳のようにすべての取引を記帳する帳簿を**主要簿**という。

3 現金過不足勘定

現金の**実際有高**が現金勘定や現金出納帳の**帳簿残高**と一致しないときは，記帳・計算の誤りや記帳もれがないか，現金が紛失していないかどうかなどを調べる。実際有高が帳簿残高より少ない場合は現金不足，多い場合は現金過剰といい，あわせて**現金過不足**という。

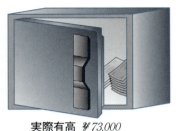

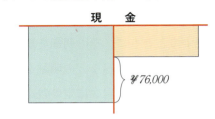

実際有高 ¥73,000　　　　　　　　帳簿残高 ¥76,000

不一致であることがわかったときは，原因がわかるまで，帳簿残高を，とりあえず，実際有高に一致させておく❶。このため，一時的に不足額または過剰額を**現金過不足勘定**❷に記入しておき，過不足の原因が判明した場合は，該当する勘定へ振り替える。

▶**実際有高が帳簿残高より少ない場合**◀

① 実際有高の不足が生じたとき　　不足額を，現金勘定の貸方と現金過不足勘定の借方に記入し，帳簿残高を実際有高に一致させる。

② 不足額の原因が判明したとき　　判明額を，現金過不足勘定の貸方と該当する勘定の借方に記入する。

③ 決算日まで不足額の原因がわからないとき　　不明額を現金過不足勘定の貸方と**雑損勘定**❸(費用の勘定)の借方に記入する。

❶現金勘定を修正したときは，必ず現金出納帳も金額を修正する。なお，摘要欄には，現金不足などと記入する。

❷この勘定は一時的な記録のために設けられた勘定で，資産・負債・資本・収益・費用のいずれにも属さない。このような勘定を仮勘定という。

❸雑損失勘定ともいう。

例 2

6月22日　本日，現金の実際有高を調べたところ，¥73,000で帳簿残高¥76,000より¥3,000少なかった。

8月24日　現金不足額のうち¥1,000は，通信費の記帳もれであることがわかった。

12月31日　決算にあたり，残りの現金不足額¥2,000については，原因がわからないので，雑損勘定に振り替えた。

仕訳

6/22　(借)現金過不足　3,000　　(貸)現　　　金　3,000
8/24　(借)通　信　費　1,000　　(貸)現金過不足　1,000

12/31 （借）雑　　　　損　2,000　（貸）現金過不足　2,000

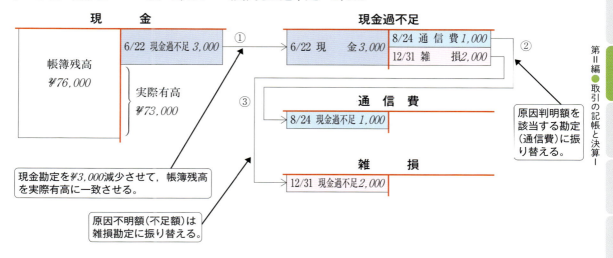

▶実際有高が帳簿残高より多い場合◀

① <mark>実際有高の過剰が生じたとき</mark>　　過剰額を，現金勘定の借方と現金過不足勘定の貸方に記入し，帳簿残高を実際有高に一致させる。

② <mark>過剰額の原因が判明したとき</mark>　　判明額を，現金過不足勘定の借方と該当する勘定の貸方に記入する。

③ <mark>決算日まで過剰額の原因がわからないとき</mark>　　不明額を現金過不足勘定の借方と**雑益勘定**❶（収益の勘定）の貸方に記入する。

❶**雑収入勘定**ともいう。

例 3

8月4日　本日，現金の実際有高を調べたところ，￥65,000で帳簿残高￥61,000より￥4,000多かった。

10月20日　現金過剰額のうち￥3,000は受取手数料の記帳もれであることがわかった。

12月31日　決算にあたり，残りの現金過剰額￥1,000については，原因がわからないので，雑益勘定に振り替えた。

仕訳

8/ 4　（借）現　　　　金　4,000　（貸）現金過不足　4,000
10/20　（借）現金過不足　3,000　（貸）受取手数料　3,000
12/31　（借）現金過不足　1,000　（貸）雑　　　　益　1,000

1. 現　金　69

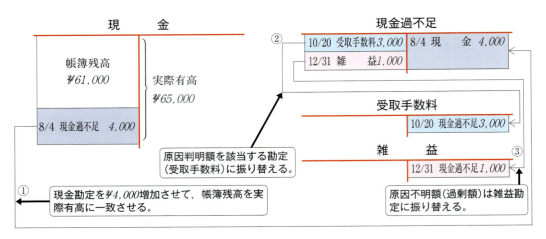

なお，決算日に現金の過不足額を見つけ，その原因が不明のときは，現金過不足勘定を使わずに，直接，雑損勘定または雑益勘定に記入する。

例 4

12月31日　決算日における現金の帳簿残高が¥76,000であるとき，
　　　　（1）　現金の実際有高が¥73,000で不足の原因が不明の場合
　　　　（2）　現金の実際有高が¥78,000で過剰の原因が不明の場合

仕訳

12/31　(1)　（借）雑　　損　3,000　（貸）現　　金　3,000
　　　　(2)　（借）現　　金　2,000　（貸）雑　　益　2,000

現金過不足に関する処理では，実際有高に合わせるために，帳簿残高を増やすのか減らすのかを考えましょう。
① 帳簿残高を増やす場合　→　現金勘定の**借方**に記入
　（借）現　　　金　×××　（貸）現 金 過 不 足　×××
② 帳簿残高を減らす場合　→　現金勘定の**貸方**に記入
　（借）現 金 過 不 足　×××　（貸）現　　　金　×××

2　当座預金

1　当座預金勘定

　当座預金は，銀行との当座取引契約によって預ける無利息の預金である。この預金を引き出すときは一般に小切手を用いる。

❶水道光熱費などの自動振替なども，預金の引き出しである。
❷巻頭7参照

銀行の当座預金口座に現金や他人振り出しの小切手などを預け入れたときは、**当座預金勘定**(資産の勘定)の借方に記入する。また、小切手を振り出したときは、その貸方に記入する。当座預金勘定の残高は借方に生じ、当座預金の残高を示す。

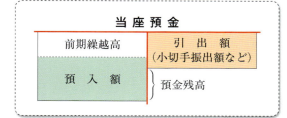

❶自分が振り出した小切手を、**自己振出小切手**といい、売掛金の回収などでこれを受け取ったときは、当座預金勘定の借方に記入する。

❷小切手に必要事項を書き、発行することを**振り出し**という。

例 5

6月1日　新日本銀行と当座取引契約を結び、現金￥200,000を当座預金に預け入れた。

　 5日　川崎商店に対する買掛金の支払いとして、小切手#1 ￥150,000を振り出した。

　10日　港商店に対する売掛金のうち￥180,000を同店振り出しの小切手で受け取り、ただちに当座預金に預け入れた。

仕訳

6/1 （借）当座預金　200,000　（貸）現　　金　200,000
　5 （借）買　掛　金　150,000　（貸）当座預金　150,000
　10 （借）当座預金　180,000　（貸）売　掛　金　180,000

Self check 小切手の処理

振り出し		当座預金勘定の貸方に記入する。
受け取り	他人振り出しの小切手	現金勘定の借方に記入する。 ※ただちに当座預金口座に預け入れた時は、当座預金勘定の借方に記入する。
	自己振り出しの小切手	当座預金勘定の借方に記入する。

2 当座借越勘定

小切手の振り出しは、原則として、当座預金残高を限度とする。したがって、当座預金残高を超えて小切手を振り出した場合などには、銀行はその支払いに応じてくれない。しかし、あらかじめ当座借越契約を結んでおけば、その借越限度額までの小切

❸これを**不渡り**といい、不渡りになった小切手を**不渡小切手**という。

2. 当座預金　71

手については支払いに応じてくれる。

　当座借越契約を結んでいる場合に，当座預金残高を超過して引き出したときは，その超過額は銀行からの一時的な借り入れを意味している。したがって，このときは当座預金残高までの金額を当座預金勘定の貸方に記入し，これを超過する額は**当座借越勘定**（負債の勘定）の貸方に記入する。

　後日，当座預金に現金などを預け入れたときは，まず当座借越勘定の借方に記入し，預け入れた金額が当座借越勘定の残高より多い場合は，当座預金勘定の借方に記入する。

例 6

6月12日　原宿商店から商品¥270,000を仕入れ，小切手＃2を振り出して支払った。ただし，当座預金残高は¥230,000で，当座借越契約による借越限度額は¥300,000である。

16日　現金¥185,000を当座預金に預け入れた。ただし，当座借越が¥40,000ある。

仕訳

6/12　（借）商　　品　270,000　　（貸）当座預金　230,000
　　　　　　　　　　　　　　　　　　　　当座借越　 40,000

16　（借）当座借越　 40,000　　（貸）現　　金　185,000
　　　　　当座預金　145,000

6/12

当座預金	
380,000	150,000
	6/12 商品 230,000

当座預金の残高 ¥230,000
不足分 ¥40,000
小切手振出額 ¥270,000

当座借越	
	40,000

6/16

当座預金	
380,000	150,000
	6/12 商品 230,000
6/16 現金 145,000	

当座預金へ預け入れ ¥185,000
借越分の返済高 ¥40,000
預入額¥185,000から¥40,000差し引いた残額¥145,000は当座預金へ入金される

当座借越	
6/16 現金 40,000	40,000

3 当座勘定

当座預金残高を超えて小切手を振り出したときなどに，そのつど借越額と返済額を当座借越勘定に記入することは実務上はん雑なので，当座預金の記帳と当座借越の記帳を一つの勘定にまとめて行う方法が用いられる。この方法で用いられる勘定が**当座勘定**である。この勘定の借方残高は当座預金残高を示し，貸方残高は当座借越残高を示す。

❶当座勘定は，借方残高のときは資産の勘定，貸方残高のときは負債の勘定となる。

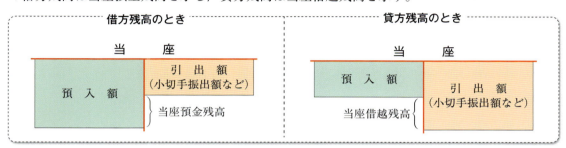

例 7

例6の取引を当座勘定を用いて仕訳すると，次のようになる。

仕 訳

| 6/12 | （借）商　品 | 270,000 | （貸）当　座 | 270,000 |
| 16 | （借）当　座 | 185,000 | （貸）現　金 | 185,000 |

4 当座預金出納帳

当座預金の預け入れと引き出しについての明細を記帳するために，補助簿として，取引銀行別に**当座預金出納帳**を用いる。

例5 (p.71)，例6 (p.72)の取引を当座預金出納帳へ記入すると，次のようになる。

当　座　預　金　出　納　帳
新日本銀行　　　　　　　　　　　　　　　　　1

当座預金の残高がある場合は「借」，当座借越の場合は「貸」と記入

平成○年		摘　　要		預　入	引　出	借または貸	残　高
6	1	現金を預け入れ		200,000		借	200,000
	5	川崎商店に買掛金支払い	小切手#1		150,000	〃	50,000
	10	港商店から売掛金回収		180,000		〃	230,000
	12	原宿商店から仕入れ	小切手#2		270,000	貸	40,000
	16	現金預け入れ		185,000		借	145,000
	30	次月繰越			145,000		
				565,000	565,000		
7	1	前月繰越		145,000		借	145,000

3　その他の預金

普通預金，定期預金，通知預金などについては，それぞれの勘定口座を設けて，当座預金の預け入れや引き出しの場合と同じ方法で記帳する。これらの預金をまとめて，**諸預金勘定**（資産の勘定）で処理してもよい。❶

❶この場合には，各預金の明細がわかるように，各預金ごとに出納帳を作成するのがふつうである。

例 8

6月18日　東洋銀行に現金¥80,000を普通預金として預け入れた。
　　30日　定期預金¥50,000が満期となり，利息¥3,000とともに現金で受け取った。

仕 訳

6/18　（借）普通預金　80,000　　（貸）現　　　金　80,000
　30　（借）現　　　金　53,000　　（貸）定期預金　50,000
　　　　　　　　　　　　　　　　　　　受取利息　 3,000

4　小口現金

1　小口現金勘定

一般に企業では，受け取った現金や小切手などは，すぐ当座預金に預け入れ，仕入代金などの支払いは，原則として小切手を振り出すことが多い。こうすることで多額の現金を手もとに保管しておく必要がなくなる。また，現金の出納事務も簡単になり，紛失・誤り・不正などをふせぐこともできる。

しかし，少額の支払いのたびに小切手を振り出すのは，かえって手数がかかる。そこで，少額（小口）の支払いを担当する係に，一定の現金を前渡ししておき，そこから支払いにあてさせる方法がとられる。この前渡しした資金を**小口現金**といい，**小口現金勘定**（資産の勘定）で処理する。

2　定額資金前渡法

小口現金の管理のために，次ページのような**定額資金前渡法**❷が一般に用いられる。

❷インプレスト　システム(imprest system)ともいう。

① 会計係は一定期間，たとえば1か月分の支払予定額を定め，同額の小切手を，小口現金を扱う**小口現金係**に前渡ししておく。

② 小口現金係は，その月の小口現金の支払いをすべて小口現金出納帳に記入し，月末に会計係に対してその支払報告をする。

③ 会計係は，小口現金係から報告された支払額と同額の小切手を，翌月分の小口現金として小口現金係に渡す。したがって，毎月初めに小口現金係がもっている小口現金は，つねに一定額になる。

❶週ごとの場合もある。
❷庶務係などの場合もある。
❸翌月初めに補給する方法もある。

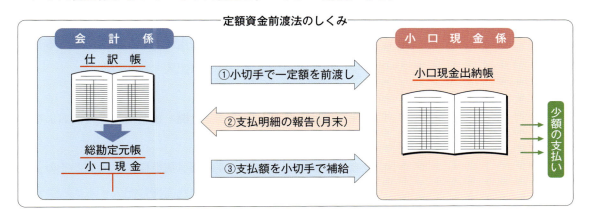

なお，小口現金に関する取引の仕訳はすべて会計係が行う。

例 9

7月1日　定額資金前渡法により，会計係は，小口現金として，¥30,000の小切手♯103を振り出して，小口現金係に渡した。

31日　小口現金係から会計係に対して，7月中の支払いについて次のような支払報告があったので，支払額と同額の小切手♯112を振り出して補給した。

通　信　費　¥10,800　　交　通　費　¥9,100
消 耗 品 費　　 4,100　　雑　　　費　 2,000

❹小口現金係は，受け取った小切手を銀行で現金にかえて保管する。

仕訳

7／1	（借）	小口現金　30,000	（貸）	当座預金　30,000
31	（借）	通信費　10,800	（貸）	小口現金　26,000
		交通費　 9,100		
		消耗品費　4,100		
		雑　費　 2,000		
	（借）	小口現金　26,000	（貸）	当座預金　26,000

小口現金の支払報告についての仕訳 → 31日の借方仕訳

小口現金の補給についての仕訳 → 最終行

4. 小口現金　75

また，前ページの7月31日の仕訳を次のように，小口現金勘定を相殺して仕訳してもよい。

（借）	通 信 費	10,800	（貸）	当座預金	26,000
	交 通 費	9,100			
	消耗品費	4,100			
	雑　　費	2,000			

3 小口現金出納帳

小口現金出納帳は，小口現金の補給と支払いの明細を記録する補助簿である。小口現金出納帳は次のように記入する。

▶記帳法◀

① 小口現金を受け入れたときは，日付欄・摘要欄・収入欄および残高欄に記入する。

② 小口現金を支払ったときは，日付欄・摘要欄・支出欄とその支出に該当する内訳欄に記入し，そのつど残高欄に記入する。

③ 月末に支出欄および内訳欄の合計を記入し，内訳欄を締め切る。

④ 補給額を収入欄に記入し，繰越額を支出欄に赤記し，それぞれ合計して締め切る。

小口現金出納帳

取引の明細を記入

内訳欄にある通信費，交通費，消耗品費に該当しないため，雑費とする。

収 入	平成○年		摘　　要	支 出	通信費	交通費	消耗品費	雑　費	残 高
30,000	7	1	小切手#103受け入れ						30,000
		3	帳簿・ノート	2,400			2,400		27,600
		6	バス回数券3冊	6,000		6,000			21,600
		10	電話料	7,300	7,300				14,300
		12	郵便切手	2,500	2,500				11,800
		16	タクシー代	3,100		3,100			8,700
		18	郵便はがき	1,000	1,000				7,700
		20	ボールペン・鉛筆	1,700			1,700		6,000
		28	新聞代	2,000				2,000	4,000
			合　　計	26,000	10,800	9,100	4,100	2,000	
26,000		31	小切手#112受け入れ						30,000
		〃	次月繰越	30,000					
56,000				56,000					
30,000	8	1	前月繰越						30,000

補給額

支払報告額

毎月初めの残高は同じ

補給後の一定額

なお，支払報告を月末に行い，資金の補給を翌月に行う場合には，小口現金出納帳の記入は次のようになる。

小口現金出納帳　　　　　　　　　　　　　　　1

収入	平成○年		摘要	支出	内訳 通信費	交通費	消耗品費	雑費	残高
30,000	7	1	小切手♯103受け入れ						30,000
		3	帳簿・ノート	2,400			2,400		27,600
〜〜〜			〜〜〜	〜〜〜	〜〜〜	〜〜〜	〜〜〜	〜〜〜	〜〜〜
		28	新聞代	2,000				2,000	4,000
			合　　計	26,000	10,800	9,100	4,100	2,000	
		31	次月繰越	4,000					
30,000				30,000					
4,000	8	1	前月繰越						4,000
26,000		〃	小切手♯112受け入れ						30,000

4.　小口現金　77

第8章 重要仕訳

第8章で学んだ取引を確認しよう。

☐ 1．A商店に対する売掛金を同店振り出しの小切手で受け取った。
　　　　（借）現　　　　金　×××　（貸）売　掛　金　×××

☐ 2．B商店に対する買掛金を現金で支払った。
　　　　（借）買　掛　金　×××　（貸）現　　　　金　×××

☐ 3．① 現金の実際有高を調べたところ，帳簿残高より不足していた。
　　　　（借）現金過不足　×××　（貸）現　　　　金　×××
　　　② 不足額は，通信費の記入漏れであることが判明した。
　　　　（借）通　信　費　×××　（貸）現金過不足　×××
　　　③ 決算日になっても，不足額の原因は不明であった。
　　　　（借）雑　　　　損　×××　（貸）現金過不足　×××

☐ 4．① 現金の実際有高を調べたところ，帳簿残高より過剰であった。
　　　　（借）現　　　　金　×××　（貸）現金過不足　×××
　　　② 過剰額は，受取利息の記入漏れであることが判明した。
　　　　（借）現金過不足　×××　（貸）受取利息　×××
　　　③ 決算日になっても，過剰額の原因は不明であった。
　　　　（借）現金過不足　×××　（貸）雑　　　　益　×××

☐ 5．現金を当座預金に預け入れた。
　　　　（借）当座預金　×××　（貸）現　　　　金　×××

☐ 6．買掛金の支払いとして，小切手を振り出して支払った。
　　　　（借）買　掛　金　×××　（貸）当座預金　×××

☐ 7．商品を仕入れ，代金は小切手を振り出して支払った。（小切手振出額＞当座預金勘定残高）
　　　　（借）商　　　　品　×××　（貸）当座預金　×××
　　　　　　　　　　　　　　　　　　　　当座借越　×××

☐ 8．現金を当座預金に預け入れた。なお，当座借越がある。
　　　　（借）当座借越　×××　（貸）現　　　　金　×××
　　　　　　　当座預金　×××

☐ 9．① 会計係は，小口現金として小切手を振り出して，小口現金係に渡した。
　　　　（借）小口現金　×××　（貸）当座預金　×××
　　　② 小口現金係から，支払報告を受けた。（通信費，交通費，消耗品費，雑費）
　　　　（借）通　信　費　×××　（貸）小口現金　×××
　　　　　　　交　通　費　×××
　　　　　　　消耗品費　×××
　　　　　　　雑　　　費　×××
　　　③ 会計係は，小口現金係の支払額と同額の小切手を振り出して補給した。
　　　　（借）小口現金　×××　（貸）当座預金　×××

1．次の取引の仕訳を示しなさい。

(1) 江東商店に対する売掛金¥140,000を，同店振り出しの小切手¥100,000と現金¥40,000で受け取った。

(2) a．現金の実際有高を調べたところ¥300,000で，帳簿残高は¥304,000であった。
　　b．上記の現金不足額のうち¥2,500は，交通費支払いの記帳もれであることがわかった。
　　c．残りの現金不足額は決算日になっても原因が不明なので，雑損勘定へ振り替えた。

(3) a．現金の実際有高を調べたところ，帳簿残高より¥13,000多かった。
　　b．上記の現金過剰額のうち¥9,000は，受取手数料の記帳もれであることがわかった。
　　c．残りの現金過剰額¥4,000は，決算日になっても原因が不明なので，雑益勘定に振り替えた。

(4) 決算日に現金の実際有高を調べたところ¥136,000で，帳簿残高は¥130,000であった。その原因は不明なので，雑益として処理した。

(5) 定期預金¥100,000が満期となり，利息¥2,000とともに普通預金に預け入れた。

2．成田商店の次の取引の仕訳を示し，当座預金勘定と当座借越勘定に転記しなさい。

6月15日　東洋銀行と当座取引契約を結び，現金¥300,000を預け入れた。
　　17日　市川商店に対する買掛金¥170,000を，小切手#1を振り出して支払った。
　　18日　上尾商店に対する売掛金¥90,000を，同店振り出しの小切手#18で受け取り，ただちに当座預金に預け入れた。
　　21日　小切手#2を振り出して，現金¥40,000を引き出した。
　　26日　野田商店から商品¥210,000を仕入れ，代金は小切手#3を振り出して支払った。なお，東洋銀行と当座借越契約を結んでいる。借越限度額は¥200,000である。
　　29日　熊谷商店から売掛金の回収として¥105,000が，当店の当座預金口座に振り込まれた。

3．上記2．の取引を当座預金出納帳に記入して，締め切りなさい。

4．定額資金前渡法を採用している銚子商店の小口現金に関する7月1日から7月31日の取引は，次のとおりである。よって，

(1) 小口現金出納帳に記入して締め切りなさい。
(2) 7月31日に会計係が行う仕訳を示しなさい。

7月1日	前月繰越高	¥20,000	19日	新聞・雑誌代 ¥2,900
4日	郵便切手	2,500	26日	電話料 4,100
8日	ノート・鉛筆	1,600	29日	茶菓子代 1,200
15日	タクシー代	3,400	31日	補給(小切手♯4)

完成問題

次の取引の仕訳を示しなさい。

(1) 現金の実際有高が帳簿残高より¥9,000不足していたので，現金過不足勘定で処理していたが，決算日に，通信費の支払額¥8,000と手数料の受取額¥1,000の記入もれであることがわかった。残額は原因不明のため雑損または雑益として処理した。

(2) 小口現金係から，次のように支払いの報告を受けたため，ただちに小切手を振り出して資金を補給した。なお，当店では定額資金前渡法を採用し，小口現金係から毎週金曜日に一週間の支払報告を受け，これにもとづいて資金を補給している。

　　通信費　¥2,400　　交通費　¥3,700　　雑費　¥1,200

第9章 商品売買の記帳

商品の種類や取引回数が多い場合などの商品売買の記帳はどのように行うのか。また，商品売買損益はどのようにして計算するのか。
ここでは，3分法による商品売買の記入法，仕入帳・売上帳・商品有高帳の記入法，商品売買損益の計算法を学習しよう。

キーワード　仕入　売上　仕入帳　売上帳　商品有高帳　　検索

1　分記法と3分法

　これまで学んだ商品売買の記帳方法では，商品を仕入れたときは，その商品の原価を商品勘定の借方に記入した。売り渡したときは，その商品の仕入原価を商品勘定の貸方に記入し，売価と仕入原価との差額は商品売買益勘定(または商品売買損勘定)に記入した。このように，売価を仕入原価と商品売買益に分けて記帳する方法を**分記法**という。

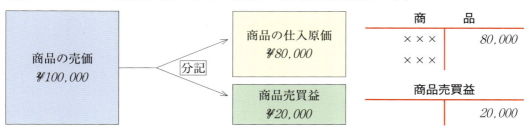

　分記法では，売り上げのつど，その商品の仕入原価を調べ，売買損益を計算して記帳しなければならない。したがって，商品の種類が多い場合や，売買取引の回数が多い場合は不便であり，実際にはあまり利用されていない。そこで，商品売買の記帳を**繰越商品勘定**(資産の勘定)・**仕入勘定**(費用の勘定)・**売上勘定**(収益の勘定)の三つの勘定を用いて処理する**3分法**がひろく用いられており，次のように記入する。

① 繰越商品勘定

　前期からの商品繰越高(期首商品棚卸高)❶を記入する。

繰越商品	
前期繰越高	

❶これに対して，次期繰越高を期末商品棚卸高という。期首・期末における商品有高は繰越商品勘定に記入する。

② 仕入勘定

　借方に仕入高を，貸方には**仕入返品高**❶と**仕入値引高**❷を記入する。仕入勘定の借方合計を総仕入高といい，仕入勘定の借方合計額から貸方合計額を差し引いた借方残高は，純仕入高をあらわす。なお，商品を仕入れるとき，引取運賃などの**仕入諸掛**がある場合には，仕入原価に含めるので仕入勘定の借方に記入する。

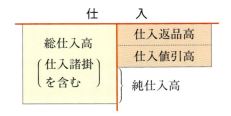

③ 売上勘定

　貸方に売上高を，借方には**売上返品高**❸と**売上値引高**❹を記入する。売上勘定の貸方合計を総売上高といい，売上勘定の貸方合計額から借方合計額を差し引いた貸方残高は，純売上高をあらわす。なお，商品を売り渡すとき，支払った運賃などの**発送諸掛**がある場合には，**発送費勘定**（費用の勘定）の借方に記入する。

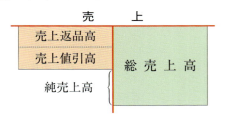

> ❶，❸仕入れた商品が注文と違っている場合などに仕入先へ返品することがある。この金額を仕入戻し高ともいい，売り手から見れば売上戻り高ともいう。
>
> ❷，❹仕入れた商品が見本と多少違っている場合などには，仕入先から値引きを受けることがある。この金額を仕入値引高という。これは，売り手から見れば売上値引高である。

例 1

　関東商店の次の取引について，3分法による仕訳を示し，勘定に転記しなさい。なお，1月1日現在の商品の前期繰越高は次のとおりである。

　　　　　ブラウス　　60枚　　＠¥2,000　　¥120,000
　　　　　Tシャツ　　40〃　　〃〃1,200　　〃 48,000

1月5日　千葉商店に次の商品を売り渡し，代金は掛けとした。
　　　　　ブラウス　　40枚　　＠¥3,000　　¥120,000

　9日　千葉商店に売り渡した商品について，次のとおり値引きを行い，値引額は売掛金から差し引くことにした。
　　　　　ブラウス　　40枚　　＠¥   50　　¥ 2,000

1月10日　埼玉商店から次の商品を仕入れ，代金は掛けとした。

		ブラウス	100枚	@¥2,060	¥206,000
		Tシャツ	60枚	〃 1,300	〃 78,000

12日　埼玉商店から仕入れた商品のうち，品違いのため次の商品を返品し，代金は買掛金から差し引くことにした。

		ブラウス	20枚	@¥2,060	¥41,200

16日　神奈川商店に次の商品を売り渡し，代金は掛けとした。なお，発送費¥2,400は現金で支払った。

		ブラウス	50枚	@¥2,900	¥145,000

20日　栃木商店から次の商品を仕入れ，代金は小切手を振り出して支払った。なお，引取運賃¥3,600は現金で支払った。

		ブラウス	90枚	@¥2,050	¥184,500

26日　茨城商店に次の商品を売り渡し，代金は同店振り出しの小切手で受け取った。

		ブラウス	60枚	@¥3,050	¥183,000
		Tシャツ	70枚	〃 1,800	〃 126,000

解答

仕訳

日付	借方	金額	貸方	金額
1/5	売掛金	120,000	売上	120,000
9	売上	2,000	売掛金	2,000
10	仕入	284,000	買掛金	284,000
12	買掛金	41,200	仕入	41,200
16	売掛金	145,000	売上	145,000
	発送費	2,400	現金	2,400
20	仕入	188,100	当座預金	184,500
			現金	3,600
26	現金	309,000	売上	309,000

転記

繰越商品
1/1 前期繰越　168,000

仕入
1/10 買掛金　284,000　　1/12 買掛金　41,200
　20 諸口　188,100

売上
1/9 売掛金　2,000　　1/5 売掛金　120,000
　　　　　　　　　　　16 売掛金　145,000
　　　　　　　　　　　26 現金　309,000

例1の1月16日の発送費を神奈川商店（先方）が負担する場合の処理

先方負担の発送費を立て替えて支払うことになるので，売掛金勘定に含めて処理をする。
【例】1月16日　神奈川商店に次の商品を売り渡し，代金は掛けとした。なお，神奈川商店負担の発送費￥2,400については，現金で立替払いし，売掛金勘定で処理をする。

　　　　　ブラウス　　50枚　　@￥2,900　　￥145,000

〈仕　訳〉（借）売　　　掛　　　金　147,400　　（貸）売　　　　　　上　145,000
　　　　　　　　　　　　　　　　　　　　　　　　　　　現　　　　　　金　　2,400
　　　　　　　　　　　　　　　　　（➡P.147）
※立て替えた分を売掛金勘定ではなく，立替金勘定で処理する場合もある。
※なお，本書ではとくに断りがないかぎり，発送費は売主負担とし，発送費勘定で処理する。

2　仕入帳と売上帳

商品売買の取引の明細を記録する補助簿として，**仕入帳**と**売上帳**が用いられる。

1　仕入帳

仕入帳は，仕入取引の明細を発生順に記録する補助簿である。

▶記帳法◀

① 商品を仕入れたとき，取引の日付・仕入先名・代金の支払方法・商品名・数量・単価・金額を記入する。仕入諸掛も記入する。
② 仕入返品・仕入値引は赤字で記入する。
③ 帳簿を締め切るときは，総仕入高から仕入返品高・仕入値引高を差し引いて，純仕入高を算出する。このとき，仕入返品高・仕入値引高は赤字で記入する。

例1（p.82）の関東商店の取引を仕入帳に記入すると，次のとおりである。

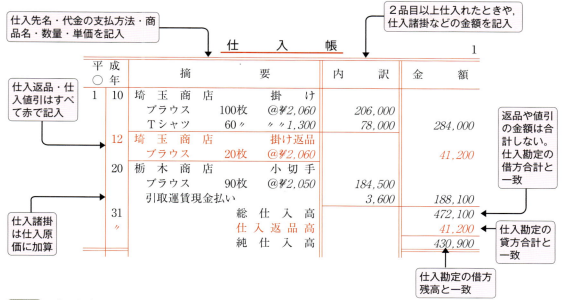

2 売上帳

売上帳は，売上取引の明細を発生順に記録する補助簿である。

▶記帳法◀

① 商品を売り渡したとき，取引の日付・得意先名・代金の受取方法・商品名・数量・単価・金額を記入する。

② 売上返品・売上値引は赤字で記入する。

③ 帳簿を締め切るときは，総売上高から売上返品高・売上値引高を差し引いて，純売上高を算出する。このとき，売上返品高・売上値引高は赤字で記入する。

例1の関東商店の取引を売上帳に記入すると，次のとおりである。

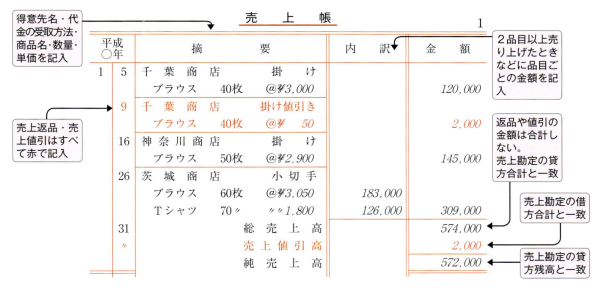

商品売買における引取運賃と発送費の取り扱い

商品の仕入れ	引取運賃	仕入原価に含めるため，仕入勘定で処理	仕入帳に記入する。
商品の売り渡し	発送費	当方負担	発送費勘定で処理	売上帳に記入しない。
		先方負担	売掛金勘定または立替金勘定で処理	

3 商品有高帳

商品有高帳は，商品の受け入れ，払い出しおよび残高の明細を記録する補助簿である。この帳簿には，商品の種類ごとに口座を設ける。

同一種類の商品でも仕入単価が異なる場合には，払出高と残高を計算するうえで，どのような払出単価を用いるかを決めなければならない。この方法にはいろいろあるが，ここでは，**先入先出法**と**移動平均法**を学ぶことにする。

〔1〕**先入先出法**(first-in first-out method；FIFO)は，「先に受け入れた単価の分を先に払い出す」ことにして払出単価を決める方法である。

▶記帳法◀

① 受入高・払出高・残高について，該当の欄にそれぞれ数量・単価・金額を記入する。単価・金額は仕入原価で記入する。

② 仕入諸掛は，仕入原価に含める。仕入価額と仕入諸掛を合計した仕入原価を仕入数量で割ったものが，この場合の単価となる。

③ 仕入返品は，払出欄に記入する。この場合の単価・金額は，その商品を仕入れたときの単価・金額で記入する。

売上返品は，その商品の払出単価で，受入欄に記入する。

なお，仕入値引は，払出欄に値引額だけを記入し，残高欄に値引後の修正された単価・金額を記入する。また，売上値引は売価の修正であるから，商品有高帳には記入しない。

例1の関東商店の取引のブラウスについて，先入先出法で記入すると，次のようになる。

商 品 有 高 帳

仕入れたとき，売上返品のときに原価で記入。
商品の種類ごとに作成。
売り上げたときに売価ではなく原価で記入。また，仕入返品・値引のときに原価で記入。

(先入先出法) （品名） ブラウス （単位：枚）

平成○年		摘要	受入			払出			残高		
			数量	単価	金額	数量	単価	金額	数量	単価	金額
1	1	前月繰越	60	2,000	120,000				60	2,000	120,000
	5	千葉商店				40	2,000	80,000	20	2,000	40,000
	10	埼玉商店	100	2,060	206,000				{ 20	2,000	40,000
									100	2,060	206,000
	12	埼玉商店返品				20	2,060	41,200	{ 20	2,000	40,000
									80	2,060	164,800
	16	神奈川商店				{ 20	2,000	40,000			
						30	2,060	61,800	50	2,060	103,000
	20	栃木商店	90	2,090	188,100				{ 50	2,060	103,000
									90	2,090	188,100
	26	茨城商店				{ 50	2,060	103,000			
						10	2,090	20,900	80	2,090	167,200 注1
	31	次月繰越				80	2,090	167,200			
			250		514,100	250		514,100			
2	1	前月繰越	80	2,090	167,200				80	2,090	167,200

注1．商品の帳簿上の現在高（月末商品棚卸高） 売上原価を示す。

単価が異なる場合，それぞれ別の行に記入してくくる。

先に仕入れてある単価￥2,000のものを先に払い出し，残りの30枚は単価￥2,060のものを払い出す。

商品￥184,500（ブラウス90枚＠￥2,050）に引取運賃￥3,600をプラスして単価を計算する。

$$\frac{￥184,500+￥3,600}{90}=￥2,090$$

〔2〕**移動平均法**（moving average method）は，仕入れのつど，残高欄の金額と仕入金額を合計し，その合計額を残高数量と仕入数量の合計数量で割って，新しい平均単価を計算し，これを払出単価とする方法である。

$$平均単価 = \frac{残高欄の金額＋仕入金額}{残高数量＋仕入数量}$$

例1の関東商店の取引のブラウスについて，移動平均法で記入すると，次のようになる。

商 品 有 高 帳

(移動平均法) （品名） ブラウス （単位：枚）

平成○年		摘要	受入			払出			残高		
			数量	単価	金額	数量	単価	金額	数量	単価	金額
1	1	前月繰越	60	2,000	120,000				60	2,000	120,000
	5	千葉商店				40	2,000	80,000	20	2,000	40,000
	10	埼玉商店	100	2,060	206,000				120	2,050	246,000
	12	埼玉商店返品				20	2,060	41,200	100	2,048	204,800
	16	神奈川商店				50	2,048	102,400	50	2,048	102,400
	20	栃木商店	90	2,090	188,100				140	2,075	290,500
	26	茨城商店				60	2,075	124,500	80	2,075	166,000
	31	次月繰越				80	2,075	166,000			
			250		514,100	250		514,100			
2	1	前月繰越	80	2,075	166,000				80	2,075	166,000

売上原価を示す。

仕入れのつど平均単価を計算する。

$$\frac{￥40,000+￥206,000}{20+100}=￥2,050$$

$$\frac{￥246,000-￥41,200}{120-20}=￥2,048$$

$$\frac{￥102,400+￥188,100}{50+90}=￥2,075$$

これまで学んだ商品売買の記帳をまとめると，次の図のようになる。

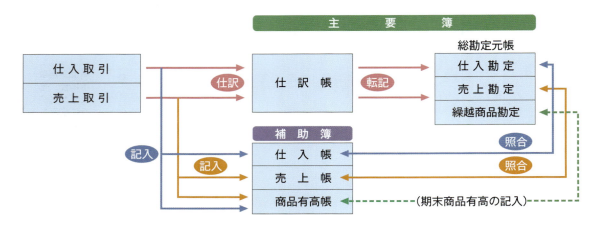

4 商品売買損益の計算

3分法によって記帳している場合には，商品売買損益を販売のつど求めずに，次の式にもとづいて期末にまとめて計算する。

> 純売上高 － 売上原価 ＝ 商品売買益[❶]（マイナスのときは，商品売買損）

❶売上総利益ともいう。

売上原価は，一会計期間に販売された商品の原価をいい，次の式にもとづいて計算する。

> 期首商品棚卸高 ＋ 純仕入高 － 期末商品棚卸高 ＝ 売上原価

期首商品棚卸高は繰越商品勘定の残高であり，純仕入高は仕入勘定の残高で示されている。したがって，期間中の売上原価をまとめて計算するためには，期末に残っている商品の有高を求めることが必要である。商品の期末有高を確かめることを商品の**棚卸し**といい，これによって求められた商品有高を期末商品棚卸高という。売上原価および商品売買損益の記帳については，第12章で学ぶ。

例 2

次の資料により，売上原価と商品売買損益を計算しなさい。なお，期末商品棚卸高は¥15,000である。

繰越商品	仕　　入	売　　上
13,000	60,000 ｜ 2,000	3,000 ｜ 80,000

解答

期首商品棚卸高	繰越商品勘定の残高 ¥13,000	
純 仕 入 高	仕入勘定の残高 ¥60,000 − ¥2,000 = ¥58,000	
純 売 上 高	売上勘定の残高 ¥80,000 − ¥3,000 = ¥77,000	
売 上 原 価	期首商品棚卸高 純仕入高 期末商品棚卸高 売上原価 ¥13,000 + ¥58,000 − ¥15,000 = ¥56,000	
商 品 売 買 益	純売上高 売上原価 ¥77,000 − ¥56,000 = ¥21,000	

Let's Try 売上原価・売上総利益の計算

例1の取引(売上帳p.85, 商品有高帳p.87, 先入先出法)におけるブラウスについて，売上原価と売上総利益を計算する。

売上原価の計算		売上総利益の計算	
月初商品棚卸高	¥ 120,000	売 上 高	¥ 446,000 注2
当月商品仕入高	¥ 352,900 注1	売 上 原 価	¥ 305,700 注3
合 計	¥ 472,900	売上総利益	¥ 140,300
月末商品棚卸高	¥ 167,200		
売 上 原 価	¥ 305,700		

注1． 1/10 ¥206,000 − 1/12 ¥41,200 + 1/20 ¥188,100 = ¥352,900
注2． 1/5 ¥120,000 − 1/9 ¥2,000 + 1/16 ¥145,000 + 1/26 ¥183,000 = ¥446,000
注3． 売上原価は払出欄の　　　の金額を合計して求められる。
　　　1/5 ¥80,000 + 1/16 ¥40,000 + ¥61,800 + 1/26 ¥103,000 + ¥20,900
　　　= ¥305,700

確認問題

1．次の取引の仕訳を示しなさい。ただし，商品に関する勘定は3分法によること。

(1) 藤沢商店から商品¥60,000を仕入れ，代金は掛けとした。

(2) 三浦商店に商品¥75,000を売り渡し，代金のうち¥50,000は同店振り出しの小切手で受け取り，残額は掛けとした。

(3) 川口商店から商品¥80,000を仕入れ，代金は掛けとした。なお，引取運賃¥1,500は現金で支払った。

(4) 川口商店から仕入れた商品のうち¥5,000を，品質不良のため返品し，代金は買掛金から差し引くことにした。

(5) 大宮商店に商品¥54,000を売り渡し，代金は掛けとした。なお，発送費¥2,000は現金で支払った。

(6) 大宮商店に売り渡した商品について，¥2,700の値引きを行い，代金は売掛金から差し引くことにした。

2．横浜商店の次の取引を仕入帳と売上帳に記入して，締め切りなさい。

9月6日　前橋商店に次の商品を売り渡し，代金は掛けとした。
　　　　　　A　品　　180個　　@¥450　　¥81,000

　8日　高崎商店から次の商品を仕入れ，代金は小切手を振り出して支払った。
　　　　　　A　品　　200個　　@¥350　　¥70,000
　　　　　　B　品　　100〃　　〃〃220　　〃22,000

　13日　深谷商店に次の商品を売り渡し，代金のうち¥100,000は同店振り出しの小切手で受け取り，残額は掛けとした。
　　　　　　A　品　　200個　　@¥460　　¥92,000
　　　　　　B　品　　160〃　　〃〃250　　〃40,000

　15日　深谷商店に売り渡したA品のうち，品違いのため次のとおり返品を受け，代金は売掛金から差し引くことにした。
　　　　　　A　品　　50個　　@¥460　　¥23,000

　16日　浦和商店から次の商品を仕入れ，代金は掛けとした。なお，引取運賃¥900は現金で支払った。
　　　　　　B　品　　180個　　@¥230　　¥41,400

　17日　浦和商店から仕入れたB品について，次のとおり値引きを受け，代金は買掛金から差し引くことにした。
　　　　　　B　品　　180個　　@¥10　　¥1,800

　25日　千葉商店から次の商品を仕入れ，代金のうち¥50,000は小切手を振り出して支払い，残額は掛けとした。
　　　　　　A　品　　150個　　@¥360　　¥54,000

　28日　八王子商店に次の商品を売り渡し，代金は掛けとした。なお，発送費¥1,600は現金で支払った。
　　　　　　A　品　　210個　　@¥460　　¥96,600
　　　　　　B　品　　100〃　　〃〃260　　〃26,000

3．上記2．のA品について，①先入先出法，②移動平均法によって，商品有高帳に記入して，締め切りなさい。
　　ただし，9月1日の前月繰越高は次のとおりである。
　　　　　　A　品　　480個　　@¥300　　¥144,000

完成問題

1．次の取引の仕訳を示しなさい。

(1) 得意先市川商店に商品¥840,000を売り渡し，代金は月末に受け取ることにした。なお，発送費¥24,000は現金で支払った。

(2) かねて掛けで売り上げた商品80個（原価@¥30,000　売価@¥36,000）のうち，本日，4分の1については，品違いのため返品されてきた。

2．次の仕入帳と売上帳にもとづいて，(1)先入先出法により，商品有高帳に記入し，(2)10月中の売上原価と売上総利益を計算しなさい。ただし，前月繰越高は鉛筆50本@¥38である。なお，商品有高帳は締め切らなくてよい。

仕　入　帳

平成○年		摘　　要		金　額
10	4	練馬商店　　　　　　　掛け		
		鉛筆　110本　@¥40		4,400
	16	中野商店　　　　　　　掛け		
		鉛筆　120本　@¥45		5,400
	18	中野商店　　　　　掛け返品		
		鉛筆　20本　@¥45		900

売　上　帳

平成○年		摘　　要		金　額
10	7	渋谷商店　　　　　　　掛け		
		鉛筆　140本　@¥70		9,800
	20	新宿商店　　　　　　　掛け		
		鉛筆　100本　@¥80		8,000
	23	新宿商店　　　　　掛け値引き		
		鉛筆　100本　@¥5		500

3．次の（　）のなかに適当な金額を記入しなさい。

No.	項目 商品棚卸高 期首	期末	総仕入高	総売上高	仕入返品高	売上返品高	売上原価	売上総利益
1	（ア）	10,400	52,000	（イ）	2,000	3,000	48,600	7,400
2	11,600	10,800	64,000	82,000	（ウ）	6,000	（エ）	15,200

第10章 掛け取引の記帳

商品の掛け取引の明細は，どのように記帳すればよいのか。掛け代金が回収不能になった場合には，どのように処理するのか。

ここでは，売掛金元帳・買掛金元帳の記入法，貸し倒れなどについて学習しよう。

売掛金元帳　買掛金元帳　貸し倒れ　検索

1 売掛金勘定と売掛金元帳

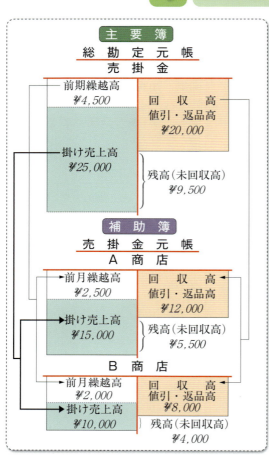

商品を掛けで売り渡したときは，売掛金勘定の借方に記入する。売掛金を回収したとき，掛けで売り渡した商品が返品されたり，値引きをしたときは，売掛金勘定の貸方に記入する。したがって，売掛金勘定の残高は借方に生じ，売掛金の未回収高を示す。

しかし，売掛金勘定の記入だけでは，得意先ごとの売掛金の増減や残高はわからない。そこで，得意先ごとの売掛金の明細を記録するために**売掛金元帳**❶という補助簿を設ける。この帳簿には，各得意先の氏名や商店名を用いた**人名勘定**が設けられる。

このように，特定の勘定についての明細を，口座別に記帳する補助簿を**補助元帳**❷という。

売掛金勘定と売掛金元帳への記入は，次のように行う。

❶**得意先元帳**ともいう。
❷前章で学んだ商品有高帳は，商品の種類別の明細を，口座別に記帳するので，同じく補助元帳である。

① 商品を掛けで売り渡したとき，総勘定元帳の売掛金勘定の借方と売掛金元帳の人名勘定の借方にそれぞれ記入する。

② 売掛金を回収したとき，売掛金勘定の貸方と売掛金元帳の人名勘定の貸方にそれぞれ記入する。

③　掛けで売り渡した商品について返品や値引きがあったときは，売掛金勘定の貸方と売掛金元帳の人名勘定の貸方にそれぞれ記入する。

したがって，売掛金勘定の借方合計額・貸方合計額は，売掛金元帳の各人名勘定の借方合計額・貸方合計額の総額と一致する。そこで，売掛金勘定は，売掛金元帳の人名勘定をまとめて代表する勘定になる。このような勘定を，**統制勘定**❶という。

❶統括勘定ともいう。

なお，売掛金について，売掛金勘定と人名勘定の記入が正しいかどうかを調べるために，得意先ごとの残高を，一つの集計表にして示す明細表を作成することがある。これを**売掛金明細表**という。

例 1

関東商店における次の掛け取引の仕訳を示し，総勘定元帳の売掛金勘定および売掛金元帳に記入し，売掛金元帳を締め切りなさい。また，売掛金明細表も作成しなさい。なお，1月1日現在における売掛金の前期繰越高は¥200,000であり，内訳は次のとおりである。

　　　　内訳：日立商店　¥160,000　小山商店　¥40,000

1月5日　日立商店に商品¥70,000を売り渡し，代金は掛けとした。
　18日　小山商店に商品¥82,000を売り渡し，代金は掛けとした。
　20日　小山商店に売り渡した商品のなかに品違いがあり，¥12,000が返品された。なお，代金は売掛金から差し引くことにした。
　31日　日立商店に対する売掛金¥160,000を，同店振り出しの小切手で受け取った。

❷仕訳帳を通して補助元帳へ転記した場合，仕訳帳の元丁欄に，下の例のように勘定口座番号と売掛金元帳の口座番号を記入することがある。あとで学ぶ買掛金の記帳についても同じである。

例

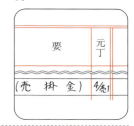

解答

仕訳❷　（　）は売掛金元帳の人名勘定を示す。

1/ 5	（借）	売　掛　金 （日立商店）	70,000	（貸）	売　　上	70,000
18	（借）	売　掛　金 （小山商店）	82,000	（貸）	売　　上	82,000
20	（借）	売　　上	12,000	（貸）	売　掛　金 （小山商店）	12,000
31	（借）	現　　金	160,000	（貸）	売　掛　金 （日立商店）	160,000

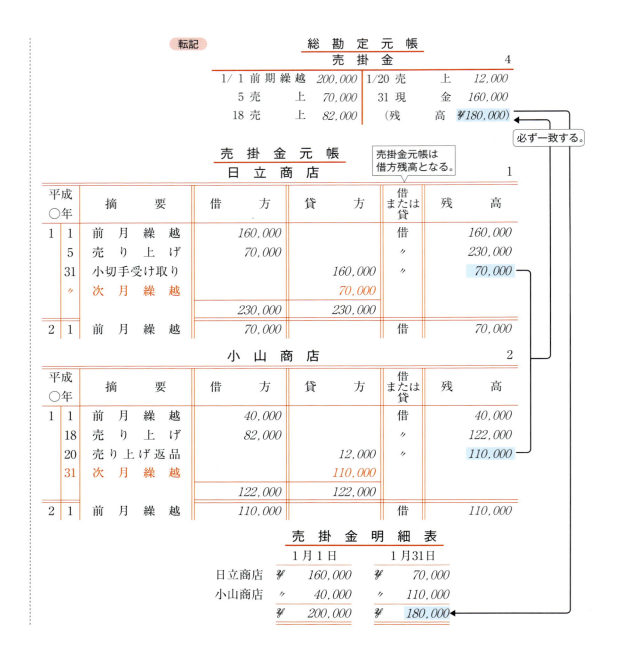

2 買掛金勘定と買掛金元帳

　商品を掛けで仕入れたときは，買掛金勘定の貸方に記入する。買掛金を支払ったとき，掛けで仕入れた商品を返品したり，値引きを受けたときは，買掛金勘定の借方に記入する。したがって，買掛金勘定の残高は貸方に生じ，買掛金の未払高を示す。

　しかし，買掛金勘定の記入だけでは，仕入先ごとの買掛金の増減や

残高はわからない。そこで，仕入先ごとの買掛金の明細を記録するために**買掛金元帳**[❶]という補助簿を設ける。この帳簿には，各仕入先の氏名や商店名を用いた人名勘定が設けられる。

❶仕入先元帳ともいう。

買掛金勘定と買掛金元帳への記入は，次のように行う。

① 商品を掛けで仕入れたとき，総勘定元帳の買掛金勘定の貸方と買掛金元帳の人名勘定の貸方にそれぞれ記入する。

② 買掛金を支払ったとき，買掛金勘定の借方と買掛金元帳の人名勘定の借方にそれぞれ記入する。

③ 掛けで仕入れた商品について返品や値引きがあったときは，買掛金勘定の借方と買掛金元帳の人名勘定の借方にそれぞれ記入する。

したがって，前に学んだ売掛金勘定と同じく，買掛金勘定も買掛金元帳の人名勘定に対する統制勘定になる。

なお，買掛金についても，売掛金と同様に**買掛金明細表**を作成することがある。

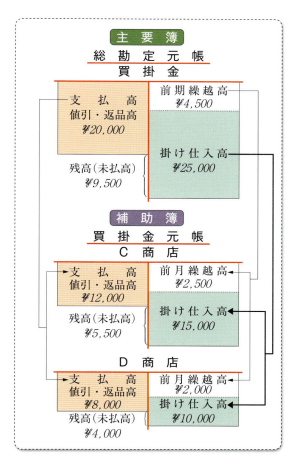

例 2

関東商店における次の掛け取引の仕訳を示し，総勘定元帳の買掛金勘定および買掛金元帳に記入し，買掛金元帳を締め切りなさい。また，買掛金明細表も作成しなさい。なお，1月1日現在における買掛金の前期繰越高は¥150,000であり，内訳は次のとおりである。

　　　　内訳：柏商店 ¥130,000　港商店 ¥20,000

1月7日　柏商店から商品¥90,000を仕入れ，代金は掛けとした。
　12日　港商店から商品¥110,000を仕入れ，代金は掛けとした。
　15日　港商店から仕入れた商品のなかに品違いがあり，
　　　　¥10,000を返品した。なお，代金は買掛金から差し引くことにした。
　25日　柏商店に対する買掛金¥130,000を現金で支払った。

2. 買掛金勘定と買掛金元帳　95

解答

仕訳 （　）は買掛金元帳の人名勘定を示す。

1/ 7	(借)仕　　入	90,000	(貸)買　掛　金 （柏商店）	90,000	
12	(借)仕　　入	110,000	(貸)買　掛　金 （港商店）	110,000	
15	(借)買　掛　金 （港商店）	10,000	(貸)仕　　入	10,000	
25	(借)買　掛　金 （柏商店）	130,000	(貸)現　　金	130,000	

転記

総勘定元帳
買掛金　12

1/15 仕　　入	10,000	1/ 1 前期繰越	150,000
25 現　　金	130,000	7 仕　　入	90,000
（残　　高　¥210,000）		12 仕　　入	110,000

買掛金元帳

買掛金元帳は貸方残高となる。

柏商店　1

平成○年	摘要	借方	貸方	借または貸	残高
1　1	前月繰越		130,000	貸	130,000
7	仕入れ		90,000	〃	220,000
25	現金で支払い	130,000		〃	90,000
31	次月繰越	90,000			
		220,000	220,000		
2　1	前月繰越		90,000	貸	90,000

必ず一致する。

港商店　2

平成○年	摘要	借方	貸方	借または貸	残高
1　1	前月繰越		20,000	貸	20,000
12	仕入れ		110,000	〃	130,000
15	仕入れ返品	10,000		〃	120,000
31	次月繰越	120,000			
		130,000	130,000		
2　1	前月繰越		120,000	貸	120,000

買掛金明細表

	1月1日	1月31日
柏商店	¥130,000	¥ 90,000
港商店	〃 20,000	〃 120,000
	¥150,000	¥210,000

この章で学んだ掛け取引の記帳を図示すると，次のようになる。

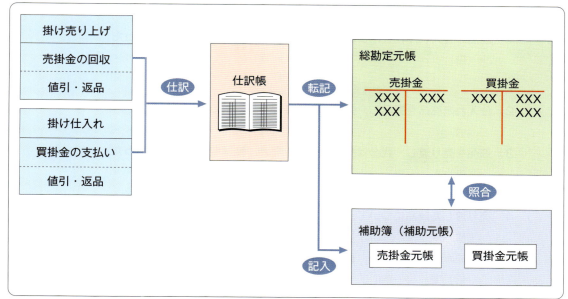

3 貸し倒れ

　得意先の倒産などで，売掛金などの債権❶が回収不能になることがある。これを**貸し倒れ**という。貸し倒れが生じたときは，売掛金を減少させるために，回収不能になった金額を売掛金勘定の貸方と**貸倒損失勘定**❷（費用の勘定）の借方に記入する。なお，この売掛金の減少は，売掛金元帳の人名勘定にも記入する。

❶第13章で学ぶ受取手形も含まれる。

❷**貸倒償却勘定**を用いることもある。

例 3

　得意先南北商店が倒産したため，同店に対する売掛金￥110,000が貸し倒れになった。

仕訳

（借）貸 倒 損 失　　110,000　　（貸）売　掛　金　　110,000

第9章・第10章 重要仕訳

第9章・第10章で学んだ取引を確認しよう。

- ☐ 1．商品を仕入れ，代金は掛けとした。なお，引取運賃は現金で支払った。
    (借) 仕　　　入　×××　　(貸) 買　掛　金　×××
    　　　└ 引取運賃を含める ┘　　　　現　　　金　×××

- ☐ 2．仕入れた商品を返品し，代金は買掛金から差し引くことにした。
    (借) 買　掛　金　×××　　(貸) 仕　　　入　×××

- ☐ 3．商品を売り渡し，代金は掛けとした。なお，発送費は現金で支払った。
    (借) 売　掛　金　×××　　(貸) 売　　　上　×××
    　　　発　送　費　×××　　　　現　　　金　×××

- ☐ 4．売り渡した商品について，値引きを行い，値引き額は売掛金から差し引くことにした。
    (借) 売　　　上　×××　　(貸) 売　掛　金　×××

- ☐ 5．得意先が倒産したため，得意先に対する売掛金が貸し倒れになった。
    (借) 貸 倒 損 失　×××　　(貸) 売　掛　金　×××

1．次の取引の仕訳を示し，総勘定元帳の売掛金勘定および売掛金元帳に記入し，売掛金元帳を締め切りなさい。また，売掛金明細表も作成しなさい。なお，1月1日現在における売掛金の前期繰越高は¥270,000であり，内訳は次のとおりである。

　　　　　　　内　訳：川越商店　¥40,000　　所沢商店　¥230,000

1月12日　川越商店に商品¥110,000を売り渡し，代金は掛けとした。

　14日　川越商店に売り渡した上記商品のうち，¥5,000が品違いのため返品され，代金は売掛金から差し引くことにした。

　26日　所沢商店に対する売掛金のうち，¥200,000を同店振り出しの小切手＃6で受け取った。

2．次の取引の仕訳を示し，総勘定元帳の買掛金勘定および買掛金元帳に記入し，買掛金元帳を締め切りなさい。また，買掛金明細表も作成しなさい。なお，1月1日現在における買掛金の前期繰越高は¥190,000であり，内訳は次のとおりである。

　　　　　　　内　訳：君津商店　¥170,000　　松戸商店　¥20,000

1月3日　君津商店から商品¥340,000を仕入れ，代金のうち¥100,000は小切手＃10を振り出して支払い，残額は掛けとした。

　15日　松戸商店から商品¥160,000を仕入れ，代金は掛けとした。なお，引取運賃¥1,000は現金で支払った。

　17日　松戸商店から仕入れた上記商品のうち，¥8,000は不良品のため返品し，代金は買掛金から差し引くことにした。

　30日　君津商店に対する買掛金のうち，¥300,000を小切手＃11を振り出して支払った。

3．次の取引の仕訳を示しなさい。

　得意先の東西商店が倒産したため，同店に対する売掛金¥150,000が貸し倒れになった。

完成問題

1. 神奈川商店（年1回12月末決算）の次の取引を売掛金元帳（横浜商店）に記入し，7月31日付けでこの補助簿を締め切りなさい。なお，売掛金の前月繰越高は￥360,000（川崎商店￥120,000　横浜商店￥240,000）である。

- 7月7日　川崎商店へ商品￥90,000，また横浜商店へ￥110,000をそれぞれ売り渡し，代金は掛けとした。
- 12日　横浜商店へ商品￥80,000を売り上げ，代金は掛けとした。
- 13日　昨日横浜商店へ売り上げた商品のうち￥5,000は品違いであったため返品された。なお，同店に対する売掛金から差し引くことにした。
- 26日　川崎商店に対する売掛金のうち￥150,000　横浜商店に対する売掛金のうち￥290,000を現金で受け取った。

2. 次の取引にもとづいて，下記の問いに答えなさい。なお，当店は買掛金元帳（仕入先元帳）および商品有高帳を補助元帳として使用しており，9月1日時点における買掛金元帳の残高は，千葉商店勘定￥82,000　群馬商店勘定￥31,000であり，同じく商品有高帳の残高はA品60個（@￥550）B品40個（@￥850）であった。

- 9月2日　千葉商店よりA品（@￥600）を30個仕入れ，代金のうち半額は現金で支払い，残額は後日支払うことにした。
- 6日　群馬商店よりA品（@￥580）を40個仕入れ，代金のうち￥10,000は現金で支払い，残額は後日支払うことにした。
- 7日　6日に仕入れたA品すべてに汚れがあったので，1個につき￥10の値引きを受けた。値引額は未払分から相殺することにした。
- 10日　千葉商店よりB品（@￥800）を35個仕入れ，代金は現金で支払った。
- 15日　栃木商店からB品（@￥830）を20個仕入れ，代金は後日支払うことにした。
- 23日　商品の未払代金に対して千葉商店に￥60,000　群馬商店に￥22,000を，それぞれ小切手を振り出して支払った。

問1．買掛金元帳（仕入先元帳）の千葉商店勘定および群馬商店勘定の9月30日時点における残高をそれぞれ求めなさい。

問2．9月中の純仕入高を求めなさい。

問3．9月中にB品を84個払い出していたとき，B品の売上原価はいくらになるか。ただし，当店は商品の払出単価の決定方法として先入先出法を採用している。

第11章 固定資産の記帳

固定資産にはどのようなものがあり，どのように記帳するのか。
ここでは，固定資産の購入や売却の記帳，固定資産台帳の記入法などを学習しよう。

キーワード　固定資産　固定資産台帳

1 固定資産の取得

企業が保有する備品・車両運搬具・建物・土地などのように，一般に1年を超えて，営業活動のために使用する資産を**固定資産**❶という。固定資産を取得したときは，固定資産の勘定の借方に**取得原価**を記入する。取得原価は，買入価額に買入手数料・引取運賃などの**付随費用**を加えた金額である。

固定資産の勘定
取得原価
（付随費用を含む）

　　取得原価　＝　買入価額　＋　付随費用

1. **備　　品**❷　営業用に金庫や，事務機器などを買い入れたときは，その買入価額に引取運賃や据付費などの付随費用を加えて**備品勘定**の借方に記入する。

2. **車両運搬具**　営業用にトラックや乗用車などを買い入れたときは，その買入価額に登録手数料などの付随費用を加えて**車両運搬具勘定**の借方に記入する。

3. **建　　物**　営業用に建物を新築したり，買い入れたときは，その建築代金または買入価額に登記料・仲介手数料などの付随費用を加えて，**建物勘定**の借方に記入する。

4. **土　　地**　営業用に土地を買い入れたときは，その買入価額に整地費用・仲介手数料などを加えて**土地勘定**の借方に記入する。

例1

1. 商品陳列ケースを買い入れ，代金￥236,000と引取運賃・据付費￥4,000は小切手を振り出して支払った。

❶これに対して売掛金・商品などのように比較的短期間に現金になる資産および現金や当座預金を**流動資産**という。

❷1年以上使用可能で一定金額以上（税法では￥100,000以上）のものをいう。一定金額未満のものを買い入れたときは**消耗品費勘定**（費用の勘定）で処理するのがふつうである。

1. 固定資産の取得　101

2．営業用トラック１台を買い入れ，代金¥650,000と登録手数料など¥50,000を小切手を振り出して支払った。

3．営業用の建物を買い入れ，代金¥5,700,000と仲介手数料など¥300,000を小切手を振り出して支払った。

4．営業用の建物を新築するための敷地として，土地200m²を¥19,000,000で買い入れ，代金は小切手を振り出して支払った。なお，仲介手数料と整地費用¥800,000は現金で支払った。

仕訳

1．(借)	備　　　　品	240,000	(貸)	当 座 預 金	240,000
2．(借)	車両運搬具	700,000	(貸)	当 座 預 金	700,000
3．(借)	建　　　　物	6,000,000	(貸)	当 座 預 金	6,000,000
4．(借)	土　　　　地	19,800,000	(貸)	当 座 預 金	19,000,000
				現　　　　金	800,000

2　固定資産の売却

　固定資産が不要になると，売却することがある。その場合は，固定資産の勘定の貸方に**帳簿価額**❶で記入し，売却価額が帳簿価額より高い場合には，その差額を**固定資産売却益勘定**(収益の勘定)の貸方に記入する。反対に，売却価額が帳簿価額より低い場合には，その差額を**固定資産売却損勘定**(費用の勘定)の借方に記入する。

❶帳簿価額は帳簿に記入されている金額のことである。ふつう，取得原価が帳簿価額となるが，建物など固定資産の場合，減価償却累計額が控除されたあとの金額が帳簿価額となる(p.167参照)。

例 2

1．帳簿価額¥105,000の備品が不要になったため，¥90,000で売却し，代金は現金で受け取った。

2．帳簿価額¥5,400,000の建物を¥5,600,000で売却し，代金は小切手で受け取った。

仕訳

1．(借)	現　　　　金	90,000	(貸)	備　　　　品	105,000
	固定資産売却損	15,000			
2．(借)	現　　　　金	5,600,000	(貸)	建　　　　物	5,400,000
				固定資産売却益	200,000

3 固定資産台帳

固定資産については，その明細を記録するために，補助簿として建物台帳・備品台帳・土地台帳などの**固定資産台帳**が用いられる。

この台帳には，資産の種類・用途別に口座を設けて，資産の取得年月日・取得原価・減価償却費[❶]・現在高などを記入する。

❶当期中における価値の減少額で，第12章で学ぶ。

建 物 台 帳

所在地	東京都千代田区五番町1-6	耐用年数	22年
構　造	木造2階建て	残存価額	取得原価の10%
面　積	80m²	償却方法	定額法
用　途	店舗用		

年月日		摘　要	取得原価	減価償却費	残　高	備考
○	1　10	買 い 入 れ	6,000,000			
	〃	仲介手数料など	380,000		6,380,000	
	12　31	減 価 償 却 費		261,000	6,119,000	

第11章　重要仕訳

第11章で学んだ取引を確認しよう

☐ 1. 備品を購入し，代金は小切手を振り出して支払った。
　　　（借）備　　　品 ×××　（貸）当 座 預 金 ×××

☐ 2. 建物を購入し，代金は小切手を振り出して支払った。なお，仲介手数料などの付随費用は現金で支払った。
　　　（借）建　　　物 ×××　（貸）当 座 預 金 ×××
　　　　　〔付随費用を含める〕　　　　現　　　金 ×××

☐ 3. 備品を売却し，代金は現金で受け取った。
　　① 帳簿価額＜売却価額　〔売却価額〕　　　　　　　〔帳簿価額〕
　　　（借）現　　　金 ×××　（貸）備　　　品 ×××
　　　　　　　　　　　　　　　　　固定資産売却益 ×××

　　② 帳簿価額＞売却価額　〔売却価額〕　　　　　　　〔帳簿価額〕
　　　（借）現　　　金 ×××　（貸）備　　　品 ×××
　　　　　固定資産売却損 ×××

次の取引の仕訳を示しなさい。

(1) 倉庫を新築するため，¥5,000,000で土地を買い入れ，仲介手数料¥200,000とともに小切手を振り出して支払った。
(2) 上記の土地の整地を行い，¥250,000を現金で支払った。
(3) 倉庫を¥8,000,000で新築し，登記料¥48,000とともに小切手を振り出して支払った。
(4) 営業用のトラック1台を買い入れ，代金¥1,300,000と登録手数料など¥60,000を小切手を振り出して支払った。
(5) 帳簿価額¥125,000の備品が不要になったため，¥130,000で売却し，代金は現金で受け取った。
(6) 営業用トラック¥450,000が不要となったので，¥320,000で売却し，代金は現金で受け取った。

次の取引の仕訳を示しなさい。

(1) 備品¥950,000を購入し，代金は小切手を振り出して支払った。なお，備品の引取運賃¥20,000と据付費¥15,000はともに現金で支払った。
(2) 販売店舗用の土地100㎡を1㎡当たり¥20,000で購入し，整地費用¥180,000，登記料¥20,000および仲介手数料¥30,000とともに，代金は小切手を振り出して支払った。

第12章 決算（その1）

決算整理をともなう決算手続きは，どのように行うのか。

ここでは，3分法による商品売買損益の計算・貸し倒れの見積もり・減価償却など決算整理をともなう決算手続き，精算表・損益計算書および貸借対照表の作成を学習しよう。

キーワード：決算整理　精算表　損益計算書　貸借対照表　検索

1 決算整理の意味

第7章で学んだように，決算は総勘定元帳の勘定記録にもとづいて行われる。したがって，各勘定は，決算日の実際有高やその期間の収益・費用の額を正しくあらわしていなければならない。しかし，日々の取引を記帳したままでは，資産・負債・資本の各勘定のなかには，正しい期末有高をあらわしていないものがある。また，収益・費用の各勘定のなかには，その期間の発生額を正しく示していないものもある。

そこで決算にあたり，各勘定が正しい実際有高やその期間の収益・費用の額を示すように，帳簿記録を修正・整理する必要がある。この手続きを**決算整理**といい，そのために必要な仕訳を**整理仕訳**または**決算整理仕訳**という。❶

また，決算整理を必要とする事項を**決算整理事項**という。

決算整理事項のうち，ここでは次の決算整理について学ぶ。

① 商品に関する勘定の整理（売上原価の計算）
② 貸し倒れの見積もり
③ 固定資産の減価償却

なお，第8章で学んだ，現金過不足の期末における処理も，決算整理のとき同時に行われる。

❶一連の決算手続きは，巻頭5〜6参照。

2 商品に関する勘定の整理（売上原価の計算）

すでに学習したように，商品売買取引を3分法によって記帳している場合には，当期の商品売買損益は次ページの式にもとづいて，決算

のときにまとめて計算する。

> 純売上高 － 売上原価 ＝ 商品売買益（マイナスのときは，商品売買損）

純売上高は売上勘定の貸方残高として示されているが，売上原価はどの勘定にも示されていない。

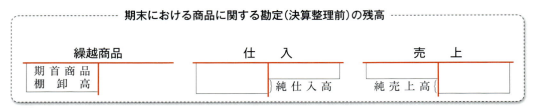

そこで，決算にあたって，売上原価を計算するために，期末に商品の有高を実際に調べて求める**実地棚卸**を行い，期末商品棚卸高を確定し，決算整理を行うことが必要となる。ここでは，仕入勘定を整理して売上原価を計算する記帳方法を学ぶ。

次の資料によって，商品売買損益を計算するまでの，決算整理仕訳と決算振替仕訳を示すと次のようになる。

資料

繰越商品	仕入	売上
前期繰越 200	純仕入高 1,000	純売上高 1,350
期末商品棚卸高 ¥300		

▶**決算整理仕訳**◀

売上原価の計算式を示すと次のようになる。

> 期首商品棚卸高 ＋ 純仕入高 － 期末商品棚卸高 ＝ 売上原価

決算整理で行う売上原価の計算は，上記計算式を勘定の記入におきかえたものである。

❶繰越商品勘定の¥200である。

① 期首商品棚卸高❶を，繰越商品勘定から仕入勘定の借方に振り替える。これによって，仕入勘定の借方は，上記の売上原価を計算する式の「期首商品棚卸高＋純仕入高」の部分を示すことになる。

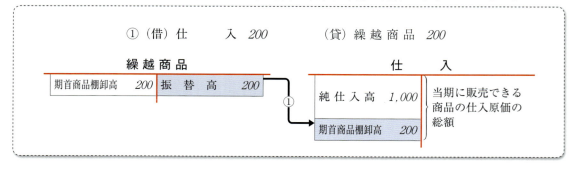

② 期末商品棚卸高を，仕入勘定から差し引いて，繰越商品勘定の借方に振り替える。これによって，仕入勘定の貸方は，上記の売上原価を計算する式の「期首商品棚卸高＋純仕入高－期末商品棚卸高」の　　　の部分を示すことになる。

❶当期に売れ残った商品の原価￥300である。

①，②の記入の結果，仕入勘定において，期首商品棚卸高￥200＋純仕入高￥1,000－期末商品棚卸高￥300の計算が行われ，残高が売上原価￥900を示すことになる。

▶決算振替仕訳◀

決算整理後に，売上勘定と仕入勘定の残高を損益勘定へ振り替える。なお，決算整理仕訳と決算振替仕訳を合わせて**決算仕訳**という。

③ 売上勘定で示される純売上高（貸方残高）を，損益勘定の貸方に振り替える。

④ 仕入勘定で計算された売上原価（借方残高）を，損益勘定の借方に振り替える。

❷③，④の振替は，決算時に他の収益・費用とともに行う。

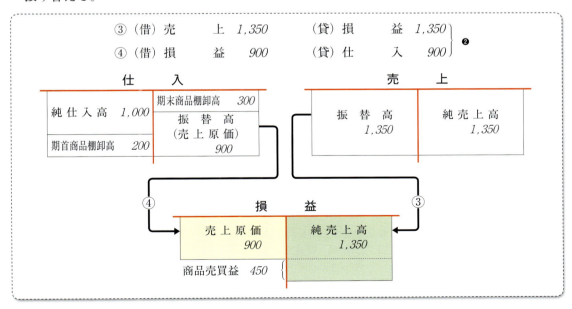

2. 商品に関する勘定の整理（売上原価の計算） 107

❶p.106の式より次のように計算できる。
¥1,350－¥900＝¥450

③，④の記入の結果，損益勘定の貸方は純売上高，借方は売上原価をあらわし，その差額は商品売買益（または商品売買損）を示すことになる。

例 1

関東商店（決算年1回　12月31日）の総勘定元帳（一部）と決算整理事項によって，商品に関する決算整理仕訳と決算振替仕訳を示し，勘定に転記しなさい。

総勘定元帳（一部）

繰越商品			仕　　入	
1/1前期繰越　168,000			472,100	41,200

売　　上	
2,000	574,000

注　仕入勘定・売上勘定は合計額で示している。

決算整理事項

期末商品棚卸高　¥206,200

解答

決算整理仕訳

12/31　（借）仕　　　入　168,000　（貸）繰　越　商　品　168,000
　〃　（借）繰　越　商　品　206,200　（貸）仕　　　入　206,200

決算振替仕訳

12/31　（借）売　　　上　572,000　（貸）損　　　益　572,000
　〃　（借）損　　　益　392,700　（貸）仕　　　入　392,700

転記

繰越商品			
1/1前期繰越 168,000	12/31仕　入 168,000		
12/31仕　入 206,200	次期繰越 206,200		
374,200	374,200		
1/1前期繰越 206,200			

仕　　入	
472,100	41,200
12/31繰越商品 168,000	12/31繰越商品 206,200
	〃　損　益 392,700
640,100	640,100

売　　上	
2,000	574,000
12/31損　益 572,000	
574,000	574,000

損　　益	
12/31仕　入 392,700	12/31売　上 572,000

注1．仕入勘定から損益勘定に振り替えられた¥392,700が売上原価である。
　　　売上原価は仕入勘定で，次のように計算されている。

$$\left(\underset{純仕入高}{¥472,100 － ¥41,200} ＋ \underset{期首商品棚卸高}{¥168,000}\right) － \underset{期末商品棚卸高}{¥206,200} ＝ \underset{売上原価}{¥392,700}$$

注2．損益勘定の貸借差額¥179,300が商品売買益である。

Let's Try 売上原価勘定を用いた商品に関する勘定の整理

例1の決算整理仕訳を次のように**売上原価勘定**を用いて行う方法もある。この方法は，106ページに示した売上原価の計算式（期首商品棚卸高①＋純仕入高②－期末商品棚卸高③）にしたがった記帳方法である。

① 繰越商品勘定の残高￥168,000を売上原価勘定の借方に振り替える。
　　（借）売　上　原　価　168,000　　（貸）繰　越　商　品　168,000
② 仕入勘定の残高￥430,900を売上原価勘定の借方に振り替える。
　　（借）売　上　原　価　430,900　　（貸）仕　　　　　入　430,900
③ 期末商品棚卸高￥206,200を売上原価勘定から差し引いて，繰越商品勘定の借方に振り替える。
　　（借）繰　越　商　品　206,200　　（貸）売　上　原　価　206,200

よって，売上原価勘定の残高は，売上原価を示すことになる。

※なお，本書ではとくに断りのないかぎり，商品に関する勘定の決算整理は仕入勘定を用いて処理する。

3 貸し倒れの見積もり

第10章で学んだように得意先の倒産などにより，売掛金などが回収できなくなることを貸し倒れという。

売掛金の期末残高には，次期に貸し倒れとなることが予想される部分も含まれているため，次期の回収可能額を示していない。

そのため，売掛金の期末残高に貸し倒れが予想される場合には，決算にあたり，次期に予想される貸し倒れを見積もり，その見積額を**貸倒引当金繰入勘定**❶❷（費用の勘定）の借方に記入する。しかし，貸し倒れはまだ実際に生じているわけではないから，売掛金勘定に直接，減少の記入を行うことはできない。

そこで，別に**貸倒引当金勘定**❸を設けて，この勘定の貸方に貸し倒れの見積額を記入する。そして，売掛金の期末残高から貸倒引当金の残高を差し引いた金額が，次期に回収できると予想される売掛金の金額を示すことになる。

❶税法に定められた率を使用することが多い。
❷**貸倒償却勘定**を用いることもある。

❸貸倒引当金勘定のように，ある勘定の現在高を評価しなおして，金額を修正する役割をもった勘定を，**評価勘定**という。

次期に実際に貸し倒れが生じた場合には，貸倒額を売掛金勘定の貸方と貸倒引当金勘定の借方に記入する。

例 2

12月31日　第1期の決算にあたり，売掛金残高￥400,000に対して，2％の貸し倒れを見積もった。

〃日　貸倒引当金繰入勘定の残高￥8,000を損益勘定へ振り替えた。

6月20日　得意先北東商店が倒産したため，同店に対する売掛金￥6,000が貸し倒れになった。ただし，貸倒引当金勘定の残高が￥8,000ある。

仕 訳

12/31　（借）貸倒引当金繰入　8,000　（貸）貸倒引当金　8,000
　　　　　　　　　売掛金残高　　　　当期貸倒引当金繰入額
　　　　　　　　￥400,000×0.02＝￥8,000

〃　（借）損　　益　8,000　（貸）貸倒引当金繰入　8,000 ❶

6/20　（借）貸倒引当金　6,000　（貸）売　掛　金　6,000

❶貸倒引当金繰入は他の費用とともに，決算仕訳で損益勘定の借方へ振り替える。

決算にあたり，当期の貸し倒れの見積額から貸倒引当金勘定の残高を差し引いた金額を，貸倒引当金繰入勘定の借方と貸倒引当金勘定の貸方に記入する。

このような処理方法を**差額補充法**という。

Let's Try　前期以前に貸し倒れ処理をした売掛金を回収したときの処理

前期以前に貸し倒れとして処理していた売掛金が，当期になって，回収されることがある。この場合には，回収額を**償却債権取立益勘**定（収益の勘定）の貸方に記入する。

【例】　前期に貸し倒れとして処理した売掛金の一部￥6,000を現金で回収した。

〈仕　訳〉（借）現　　金　6,000　（貸）償却債権取立益　6,000

例 3

12月31日　例2に続いて，第2期の決算にあたり，売掛金残高¥450,000に対して，2％の貸し倒れを見積もった。ただし，貸倒引当金勘定の残高が¥2,000ある。

〃　　　貸倒引当金繰入勘定の残高¥7,000を損益勘定へ振り替えた。

❶差額補充額

仕訳

12/31　（借）貸倒引当金繰入　7,000　　（貸）貸倒引当金　7,000

　　　　　貸倒見積額　　　　貸倒引当金残高　　当期貸倒引当金繰入額❶
　　　　　¥450,000×0.02　－　　¥2,000　　＝　　¥7,000

〃　　（借）損　　　益　7,000　　（貸）貸倒引当金繰入　7,000

例2，例3の取引を貸倒引当金勘定と貸倒引当金繰入勘定へ転記する。

貸倒引当金				貸倒引当金繰入			
1期	12/31 次期繰越 8,000	12/31 貸倒引当金繰入 8,000		1期	12/31 貸倒引当金 8,000	12/31 損　益 8,000
2期	6/20 売掛金 6,000	1/1 前期繰越 8,000		2期	12/31 貸倒引当金 7,000	12/31 損　益 7,000
	12/31 次期繰越 9,000	12/31 貸倒引当金繰入 7,000				
	15,000	15,000				
		1/1 前期繰越 9,000				

実際に発生した貸倒額が，貸倒引当金勘定の残高より大きい場合は，実際発生額と貸倒引当金勘定の残高との差額を，**貸倒損失勘定**（費用の勘定）の借方に記入する。

例 4

7月25日　得意先東南商店が倒産したため，同店に対する売掛金¥10,000が貸し倒れとなった。ただし，貸倒引当金勘定の残高が¥9,000ある。

仕訳

7/25　（借）貸倒引当金　9,000　　（貸）売　掛　金　10,000
　　　　　貸倒損失　　1,000

貸し倒れになった売掛金がいつ発生したかで，処理が異なるので注意しましょう。		
当期の取引によって発生		全額，**貸倒損失勘定**（費用）で処理
前期の取引によって発生	貸倒額＜貸倒引当金勘定残高	**貸倒引当金勘定**で処理
	貸倒額＞貸倒引当金勘定残高	貸倒引当金勘定を上回る部分は，貸倒損失勘定で処理

3. 貸し倒れの見積もり　111

4 固定資産の減価償却

建物・備品・車両運搬具などの固定資産は，使っているうちにその価値が減少する。また，時の経過などによっても価値が減少する。そこで決算にあたり，当期中における価値の減少額（これを**減価**という）を費用として計上し，その減価額だけ固定資産の勘定の取得原価を減少させる。この手続きを**減価償却**[❶]といい，これによって計上される費用を**減価償却費**という。

❶土地は減価償却を行わない。

▶減価償却費の計算方法◀

減価償却費の計算方法にはいろいろあるが，もっとも簡単な方法は，毎期一定額を償却する**定額法**である。定額法では，取得原価から**残存価額**を差し引いた額を耐用年数で割って，毎年の減価償却費を計算する。

$$1年分の減価償却費 = \frac{取得原価 - 残存価額}{耐用年数}$$

耐用年数とは，その固定資産を何年間使うことができるかについての見積もり年数である。なお，残存価額[❷]は，取得原価のうち，耐用年数の経過後の見積処分額である。

❷零(0)とすることも認められている。

▶減価償却の記帳方法◀

減価償却の記帳にあたっては，当期の減価償却額を，**減価償却費勘定**（費用の勘定）の借方と固定資産の勘定の貸方に記入し，固定資産の勘定残高は次期に繰り越す。この勘定残高を**帳簿価額**といい，固定資産の現在高を示す。このように，固定資産の勘定の金額を直接減額する記帳方法を**直接法**という。

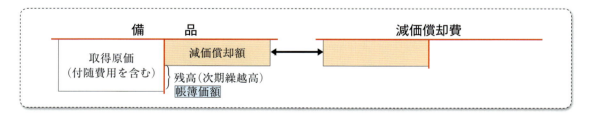

例 5

12月31日　決算にあたり，1月4日に現金で買い入れた取得原価 ¥240,000　残存価額は取得原価の10%　耐用年数8年の備品について，定額法で減価償却を行った。

〃日　減価償却費勘定の残高¥27,000を損益勘定へ振り替えた。

解答

仕訳　12/31　（借）減価償却費　27,000　（貸）備　　品　27,000

$$減価償却費　\frac{¥240,000-¥24,000}{8（年）}＝¥27,000$$

〃　（借）損　　益　27,000　（貸）減価償却費　27,000 ❶

転記

備　　品			
1/4 現　金	240,000	12/31 減価償却費	27,000
		〃 次期繰越	213,000
	240,000		240,000
1/1 前期繰越	213,000		

減価償却費			
12/31 備　品	27,000	12/31 損　益	27,000

❶減価償却費は他の費用とともに，決算仕訳で損益勘定の借方へ振り替える。

5　棚卸表

決算にさいし，決算整理を必要とする事項をまとめた表を**棚卸表**という。この棚卸表にもとづいて，整理仕訳を行う。

棚卸表を例示すれば，次のとおりである。❷

❷棚卸表の資料にもとづく整理仕訳はp.117に示してある。

棚　卸　表
平成○年12月31日

勘定科目	摘　　　　　要			内　　訳	金　　額
繰越商品	ブラウス	80枚	@¥2,090	167,200	
	Tシャツ	30〃	〃1,300	39,000	206,200
売掛金	期末残高			180,000	
	貸倒引当金	売掛金残高の2%		3,600	176,400
備　品	商品陳列ケース	取得原価		240,000	
		当期減価償却額		27,000	213,000

6 8桁精算表

❶修正記入欄ともいう。

すでに学んだ6桁精算表に，決算整理を行うための**整理記入欄**❶を加えた精算表を**8桁精算表**という。

8桁精算表への記入は，次の順序で行う。

① 各勘定の残高を残高試算表欄に記入し，借方と貸方の各合計額が一致することを確認して締め切る。

② 決算整理に必要な仕訳を整理記入欄で行う。勘定科目を追加する必要が生じたときは，その科目を勘定科目欄に記入し，借方と貸方の各合計額が一致することを確認して締め切る。

③ 各勘定科目について，その残高試算表欄の金額と整理記入欄の金額が，貸借同じ側にあれば加え，反対側にあれば差し引いて，資産・負債・資本の各勘定の金額は貸借対照表欄に，収益・費用の各勘定の金額は損益計算書欄に，それぞれ記入する。

④ 損益計算書欄および貸借対照表欄の借方と貸方の金額をそれぞれ合計し，その差額を当期純利益または当期純損失として記入する。

⑤ 損益計算書欄と貸借対照表欄の借方と貸方の各合計金額が一致することを確認して締め切る。

例 6

次の総勘定元帳勘定残高（一部）と決算整理事項にもとづいて，8桁精算表の一部を作成しなさい。

元帳勘定残高（一部）

売　掛　金　¥300,000　貸倒引当金　¥　5,000　繰越商品　¥100,000
備　　　品　　480,000　売　　　上　　800,000　仕　　入　　700,000

決算整理事項

a．期末商品棚卸高　¥150,000　b．貸倒引当金繰入額　¥10,000
c．備品減価償却高　¥60,000

解答

決算整理仕訳

a ①（借）仕　　　　入　　100,000　（貸）繰　越　商　品　100,000
　②（借）繰　越　商　品　150,000　（貸）仕　　　　入　　150,000
b ③（借）貸倒引当金繰入　　10,000　（貸）貸 倒 引 当 金　　10,000
c ④（借）減 価 償 却 費　　60,000　（貸）備　　　　品　　60,000

a．期末商品棚卸高　①（借）仕　　　入　100,000　（貸）繰越商品　100,000
　　　　　　　　　　②（借）繰越商品　150,000　（貸）仕　　　入　150,000

精算表
平成○年○月○日

勘定科目	残高試算表 借方	残高試算表 貸方	整理記入 借方	整理記入 貸方	損益計算書 借方	損益計算書 貸方	貸借対照表 借方	貸借対照表 貸方
繰越商品	100,000		+150,000②	−100,000①			▶150,000	
売　　上		800,000				▶800,000		
仕　　入	700,000		+100,000①	−150,000②	▶650,000			

（期末商品棚卸高）

売上原価
¥700,000＋¥100,000−¥150,000

b．貸倒引当金　③（借）貸倒引当金繰入　10,000　（貸）貸倒引当金　10,000

精算表
平成○年○月○日

勘定科目	残高試算表 借方	残高試算表 貸方	整理記入 借方	整理記入 貸方	損益計算書 借方	損益計算書 貸方	貸借対照表 借方	貸借対照表 貸方
売掛金	300,000						▶300,000	
貸倒引当金		5,000		+10,000③				▶15,000
貸倒引当金繰入			10,000③		▶10,000			

売掛金¥300,000に対する貸倒見積額

c．備品減価償却高　④（借）減価償却費　60,000　（貸）備　　品　60,000

精算表
平成○年○月○日

勘定科目	残高試算表 借方	残高試算表 貸方	整理記入 借方	整理記入 貸方	損益計算書 借方	損益計算書 貸方	貸借対照表 借方	貸借対照表 貸方
備　品	480,000			−60,000④			▶420,000	
減価償却費			60,000④		▶60,000			

取得原価¥480,000から減価償却費¥60,000を差し引いた期末の帳簿価額

例 7

関東商店（決算年1回　12月31日）の次ページの総勘定元帳勘定残高と決算整理事項によって，8桁精算表を作成しなさい。

❶整理記入欄の＋，−は残高試算表の金額にプラス，マイナスすることを示し，○のなかの番号は，整理仕訳の番号との対応関係を示す。

6．8桁精算表　115

元帳勘定残高

現　　　金 ¥76,000　当座預金 ¥361,100　売　掛　金 ¥180,000
貸倒引当金　2,000　繰越商品　168,000　備　　　品　240,000
買　掛　金 258,000　資　本　金　700,000　売　　　上　572,000
受取手数料　23,000　仕　　　入　430,900　給　　　料　73,000
支払家賃　24,000　雑　　　費　2,000

決算整理事項

a．期末商品棚卸高　¥206,200
b．貸倒引当金　売掛金残高の2％とする。
c．備品減価償却高　取得原価¥240,000　残存価額は取得原価の10%　耐用年数は8年とし，定額法による。なお，直接法によって記帳している。

解答

精　算　表
平成○年12月31日

勘定科目	残高試算表 借方	残高試算表 貸方	整理記入 借方	整理記入 貸方	損益計算書 借方	損益計算書 貸方	貸借対照表 借方	貸借対照表 貸方
現　　　金	76,000						76,000	
当座預金	361,100						361,100	
売　掛　金	180,000						180,000	
貸倒引当金		2,000		③ 1,600				3,600
繰越商品	168,000		② 206,200	① 168,000			206,200	
備　　　品	240,000			④ 27,000			213,000	
買　掛　金		258,000						258,000
資　本　金		700,000						700,000
売　　　上		572,000				572,000		
受取手数料		23,000				23,000		
仕　　　入	430,900		① 168,000	② 206,200	392,700			
給　　　料	73,000				73,000			
支払家賃	24,000				24,000			
雑　　　費	2,000				2,000			
	1,555,000	1,555,000						
貸倒引当金繰入			③ 1,600		1,600			
減価償却費			④ 27,000		27,000			
当期純利益					74,700			74,700
			402,800	402,800	595,000	595,000	1,036,300	1,036,300

注．元丁欄は省略してある。精算表の整理記入欄に記入してある整理仕訳を示せば，次のとおりである。なお，整理記入欄の番号は，下の整理仕訳の番号を示す。

① （借）仕　　　入　168,000　（貸）繰越商品　168,000
② （借）繰越商品　206,200　（貸）仕　　　入　206,200
③ （借）貸倒引当金繰入　1,600　（貸）貸倒引当金　1,600
④ （借）減価償却費　27,000　（貸）備　　　品　27,000

7 帳簿の締め切り

帳簿の締め切りについては，すでに第7章で学んだが，ここでは，決算整理を含む決算手続きについて，決算仕訳（整理仕訳と振替仕訳）から総勘定元帳の各勘定への転記，各勘定の締め切り，および繰越試算表の作成までを例示によって学習しよう。

例 8

関東商店（決算年1回　12月31日）の，例7（p.115）にかかげた総勘定元帳の勘定残高とp.113に示した棚卸表によって決算を行いなさい。（巻頭 5～6 参照）

解答

決算仕訳

（整理仕訳）

（借）	仕　　　　入	168,000	（貸）	繰　越　商　品	168,000
（借）	繰　越　商　品	206,200	（貸）	仕　　　　入	206,200
（借）	貸倒引当金繰入	1,600	（貸）	貸倒引当金	1,600
（借）	減価償却費	27,000	（貸）	備　　　品	27,000

（振替仕訳）

（借）	売　　　　上	572,000	（貸）	損　　　　益	595,000
	受取手数料	23,000			
（借）	損　　　　益	520,300	（貸）	仕　　　　入	392,700
				給　　　　料	73,000
				貸倒引当金繰入	1,600
				減価償却費	27,000
				支　払　家　賃	24,000
				雑　　　費	2,000
（借）	損　　　　益	74,700	（貸）	資　本　金	74,700

元帳転記と締め切り

	現　　金	1		当　座　預　金	2
	512,000	436,000		705,000	343,900
		12/31次期繰越　76,000			12/31次期繰越　361,100
	512,000	512,000		705,000	705,000
1/ 1前期繰越	76,000		1/ 1前期繰越	361,100	

7. 帳簿の締め切り　117

	売　掛　金	3		貸倒引当金	4
	374,000	194,000		6,000	8,000
		12/31 次期繰越 180,000	12/31 次期繰越 3,600		12/31 貸倒引当金繰入 1,600
	374,000	374,000		9,600	9,600
1/ 1 前期繰越 180,000					1/ 1 前期繰越 3,600

	繰　越　商　品	5		備　　品	6
	168,000	12/31 仕　入 168,000		240,000	12/31 減価償却費 27,000
12/31 仕　入 206,200		〃 次期繰越 206,200			〃 次期繰越 213,000
	374,200	374,200		240,000	240,000
1/ 1 前期繰越 206,200			1/ 1 前期繰越 213,000		

	買　掛　金	7		資　本　金	8
	92,000	350,000	12/31 次期繰越 774,700		700,000
12/31 次期繰越 258,000					12/31 損　益 74,700
	350,000	350,000		774,700	774,700
		1/ 1 前期繰越 258,000			1/ 1 前期繰越 774,700

	売　　上	9		受取手数料	10
	2,000	574,000	12/31 損　益 23,000		23,000
12/31 損　益 572,000					
	574,000	574,000			

				仕　　入	11
	給　　料	12		472,100	41,200
	73,000	12/31 損　益 73,000	12/31 繰越商品 168,000		12/31 繰越商品 206,200
					〃 損　益 392,700
				640,100	640,100

	貸倒引当金繰入	13		減価償却費	14
12/31 貸倒引当金 1,600		12/31 損　益 1,600	12/31 備　品 27,000		12/31 損　益 27,000

	支　払　家　賃	15		雑　　費	16
	24,000	12/31 損　益 24,000		2,000	12/31 損　益 2,000

	損　　益	17
12/31 仕　入 392,700		12/31 売　上 572,000
〃 給　料 73,000		〃 受取手数料 23,000
〃 貸倒引当金繰入 1,600		
〃 減価償却費 27,000		
〃 支払家賃 24,000		
〃 雑　費 2,000		
〃 資　本　金 74,700		
	595,000	595,000

繰越試算表
平成○年12月31日

借　方	元丁	勘定科目	貸　方
76,000	1	現　　金	
361,100	2	当座預金	
180,000	3	売　掛　金	
	4	貸倒引当金	3,600
206,200	5	繰越商品	
213,000	6	備　　品	
	7	買　掛　金	258,000
	8	資　本　金	774,700
1,036,300			1,036,300

8 損益計算書と貸借対照表の作成(その1)

1 損益計算書の作成

損益計算書は，企業の経営成績を明らかにするために，一会計期間に発生したすべての収益と費用を記載し，当期純損益を表示したものである。

損益計算書は，決算整理後の費用・収益の各勘定残高や損益勘定などをもとに作成する。

例 9

例8(p.117)の総勘定元帳の記録にもとづいて，関東商店の損益計算書を作成しなさい。

解答

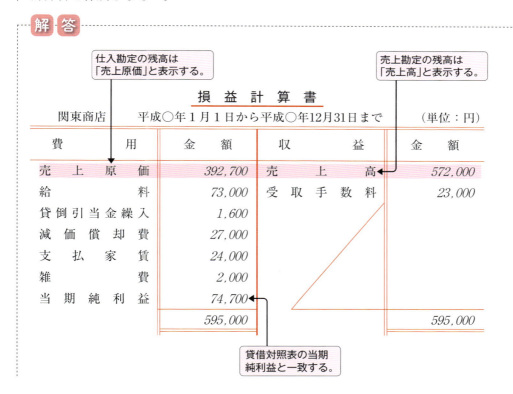

2 貸借対照表の作成

貸借対照表は，企業の財政状態を明らかにするために，会計期末におけるすべての資産，負債，資本を記載したものである。

貸借対照表は，決算整理後の資産・負債・資本の各勘定残高や繰越試算表などをもとに作成する。

例 10

例8の総勘定元帳の記録にもとづいて，関東商店の貸借対照表を作成しなさい。

解答

第12章 重要仕訳

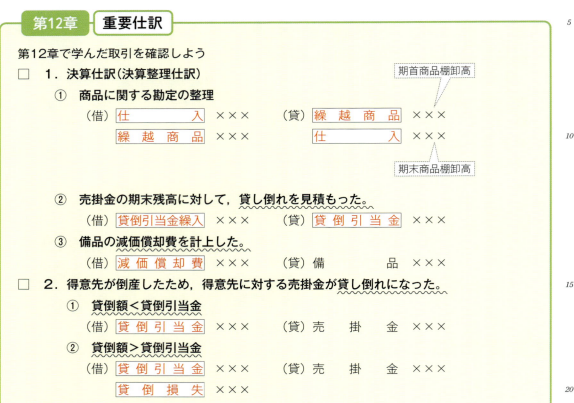

1. 次の文の□□□のなかに，下記の語群のなかからもっとも適当な語を記入しなさい。

決算は ア の勘定記録にもとづいて行われるが，決算日の イ やその期間の収益・費用の額が正しくあらわされていない勘定がある。そこで ウ にあたり，各勘定が正しい エ や収益・ オ の額を示すように カ を修正・整理する必要がある。この手続きを キ という。修正・整理の必要な事項は ク 表にまとめて示される。

― 語　群 ―
棚卸	試算	帳簿記録	決算整理
費用	決算	実際有高	総勘定元帳

2. 次の商品に関する勘定記録から，次の問いに答えなさい。ただし，期末商品棚卸高は¥67,000である。

(1) 商品に関する勘定の決算整理仕訳を示し，転記しなさい。
(2) 繰越商品・仕入・売上の各勘定を締め切りなさい。
(3) ①純仕入高，②純売上高，③売上原価，④商品売買益を求めなさい。

繰越商品		仕　　入	
前期繰越　85,000		324,000	12,000

売　　上		損　　益	
3,000	418,000		

3. 次の連続する取引の仕訳を示し，貸倒引当金勘定と貸倒引当金繰入勘定に転記し，決算にあたっては締め切りなさい。ただし，貸倒引当金勘定の前期繰越高（1月1日）は¥55,000である。

　　8月30日　得意先甲山商店が倒産し，売掛金¥31,000が貸し倒れになった。
　　12月31日　決算にあたり，売掛金残高¥3,100,000に対し，2％の貸し倒れを見積もった。
　　〃日　　　貸倒引当金繰入勘定の残高を損益勘定に振り替えた。
　翌年4月30日　前期から繰り越されてきた売掛金のうち，乙川商店に対する売掛金¥70,000が貸し倒れとなった。

4. 次の取引の仕訳を示し，総勘定元帳の車両運搬具勘定と減価償却費勘定に転記して，締め切りなさい。

　　1月4日　営業用トラック1台¥900,000を買い入れ，代金は小切手を振り出して支払った。
　　12月31日　決算にあたり，上記のトラックについて，定額法で減価償却を行った。残存価額は取得原価の10％，耐用年数5年とする。
　　〃日　　　減価償却費勘定の残高を損益勘定へ振り替えた。

5．次の決算整理事項によって，精算表の（　）のなかに適切な科目または金額を記入しなさい。

決算整理事項
a．期末商品棚卸高　¥360,000
b．貸倒引当金　売掛金残高の2％とする。
c．建物減価償却高　取得原価¥14,000,000　残存価額は取得原価の10％　耐用年数は24年とし，定額法による。なお，直接法によって記帳している。

精算表

勘定科目	残高試算表 借方	残高試算表 貸方	整理記入 借方	整理記入 貸方	損益計算書 借方	損益計算書 貸方	貸借対照表 借方	貸借対照表 貸方
売　掛　金	990,000						（セ　）	
貸倒引当金		14,000		（ク　）				（チ　）
繰越商品	410,000		（エ　）	（ケ　）			（ソ　）	
建　　物	14,000,000			（コ　）			（タ　）	
仕　　入	（ウ　）		（オ　）	（サ　）	870,000			
（ア　）			（カ　）		（シ　）			
（イ　）			（キ　）		（ス　）			

6．横浜商店（決算年1回　12月31日）の次の総勘定元帳の勘定残高と決算整理事項によって，8桁精算表を作成しなさい。

元帳勘定残高
現　　　金 ¥ 45,000　　当座預金 ¥ 292,000　　売　掛　金 ¥ 160,000
貸倒引当金 　2,000　　繰越商品 　275,000　　備　　品 　208,000
買　掛　金 　176,000　　借　入　金 　200,000　　資　本　金 　500,000
売　　　上 1,980,000　　仕　　入 1,350,000　　給　　料 　278,000
支払家賃 　240,000　　雑　　費 　3,000　　支払利息 　7,000

決算整理事項
a．期末商品棚卸高　¥306,000
b．貸倒引当金　売掛金残高の3％とする。
c．備品減価償却高　¥12,000（直接法によって記帳している）
d．現金の実際有高は¥46,000であった。

7．埼玉商店の次の総勘定元帳の勘定残高と棚卸表によって，
(1) 整理仕訳を示しなさい。
(2) 損益計算書と貸借対照表を作成しなさい。
　　ただし，会計期間は平成○年1月1日から平成○年12月31日とする。

元帳勘定残高

現　　金 ¥48,000	当座預金 ¥471,000	売掛金 ¥350,000
貸倒引当金 2,000	繰越商品 340,000	貸付金 150,000
備　　品 200,000	買掛金 220,000	資本金 1,000,000
売　　上 2,980,000	受取利息 8,000	仕入 2,440,000
支払家賃 180,000	消耗品費 17,000	雑費 14,000

棚　卸　表

平成○年12月31日

勘定科目	摘　　要		内　訳	金　額
繰越商品	A　品	135個 @¥2,000	270,000	
	B　品	180〃 〃〃500	90,000	360,000
売　掛　金	期末残高		350,000	
	貸倒引当金　売掛金残高の2％		7,000	343,000
備　　品	複写機　取得原価		200,000	
	減価償却額		36,000	164,000

完成問題

1． 下記の商品売買に関する資料にもとづいて，商品売買関係の勘定と損益勘定について，（　）のなかに必要な記入を行いなさい。ただし，

　　i　資料は取引発生順に示してある。
　　ii　売上原価は仕入勘定で計算し，払出単価の計算は先入先出法による。
　　iii　期末商品棚卸高の数量と単価は各自推定しなさい。
　　iv　当期中の仕入れと売り上げは便宜上全部まとめて記帳する。

〈資　料〉

期首商品棚卸高	数量	80個	単価	@¥1,200
第1回商品仕入高	〃	100〃	〃	〃〃1,500
第1回商品売上高	〃	130〃	〃	〃〃2,600
第2回商品仕入高	〃	190〃	〃	〃〃1,900
第2回商品売上高	〃	130〃	〃	〃〃2,800
期末商品棚卸高				

　　　　　繰　越　商　品
1/ 1 前期繰越（　　）｜12/31（　　）（　　）
12/31（　　）（　　）｜　〃　（　　）（　　）
　　　　　　　　　　　｜（　　）

　　　　　　売　　　上
12/31（　　）（　　）｜当期売上高（　　）

　　　　　　仕　　　入
当期仕入高（　　）｜12/31（　　）（　　）
12/31（　　）（　　）｜〃　損　益（　　）
　　　　　（　　）｜（　　）

　　　　　　損　　　益
12/31（　　）（　　）｜12/31（　　）（　　）

2．下記の資料にもとづいて，各勘定について，（　）のなかに必要な記入を行いなさい。なお，売上原価は仕入勘定で計算する。また，当期中の仕入れ，仕入値引，売り上げおよび売り上げ返品は，全部一括して記帳する。

〈資　料〉
1．期首商品棚卸高　　￥　180,000
2．総仕入高　　　　￥3,600,000
3．仕入値引高　　　￥　 90,000
4．総売上高　　　　￥4,500,000
5．売上返品高　　　￥　 60,000
6．期末商品棚卸高　￥　210,000

＊　第2例題(p.324)を記帳し，決算を行いなさい。　＊

第III編 取引の記帳と決算 II

簿記の基礎	I
取引の記帳と決算 I	II
取引の記帳と決算 II	**III**
帳簿と伝票	IV
取引の記帳と決算 III	V
本支店の会計	VI
複合仕訳帳制	VII
株式会社の記帳	発展

手形に関する取引，その他の債権・債務に関する取引，有価証券に関する取引などの記帳は，どのように行うのか。

第III編では，第II編に続いて，商品売買業で日常生じる取引の記帳と，貸し倒れの見積もり・減価償却などについてやや進んだ決算整理および費用・収益の繰り延べと見越しを含んだ決算手続きとその記帳を学習しよう。

> 会計は貪欲(どんよく)な金もうけの手段ではなく，
> 社会の繁栄をもたらすものである。
>
> リトルトン〔アメリカの会計学者〕

第13章 手形取引の記帳

商品の代金決済に手形が用いられる場合，どのような勘定に記入し，どのように処理するのか。

ここでは，約束手形・為替手形の記帳，手形の裏書・割引，受取手形記入帳・支払手形記入帳について学習しよう。

キーワード　約束手形　為替手形　手形の裏書　手形の割引　[検索]

1　手形の種類

商品の仕入代金を支払ったり，売上代金を回収するための手段として，現金や小切手などのほかに，手形が用いられる。手形には**約束手形**と**為替手形**がある。❶

約束手形は，手形の振出人が名あて人に対して，一定の期日に一定の金額（手形金額または手形代金）を支払うことを約束する証券である。

為替手形は，手形の振出人が名あて人❷に対して，一定の期日に手形金額を受取人に支払うことを依頼する証券である。

❶約束手形のことを約手，為替手形のことを為手と略称する。（巻末の手形見本を参照）

❷手形金額欄の上に書かれている人が，名あて人である。
約束手形の場合，名あて人は手形金額の受取人であるが，為替手形の場合，手形金額の支払人になる。

❸満期日ということもある。

2　約束手形の記帳

約束手形を振り出したとき，振出人には，期日に手形金額を支払う義務（**手形債務**）が発生し，約束手形を受け取ったとき，名あて人には，期日に手形金額を受け取る権利（**手形債権**）が発生する。

簿記では，手形取引による手形債権の発生とその消滅を**受取手形勘定**（資産の勘定）に記入し，手形債務の発生とその消滅を**支払手形勘定**（負債の勘定）に記入する。

約束手形の記帳は，次のように行う。

受取手形		
手形債権の発生 ①約束手形の受け取り	手形債権の消滅 ②手形金額の受け取り	
	}手形債権の現在高	

▶**約束手形の名あて人（受取人）**◀

① 約束手形を受け取ったとき，手形債権が発生するから，受取手形勘定の借方に記入する。

② 期日に，手形金額を受け取ったときなどは，手形債権が消滅するから，受取手形勘定の貸

方に記入する。

▶約束手形の振出人（支払人）◀

① 約束手形を振り出したとき，手形債務が発生するから，支払手形勘定の貸方に記入する。

② 期日に，手形金額を支払ったとき，手形債務が消滅するから，支払手形勘定の借方に記入する。❶

支払手形	
手形債務の消滅 ②手形金額の支払い	手形債務の発生 ①約束手形の振り出し
手形債務の現在高	

❶当店が振り出した手形を売掛金の回収などによって，受け取ったときも，**支払手形勘定**の借方に記入する。

例 1

11月1日　高松商店は，岡山商店に商品￥180,000を売り渡し，代金は，同店振り出し，当店あての約束手形＃5￥180,000（振出日11月1日，支払期日12月10日，支払場所❷　全日本銀行京橋支店）で受け取った。

❷金融機関を支払場所とするのが一般的である。

図解及び解答

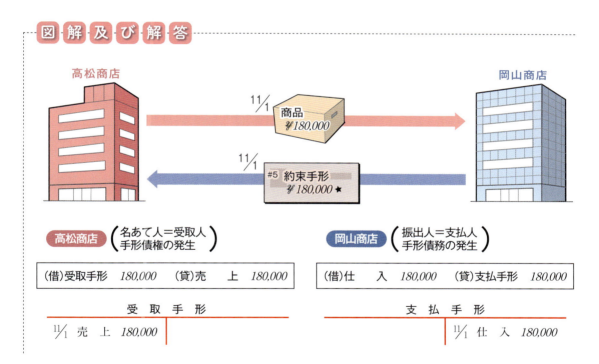

名あて人（例1の高松商店）は，ふつう満期日の2〜3日前に取引銀行に手形代金の取り立てを依頼する。

❶受取人が手形金額を受け取るために，振出人に手形を見せることを呈示という。実際は，取引銀行に手形の取り立てを依頼することが多く，取引銀行が手形交換所に手形を呈示することにより，振出人に呈示したことと同じ効力をもつ。

12月10日　高松商店は，取り立てを依頼していた岡山商店振り出しの約束手形♯5 ¥180,000が，期日に当座預金に入金されたむね，取引銀行から通知を受けた。

図解及び解答

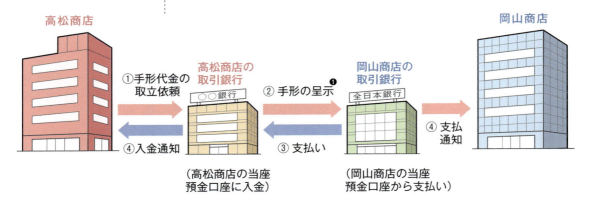

例1と例2における約束手形は，次のように記載されている。

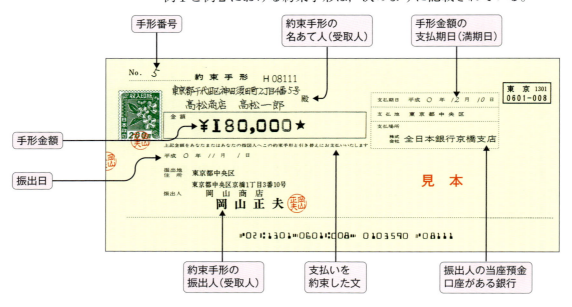

3 為替手形の記帳

為替手形を振り出すとき，振出人は，ふつう，名あて人（支払人）に対して手形金額の支払いについて承諾を求める。これを**引き受けの呈示**という。名あて人には，これを引き受けたときに手形債務が発生し，受取人は，手形を受け取ったときに手形債権が発生する。

なお，この場合，振出人にとっては手形債権も手形債務も生じないが，名あて人が引き受けを承諾することによって，名あて人に対する売掛金などの債権が消滅する。

為替手形の記帳は，次のように行う。

▶**為替手形の受取人**◀

① 為替手形を受け取ったとき，手形債権が発生するから，受取手形勘定の借方に記入する。

② 期日に，手形金額を受け取ったときなどは，手形債権が消滅するから，受取手形勘定の貸方に記入する。

受取手形	
手形債権の発生 ①為替手形の受け取り	手形債権の消滅 ②手形金額の受け取り
	手形債権の現在高

▶**為替手形の名あて人（支払人）**◀

① 為替手形の引き受けをしたとき，手形債務が発生するから，支払手形勘定の貸方に記入する。

② 手形金額を支払ったとき，手形債務が消滅するから，支払手形勘定の借方に記入する。

支払手形	
手形債務の消滅 ②手形金額の支払い	手形債務の発生 ①為替手形の引き受け
手形債務の現在高	

▶**為替手形の振出人**◀

為替手形を振り出したとき，手形債権も手形債務も生じないので，受取手形勘定や支払手形勘定には記入しない。しかし，名あて人に対する売掛金などの債権が消滅する。

例 3

11月2日 岡山商店は，広島商店から商品 ¥250,000 を仕入れ，その代金の支払いのために，売掛金のある得意先松山商店あての為替手形#2 ¥250,000（振出日11月2日，支払期日12月12日，支払場所　新日本銀行新宿支店）を振り出し，松山商店の引き受けを得て，広島商店に渡した。

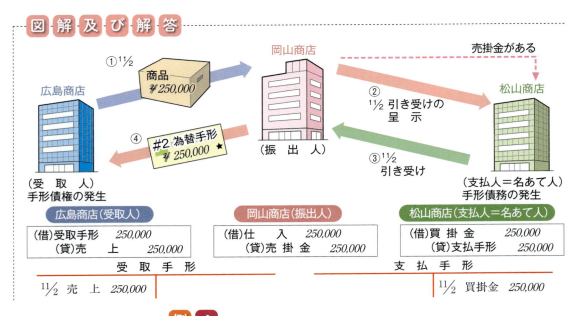

例 4

12月12日 広島商店は，かねて取り立てを依頼していた岡山商店振り出しの為替手形#2 ¥250,000 が期日に当座預金に入金したむね，取引銀行から通知を受けた。

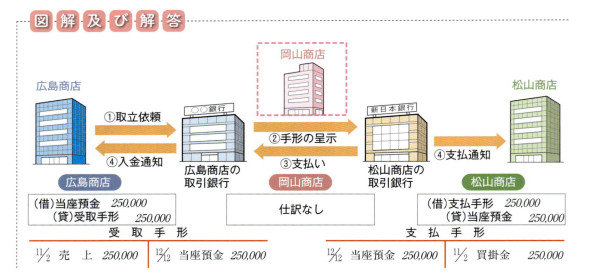

例3と例4における為替手形は，次のように記載されている。

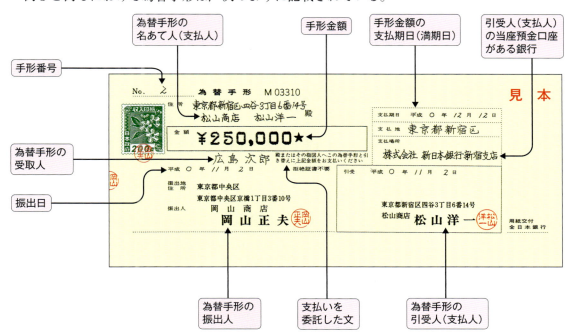

Self check 為替手形を振り出すには，名あて人に対して債権が必要！

　為替手形の振り出しには名あて人の引き受けが必要なため，振出人は名あて人に対して売掛金などの債権があり，名あて人は振出人に対して買掛金などの債務があるのがふつうである。

　例3の場合，振出人(岡山商店)と，名あて人(松山商店)との間で過去に次のように商品売買取引があり，振出人には売掛金が，名あて人には買掛金があることが前提となっている。

　名あて人は，買掛金などの債務をなくすことを条件に為替手形を引き受け，振出人は売掛金などの債権をなくすことを条件に(為替)手形の引き受けを得て為替手形を振り出すことができる。

4 手形の裏書と割引

約束手形や為替手形の所持人は，その手形を支払期日前に，商品代金の支払いなどのために，他人に譲り渡すことができる。この場合，手形の裏面に必要な事項を記入し，署名または記名・押印をする。これを**手形の裏書譲渡**という。

この手形の裏書をした人を**裏書人**といい，裏書された手形を受け取る人を**被裏書人**という。

手形の裏書譲渡は，相手方へ手形を売却したことになり，手形債権が移転するので，その手形金額を受取手形勘定の貸方に記入する。

一方，手形を裏書譲渡により譲り受けた被裏書人には，手形債権が発生するから，その手形金額を受取手形勘定の借方に記入する。

例 5

11月23日　岡山商店は，山口商店から商品 ¥160,000 を仕入れ，代金のうち ¥140,000 については，さきに商品売り渡しの日に受け取った，島根商店振り出しの約束手形 #19 ¥140,000（振出日11月19日，支払期日12月20日，支払場所　新日本銀行米子支店）を裏書譲渡し，残額は掛けとした。

図解及び解答

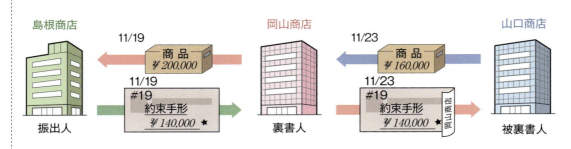

例5における約束手形#19の裏面は，次のように記載されている。

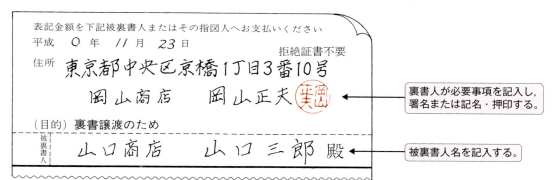

　手形の所持人は，営業に必要な資金を調達するために，支払期日前に，その手形を取引銀行などに裏書譲渡することがある。これを**手形の割引**という。この場合，割り引いた日から支払期日までの利息などに相当する割引料を差し引いた残額を，手取金として当座預金勘定の借方に記入する。手形の割引も相手方へ手形を売却したことになり，手取金と手形金額との差額は**手形売却損勘定**（費用の勘定）の借方に記入する。なお手形を割り引いたときは，手形債権が消滅するから，受取手形勘定の貸方に記入する。

例 6

11月26日　岡山商店は，さきに商品の売上代金として受け取った，福山商店振り出しの約束手形#11 ¥200,000（振出日11月15日，支払期日12月25日，支払場所　瀬戸銀行倉敷支店）を取引銀行で割り引き，割引料などを差し引かれ，手取金¥198,800は当座預金に預け入れた。

❶割引料の計算式
　　手形金額×割引率
　　× 割引日数／365日

割引日数は，割引日から支払期日までの日数であり，割引日も支払期日も日数に加算する。

❷銀行が決めた割引率を7.3%とするとき，
¥200,000×7.3%
× 30日／365日 ＝¥1,200

¥200,000−¥1,200
＝¥198,800

図解及び解答

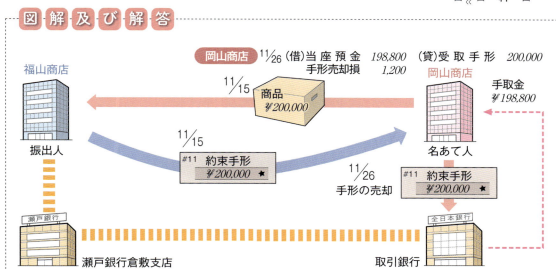

4. 手形の裏書と割引　133

なお，受取手形は，不渡りとなって回収不能になることもあるので，売掛金と同様に，期末に貸倒引当金を見積もる。

➡P.229

これまで学んだ手形取引について，受取手形勘定と支払手形勘定の記入方法をまとめて示すと，次のようになる。

受取手形		支払手形	
手形債権の発生	手形債権の消滅	手形債務の消滅	手形債務の発生
・約束手形の受け取り ・為替手形の受け取り	・手形金額の受け取り ・手形の裏書譲渡 ・手形の割引	・手形金額の支払い	・約束手形の振り出し ・為替手形の引き受け
	手形債権の現在高	手形債務の現在高	

トリビア　利息計算における日数の数え方

日数の数え方には次の3とおりがある。
① **両端入れ**：借入日と返済日の両方を日数計算に含める方法。
② **片落し**：借入日を日数計算から除く方法。
③ **両落し**：借入日と返済日の両方を日数計算から除く方法。

```
4/1       何日？      4/25
 ○───────────────○
借入日              返済日
```

①両端入れ：4/1〜4/25（25日）
②片落し：4/2〜4/25（24日）
③両落し：4/2〜4/24（23日）

5　受取手形記入帳と支払手形記入帳

手形債権と手形債務の発生・消滅についての明細を記録するために，補助簿として**受取手形記入帳**と**支払手形記入帳**が用いられる。

次に，岡山商店の受取手形記入帳と支払手形記入帳の記入例を示す。

受取手形記入帳

平成○年		摘 要	金 額	手形種類	手形番号	支払人	振出人または裏書人	振出日		支払期日		支払場所	てん末			
													月	日	摘	要
11	1	売 り 上 げ	160,000	為手	3	津山商店	井原商店	11	1	11	30	大山銀行	11	30	入	金
	15	売 り 上 げ	200,000	約手	11	福山商店	福山商店	11	15	12	25	瀬戸銀行	11	26	割	引
	19	売 り 上 げ	140,000	約手	19	島根商店	島根商店	11	19	12	20	新日本銀行	11	23	裏書譲渡	

①手形債権の発生　　　　②手形債権の消滅

注．①の欄には，手形債権が発生したときに記入する。仕訳では，借方が受取手形の場合である。
　　②の欄には，手形債権が消滅したときに記入する。仕訳では，貸方が受取手形の場合である。

受 取 手 形
11/1 売　上 160,000 | 11/23 仕　入 140,000
　15 売　上 200,000 |　 26 諸　口 200,000
　19 売　上 140,000 |　 30 当座預金 160,000

支 払 手 形
12/10 当座預金 180,000 | 11/1 仕　入 180,000
　　　　　　　　　　　　|　 18 買掛金 150,000

支払手形記入帳

平成○年		摘 要	金 額	手形種類	手形番号	受取人	振出人	振出日		支払期日		支払場所	てん末			
													月	日	摘	要
11	1	仕 入 れ	180,000	約手	5	高松商店	当　店	11	1	12	10	全日本銀行	12	10	支払い	
	18	買掛金支払い	150,000	為手	4	下関商店	三原商店	11	18	12	18	〃				

③手形債務の発生　　　　④手形債務の消滅

注．③の欄には，手形債務が発生したときに記入する。仕訳では，貸方が支払手形の場合である。
　　④の欄には，手形債務が消滅したときに記入する。仕訳では，借方が支払手形の場合である。

第13章　重要仕訳

第13章で学んだ取引を確認しよう。

- ☐ 1．商品を売り渡し，A商店振り出しの約束手形で受け取った。
  - （借）　受取手形　×××　　（貸）　売　　　上　×××
- ☐ 2．商品を売り渡し，B商店振り出しの為替手形で受け取った。
  - （借）　受取手形　×××　　（貸）　売　　　上　×××
- ☐ 3．商品を仕入れ，約束手形を振り出して支払った。
  - （借）　仕　　　入　×××　　（貸）　支払手形　×××
- ☐ 4．仕入先C商店振り出しの為替手形を引き受けた。
  - （借）　買　掛　金　×××　　（貸）　支払手形　×××
- ☐ 5．商品を仕入れ，為替手形を振り出して支払った。
  - （借）　仕　　　入　×××　　（貸）　売　掛　金　×××
- ☐ 6．D商店振り出しの約束手形（または為替手形）の代金が，当座預金口座に入金された。
  - （借）　当座預金　×××　　（貸）　受取手形　×××
- ☐ 7．当店が振り出した約束手形の代金が，当座預金口座から支払われた。
  - （借）　支払手形　×××　　（貸）　当座預金　×××
- ☐ 8．商品を仕入れ，E商店振り出しの約束手形（または為替手形）を裏書譲渡した。
  - （借）　仕　　　入　×××　　（貸）　受取手形　×××
- ☐ 9．F商店振り出しの約束手形（または為替手形）を，取引銀行で割り引き，割引料を差し引かれた手取金は当座預金に預け入れた。
  - （借）　当座預金　×××　　（貸）　受取手形　×××
  - 　　　　手形売却損　×××

確認問題

次の一連の取引の仕訳を示し，受取手形勘定と支払手形勘定に転記し，受取手形記入帳と支払手形記入帳に記入しなさい。

10月5日　小松島商店に対する売掛金￥200,000を，同店振り出し，坂出商店あて（引き受け済み）の為替手形＃3（振出日10月5日，支払期日11月10日，支払場所　愛媛中央銀行伊予支店）で受け取った。

　　7日　安芸商店から商品￥330,000を仕入れ，代金は同店あての約束手形＃11（振出日10月7日，支払期日11月7日，支払場所　高知中央銀行土佐支店）を振り出して支払った。

10月8日　阿波商店から商品¥280,000を仕入れ，代金のうち¥200,000は小松島商店から受け取った為替手形#3を裏書譲渡し，残額は掛けとした。

13日　南国商店に対する買掛金¥150,000を支払うため，同店振り出し，今治商店受け取りの為替手形#26（振出日10月13日，支払期日12月13日，支払場所　高知中央銀行土佐支店）を呈示され，引き受けをした。

15日　中村商店に商品¥260,000を売り渡し，代金は室戸商店振り出し，中村商店受け取りの約束手形#21（振出日10月2日，支払期日11月10日，支払場所　徳島中央銀行本店）を裏書き譲り受けた。

16日　中村商店から受け取った上記の約束手形#21　¥260,000を取引銀行で割り引き，割引料などを差し引かれ，手取金¥258,050は当座預金に預け入れた。

11月7日　安芸商店あてに振り出した約束手形#11　¥330,000が期日になり，当店の当座預金から支払われたむね，取引銀行から通知を受けた。

完成問題

1．次の取引の仕訳を示しなさい。

（1）得意先倉敷商店に商品¥480,000を売り上げ，¥200,000は丸亀商店が振り出した約束手形の裏書譲渡を受け，残額は掛けとした。

（2）仕入先徳島商店から¥60,000の為替手形の引き受けを求められたので，これに記名・押印して同店に渡した。なお，当店はこの仕入先に対して¥100,000の商品代金の未払いがある。

（3）商品¥90,000を仕入れ，代金のうち¥50,000については，売掛金のある得意先を名あて人とする為替手形を振り出し，得意先の引き受けを得て渡し，残額は掛けとした。

（4）広島商店から商品¥200,000を仕入れ，代金のうち¥160,000については得意先安芸商店振り出し，香川商店あての為替手形を裏書譲渡し，残額については，かねてより売掛金のある得意先小松島商店あての為替手形を同店の引き受けを得て振り出した。

（5）以前に売上代金の一部として受け取っていた得意先振り出しの約束手形¥150,000を取引銀行で割り引き，割引料¥3,000を差し引かれた手取金は当座預金とした。

(6) 得意先阿波商店振り出し，松山商店引き受けの為替手形¥400,000について，銀行で割り引き，割引料¥7,000を控除した残額は，当座預金とした。

(7) 室戸商店から商品¥370,000を仕入れ，代金のうち¥120,000については，中村商店振り出し，香川商店あて（引受済）の為替手形を裏書譲渡し，残額については小切手を振り出して支払った。なお，当座預金残高は¥160,000であったが，取引銀行と当座借越契約（借越限度額¥500,000）を結んである。

(8) 仕入先鳴門商店にかねて注文しておいた商品¥510,000を引き取った。代金のうち¥280,000については鳴門商店振り出し，阿南商店受け取り，当店あての為替手形を呈示されたのでそれを引き受け，残額については鳴門商店あての約束手形を振り出して支払った。

2．次の帳簿の名称を答えなさい。また，帳簿に記入されている取引の仕訳を示しなさい。なお，2月9日は，商品¥600,000の仕入れを行い，代金の不足額は小切手を振り出して支払っている。

（　　　　　　　）記入帳

平成○年		摘要	金額	手形種類	手形番号	支払人	振出人または裏書人	振出日	支払期日	支払場所	てん末	
											月日	摘要
1	5	売掛金回収	240,000	為手	1	西条商店	宇治商店	1 5	2 5	宇和島銀行	2 5	取　立
	9	商品売上	350,000	約手	3	天理商店	天理商店	1 9	3 9	生駒銀行	2 9	裏書譲渡

3．次の帳簿の名称を答えなさい。また，帳簿に記入されている取引の仕訳を示しなさい。

（　　　　　　　）記入帳

平成○年		摘要	金額	手形種類	手形番号	受取人	振出人	振出日	支払期日	支払場所	てん末	
											月日	摘要
11	3	仕入	420,000	約手	31	下関商店	当店	11 3	11 30	下関銀行	11 30	当座預金口座より引落
	10	買掛金	200,000	為手	12	岩国商店	宇部商店	11 10	12 20	東海銀行		
12	5	仕入	350,000	約手	32	周南商店	当店	12 5	12 30	下関銀行		

第14章 有価証券の記帳

企業が売買目的で買い入れた株式や社債などの有価証券は，どのように記帳されるのか。
ここでは，売買を目的とした有価証券の買い入れ，売却の記帳について学習しよう。

キーワード： 株式　社債　有価証券　［検索］

1 有価証券の意味

企業は資金の余裕があるとき，時価❶の値上がりを期待し，いつでも売却できる有価証券を買い入れて保有することがある。

有価証券には，次のようなものがある。

❶市場価格などをいう。

株　式	株式会社が資本を調達するために発行するものをいう。株式を保有することによって，配当金を受け取ることができる。
社　債	株式会社が長期のあいだ資金を借りるために発行するものをいう。社債を保有することによって，定期的に利息を受け取ることができる。
公　債	国または地方公共団体が，財政上の収入を補うために発行する国債と地方債をいう。公債を保有することによって，定期的に利息を受け取ることができる。

2 有価証券の取得

時価の変動により利益を得ることを目的として保有する有価証券を売買目的有価証券という。これを取得したときは，買入価額に手数料などを加えた取得原価で**有価証券勘定**❷（資産の勘定）の借方に記入する。

❷売買目的有価証券勘定を用いることもある。

　取得原価　＝　買入価額　＋　手数料　など

有　価　証　券	
取　得　原　価 （買入手数料 を含む）	売却時の帳簿価額
	｝残高

買入価額の計算

- 株　式　　買入価額＝1株の買入価額×買入株式数

- 社　債
国　債　　買入価額＝額面金額×$\dfrac{買入単価}{￥100}$

例 1

1. 売買目的で和歌山商事株式会社の株式10株を1株につき￥65,000で買い入れ，代金は買入手数料￥2,000とともに小切手を振り出して支払った。

2. 売買目的で額面￥1,000,000の社債を額面￥100につき￥98.50で買い入れ，代金は買入手数料￥3,000とともに小切手を振り出して支払った。❶

仕 訳

1. （借）有　価　証　券　652,000　（貸）当　座　預　金　652,000

    ￥65,000×10（株）＝￥650,000　　￥650,000＋￥2,000＝￥652,000（買入手数料）

    ￥652,000÷10（株）＝￥65,200（1株の帳簿価額）❷

2. （借）有　価　証　券　988,000　（貸）当　座　預　金　988,000

    ￥1,000,000×$\dfrac{￥98.50}{￥100}$＝￥985,000　　￥985,000＋￥3,000＝￥988,000（買入手数料）

なお，ふつう社債や国債の額面単価は￥100であり，これを1口と呼ぶ。また額面金額を額面単価で割ったものを口数という。

$$\dfrac{￥1,000,000}{￥100}=10,000口$$

$$\dfrac{￥988,000}{10,000（口）}=￥98.80（1口当たりの帳簿価額）$$

❶国債や社債などの債券の売買価額は，額面￥100当たりの金額で示される。また＠を使って示す場合もあり，たとえば，額面￥100につき￥98.50は＠￥98.50となる。

❷買入手数料の分だけ1株あたりの帳簿価額が増加する。

3　有価証券の売却

　売買目的で保有する有価証券を売却したときは，有価証券勘定の貸方に帳簿価額❸で記入し，売却価額が帳簿価額より高い場合には，その差額を**有価証券売却益勘定**（収益の勘定）の貸方に記入する。反対に，売却価額が低い場合には，その差額を**有価証券売却損勘定**（費用の勘定）の借方に記入する。

❸帳簿価額は，帳簿に記入されている金額のことであり，ふつう，取得原価が帳簿価額になる。

しかし，決算時に評価替え（p.170参照）をしたときはその評価額が帳簿価額となる。

1. 例1の1.で買い入れた株式10株を1株につき¥57,000で売却し，代金は小切手で受け取り，ただちに当座預金に預け入れた。
2. 例1の2.で買い入れた額面¥1,000,000の社債を額面¥100につき¥99で売却し，代金は現金で受け取った。

仕 訳

1. （借）当 座 預 金 570,000　（貸）有 価 証 券 652,000
　　　 有価証券売却損 82,000

　　　帳簿価額　¥65,200×10（株）＝¥652,000
　　　売却価額　¥57,000×10（株）＝¥570,000
　　　売 却 損　（¥57,000－¥65,200）×10（株）＝－¥82,000

2. （借）現　　　　　金 990,000　（貸）有 価 証 券 988,000
　　　　　　　　　　　　　　　　　　　有価証券売却益 2,000

　　$¥1,000,000 \times \dfrac{¥99}{¥100} - (¥1,000,000 \times \dfrac{¥98.50}{¥100} + ¥3,000) = ¥2,000$
　　又は（¥99－¥98.80）×10,000口＝¥2,000

Let's Try　配当金・有価証券利息の受け取り

◎株式を保有している場合

　株式を保有していると，配当金を受け取ることができる。配当金は，発行会社から送られてくる配当金領収証（巻頭7参照）を金融機関に持参して受領する。なお，配当金領収証はすぐに現金化が可能なため，簿記では現金として取り扱う。これを受け取ったときは現金勘定の借方と**受取配当金勘定**（収益の勘定）の貸方に記入する。

　［例］　B株式会社から配当金領収証¥10,000を受け取った。
　〈仕 訳〉（借）現　　　金 10,000　（貸）受取配当金 10,000

◎社債や公債を保有している場合

　社債や公債を保有していると，定期的（年2回が多い）に利息を受け取ることができる。社債（p.313参照）や公債には，利札と呼ばれる利息引換券が債券本体に付いており，そこには支払額と利息の支払日が記載されている。利息はこの利札と引き換えに支払われる。利息の支払日が到来したときには，利息の現金による受領として，現金勘定の借方と**有価証券利息勘定**（収益の勘定）の貸方に記入する。

　［例］　保有するC社社債における半年分の利息¥3,500の支払期日が到来した。
　〈仕 訳〉（借）現　　　金 3,500　（貸）有価証券利息 3,500

第14章 重要仕訳

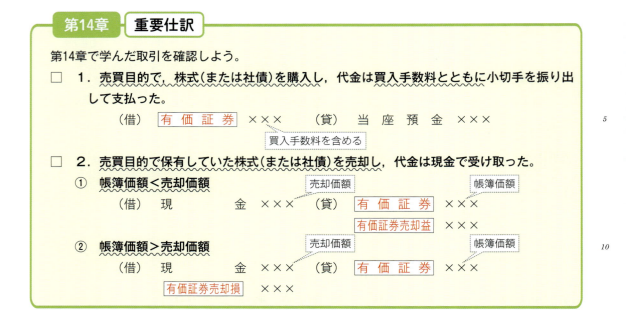

確認問題

次の取引の仕訳を示しなさい。ただし，株式と社債については，いずれも売買目的で取得したものである。

(1) 新宮工業株式会社の株式10株を1株につき¥80,000で購入し，代金は買入手数料¥9,600とともに，小切手を振り出して支払った。

(2) 桜井商事株式会社の社債（額面¥600,000）を額面¥100につき¥97で買い入れ，買入手数料¥5,800とともに小切手を振り出して支払った。

(3) さきに1株につき¥90,000で購入した有田建設株式会社の株式10株を1株につき¥85,000で売却し，代金は小切手で受け取った。

(4) さきに額面¥100につき¥98で買い入れた額面¥3,000,000の社債のうち，額面¥1,000,000を額面¥100につき¥99.50で売却し，代金は小切手で受け取った。

完成問題

次の取引の仕訳を示しなさい。

(1) 売買を目的として，他社が発行する株式2,000株を１株当たり¥50で買い入れ，代金は証券会社に対する売買手数料¥2,000とともに小切手を振り出して支払った。

(2) 売買を目的として額面¥1,000,000の田辺株式会社の社債を額面¥100につき¥97.50で購入し，代金は購入手数料¥3,000とともに小切手を振り出して支払った。なお，当座預金の残高は¥650,000であるが，借越限度額¥900,000の当座借越契約を結んでいる。

(3) 当期首に売買目的のために１株¥550で購入した橋本産業株式会社の株式4,000株のうち3,000株を１株¥510で売却し，代金は当座預金口座に振り込まれた。

(4) 当期に売買目的で額面¥100につき¥94.50で買い入れた彦根株式会社の社債のうち，額面総額¥7,000,000を額面¥100につき¥96で売却し，代金は当座預金口座に振り込まれた。

(5) 当期中に売買目的で取得した大津株式会社の株式3,000株（１株当たり購入単価：¥760，その他に購入時に証券会社へ支払った手数料は総額で¥15,000）のうち，1,000株を１株につき¥764で売却し，代金は当座預金口座に振り込まれた。

第15章 その他の債権・債務の記帳

　企業の取引で発生する債権・債務には，売掛金・買掛金，受取手形・支払手形のほかに，どのようなものがあり，どのように記帳するのか。

　ここでは，貸付金・借入金，前払金・前受金，未収金・未払金，立替金・預り金，仮払金・仮受金，商品券・他店商品券の記帳法を学習しよう。

キーワード： 貸付金　借入金　前払金　前受金　未収金　立替金……

1　貸付金・借入金

　取引先などに対して借用証書(しゃくようしょうしょ)により金銭を貸し付けたときは，**貸付金勘定**(資産の勘定)の借方に記入し，その返済を受けたときは，貸方に記入する。

　反対に，銀行などから借用証書により金銭を借り入れたときは，**借入金勘定**(負債の勘定)の貸方に記入し，返済したときは，借方に記入する。

1. 宇部商店は，山口商店に現金¥300,000を貸し付け，借用証書を受け取った。
2. 宇部商店は，山口商店から貸付金¥300,000の返済を受け，利息¥2,000とともに現金で受け取った。

2 手形貸付金・手形借入金

金銭の貸し借りにあたって，借用証書のかわりに約束手形が振り出されることがある。❶このような場合には，この手形は商品代金の決済のために振り出されるものではないから，受取手形勘定や支払手形勘定には記入しないで，**手形貸付金勘定**（資産の勘定）または**手形借入金勘定**（負債の勘定）に記入する。

❶このような目的で振り出される手形を**金融手形**という。

例 2

1. 呉商店は，約束手形を振り出して玉野商店から¥250,000を借り入れ，利息¥20,000を差し引かれ，手取金は玉野商店振り出しの小切手で受け取り，ただちに当座預金とした。
2. 呉商店は，玉野商店に対する手形借入金¥250,000の返済を行い，現金で支払った。

図解及び解答

玉野商店（貸し手側）
1. （借）手形貸付金 250,000 （貸）当 座 預 金 230,000
　　　　　　　　　　　　　　　　受 取 利 息 20,000
2. （借）現　　　　金 250,000 （貸）手形貸付金 250,000

呉商店（借り手側）
1. （借）当 座 預 金 230,000 （貸）手形借入金 250,000
　　　支 払 利 息 20,000
2. （借）手形借入金 250,000 （貸）現　　　　金 250,000

3 前払金・前受金

商品を仕入れるにあたり，商品代金の一部を仕入先に前払いすることがある。❷この場合には，**前払金勘定**❸❹（資産の勘定）の借方に記入し，実際に商品を仕入れたときは貸方に記入する。

これに対し，商品の売り上げにあたり，前もって代金の一部を受け取ったときは**前受金勘定**❹（負債の勘定）の貸方に記入し，実際に商品を売り渡したときは借方に記入する。

❷これを**内金**という。
❸**前渡金勘定**を用いることもある。
❹これらがとくに手付金としての性格をもつ場合は，**受取手付金勘定**（負債の勘定），**支払手付金勘定**（資産の勘定）に記入することもある。

例 3

12月1日　有田商店は，奈良商店に商品¥240,000を注文し，内金として¥80,000の小切手を振り出して支払った。奈良商店は，この小切手を受け取った。

20日　有田商店は，奈良商店から上記の商品¥240,000を仕入れ，内金を差し引き，残額は掛けとした。

図解及び解答

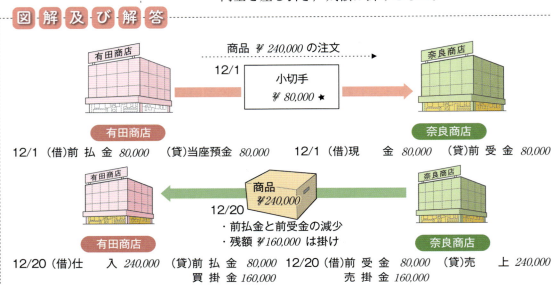

12/1　（借）前 払 金　80,000　（貸）当座預金　80,000　　12/1　（借）現　　金　80,000　（貸）前 受 金　80,000

12/20　（借）仕　　入　240,000　（貸）前 払 金　80,000　　12/20　（借）前 受 金　80,000　（貸）売　　上　240,000
　　　　　　　　　　　　　　　　　　買 掛 金　160,000　　　　　　　　　売 掛 金　160,000

4　未収金・未払金

不用品の売却や備品・消耗品の買い入れなどのように，商品売買取引以外の取引によって生じた一時的な債権・債務は，それぞれ**未収金勘定**[❶]（資産の勘定）・**未払金勘定**（負債の勘定）で処理する。

なお，すでに学んだように，商品売買取引による債権の未収額は，売掛金勘定で処理し，商品売買取引による債務の未払額は，買掛金勘定で処理する。

❶未収入金勘定ともいう。

代金の未収額・未払額には注意しましょう。

代金の未収額・未払額	
商品売買の取引	売 掛 金
	買 掛 金
それ以外の取引	未 収 金
	未 払 金

例 4

1．雑誌などの不用品を売却し，代金¥3,000は月末に受け取ることにした。

2．営業用の金庫を買い入れ，代金¥220,000は月末に支払うことにした。

3．営業用自動車を買い入れ，代金¥2,000,000のうち¥800,000は小切手を振り出し，残額は，来月から毎月¥200,000ずつの分割払いとした。

仕訳

1.	(借)	未 収 金	3,000	(貸)	雑　　　益	3,000	
2.	(借)	備　　　品	220,000	(貸)	未 払 金	220,000	
3.	(借)	車両運搬具	2,000,000	(貸)	当 座 預 金	800,000	
					未 払 金	1,200,000	

5 立替金・預り金

　取引先などに対し，一時的に金銭を立て替えて支払ったときは，**立替金勘定**(資産の勘定)の借方に記入する。また，一時的に金銭を預かったときは，**預り金勘定**(負債の勘定)の貸方に記入する。

　立替金や預り金のうち，従業員に対するものは，取引先などに対するものと区別するため，**従業員立替金勘定**(資産の勘定)，**従業員預り金勘定**(負債の勘定)を用いる。

　従業員の給料に対して課税される所得税は，給料を支払うときに差し引き❶，その金額を**所得税預り金勘定**(負債の勘定)の貸方に記入する。❷後日，この金額を税務署に納付したとき，所得税預り金勘定の借方に記入する。

❶これを所得税の**源泉徴収**という。
❷従業員に給料を支払うときには，所得税のほかに健康保険料などの従業員負担分も差し引く。この金額は**社会保険料預り金勘定**(負債の勘定)で処理する。

例 5

1. 従業員の家庭用品購入代金￥60,000を立て替えて，現金で支払った。
2. 本月分の従業員の給料￥780,000から，所得税の源泉徴収額￥40,000と，かねて立替払いをしていた従業員に対する立替金￥60,000を差し引いて，残額を現金で支払った。
3. 所得税の源泉徴収額￥40,000を税務署に現金で納付した。

解答

仕訳

1.	(借)	従業員立替金	60,000	(貸)	現　　　金	60,000	
2.	(借)	給　　　料	780,000	(貸)	所得税預り金	40,000	
					従業員立替金	60,000	
					現　　　金	680,000	
3.	(借)	所得税預り金	40,000	(貸)	現　　　金	40,000	

転記

従業員立替金		所得税預り金	
1. 現　金　60,000	2. 給　料　60,000	3. 現　金　40,000	2. 給　料　40,000

6 仮払金・仮受金

現金などの支出または収入があったが，その相手勘定科目または金額が確定していないときは，**仮払金勘定**(資産の勘定)または**仮受金勘定**(負債の勘定)を用いて一時的に処理しておく。後日，相手勘定科目または金額が確定したとき，その勘定に振り替える。

例 6

10月1日　従業員の出張にあたり，旅費の概算額¥50,000を現金で渡した。

　　5日　出張中の従業員から，当店の当座預金口座に¥200,000の振り込みがあったが，その内容は不明である。

　　8日　従業員が出張から帰り，上記の振り込みは長野商店に対する売掛金の回収であることがわかった。

　　9日　旅費を精算して，残額の現金¥8,200を受け取った。

解答

仕訳

10/1	(借)	仮　払　金	50,000	(貸)	現　　　　金	50,000
5	(借)	当座預金	200,000	(貸)	仮　受　金	200,000
8	(借)	仮　受　金	200,000	(貸)	売　掛　金	200,000
9	(借)	旅　　　費	41,800	(貸)	仮　払　金	50,000
		現　　　金	8,200			

転記

仮　払　金			
10/1 現　　金	50,000	10/9 諸　　口	50,000

仮　受　金			
10/8 売掛金	200,000	10/5 当座預金	200,000

7 商品券

百貨店・専門店などが商品券を発行したときは，これと引き換えにその金額に相当する商品を引き渡す債務が生ずるので**商品券勘定**(負債の勘定)の貸方に記入する。後日，商品券と引き換えに商品を売り渡したとき，商品券勘定の借方と売上勘定の貸方に記入する。

商　品　券	
商品の引き渡しによる債務の消滅	商品を引き渡す債務の発生

例 7

1. 商品券¥20,000を発行し，代金は現金で受け取った。
2. 商品¥30,000を売り渡し，代金のうち，¥20,000は当店発行の商品券，残額は現金で受け取った。

仕 訳

1. （借）現　　　　金　20,000　（貸）商 品 券　20,000
2. （借）商 品 券　20,000　（貸）売　　　　上　30,000
　　　　現　　　　金　10,000

8　他店商品券

他店が発行した商品券を受け取ったときは，その商品券に記載されている金額を請求する権利が発生するため，**他店商品券勘定**（資産の勘定）の借方に記入する。

他店商品券

商品券の金額を請求する権利の発生	商品券の金額回収による権利の消滅

例 8

1. 商品¥80,000を売り渡し，代金として他店発行の商品券を受け取った。
2. 当店保有の他店商品券¥80,000を精算し，現金で受け取った。

仕 訳

1. （借）他店商品券　80,000　（貸）売　　　　上　80,000
2. （借）現　　　　金　80,000　（貸）他店商品券　80,000

Self check　勘定科目を整理しよう

資 産 の 勘 定		負 債 の 勘 定	
□□貸　付　金	借用証書による貸付額	□□借　入　金	借用証書による借入額
□□手形貸付金	約束手形による貸付額	□□手形借入金	約束手形による借入額
□□前　払　金	仕入代金などの前払額	□□前　受　金	売上代金などの前受額
□□未　収　金	商品売買取引以外による未収額	□□未　払　金	商品売買取引以外による未払額
□□立　替　金	一時的な金銭の立替額	□□預　り　金	一時的な金銭の預かり額
□□仮　払　金	勘定科目・金額未確定の支出額	□□仮　受　金	勘定科目・金額未確定の入金額
□□他店商品券	他店商品券の受取額	□□商 品 券	商品券の発行額

第15章　重要仕訳

第15章で学んだ取引を確認しよう。

- ☐ 1. 借用証書により，現金を貸し付けた。
  - （借）貸付金　×××　（貸）現　　金　×××
- ☐ 2. 約束手形を受け取って，現金を貸し付けた。
  - （借）手形貸付金　×××　（貸）現　　金　×××
- ☐ 3. 借用証書により，現金を借り入れた。
  - （借）現　　金　×××　（貸）借入金　×××
- ☐ 4. 約束手形を振り出して，現金を借り入れた。
  - （借）現　　金　×××　（貸）手形借入金　×××
- ☐ 5. 商品を注文して，内金を現金で支払った。
  - （借）前払金　×××　（貸）現　　金　×××
- ☐ 6. 上記5の商品を仕入れ，内金を差し引き，残額は掛けとした。
  - （借）仕　　入　×××　（貸）前払金　×××
  - 　　　　　　　　　　　　　　買掛金　×××
- ☐ 7. 商品の注文を受け，内金を現金で受け取った。
  - （借）現　　金　×××　（貸）前受金　×××
- ☐ 8. 上記7の商品を売り渡し，内金を差し引き，残額は掛けとした。
  - （借）前受金　×××　（貸）売　　上　×××
  - 　　　売掛金　×××
- ☐ 9. 不用品を売却し，代金は月末に受け取ることにした。
  - （借）未収金　×××　（貸）雑　　益　×××
- ☐ 10. 備品を購入し，代金は月末に支払うことにした。
  - （借）備　　品　×××　（貸）未払金　×××
- ☐ 11. 従業員の交通費を立て替えて，現金で支払った。
  - （借）従業員立替金　×××　（貸）現　　金　×××
- ☐ 12. 従業員の給料から所得税の源泉徴収額を差し引いて，現金で支払った。
  - （借）給　　料　×××　（貸）所得税預り金　×××
  - 　　　　　　　　　　　　　　現　　金　×××
- ☐ 13. 旅費の概算額を現金で支払った。
  - （借）仮払金　×××　（貸）現　　金　×××
- ☐ 14. 旅費を精算して，残額は現金で受け取った。
  - （借）旅　　費　×××　（貸）仮払金　×××
  - 　　　現　　金　×××
- ☐ 15. 当座預金口座に内容不明の入金があった。
  - （借）当座預金　×××　（貸）仮受金　×××
- ☐ 16. 上記15の入金は売掛金の回収であることが判明した。
  - （借）仮受金　×××　（貸）売掛金　×××

- 17. 商品券を発行し，代金は現金で受け取った。
  （借）現　　　　金　×××　（貸）商　品　券　×××
- 18. 商品を売り渡し，代金として当店発行の商品券で受け取った。
  （借）商　品　券　×××　（貸）売　　　　上　×××
- 19. 商品を売り渡し，代金として他店発行の商品券で受け取った。
  （借）他店商品券　×××　（貸）売　　　　上　×××
- 20. 当店保有の他店発行の商品券を精算し，現金で受け取った。
  （借）現　　　　金　×××　（貸）他店商品券　×××

次の取引の仕訳を示しなさい。

(1) 豊岡商店に小切手を振り出して¥200,000を貸し付け，借用証書を受け取った。

(2) かねて鳥取商店へ約束手形を振り出して¥300,000を借り入れていたが，期日に利息¥7,000とともに現金で返済した。

(3) 倉吉商店から商品¥300,000の注文を受け，内金として¥60,000を同店振り出しの小切手で受け取った。

(4) 島根商店から，さきに注文してあった商品¥250,000を仕入れ，代金はすでに支払ってある内金¥80,000を差し引き，残額は掛けとした。

(5) 得意先丹波商店に対し，さきに注文のあった商品¥230,000を本日引き渡した。代金は内金¥50,000を差し引き，¥100,000は同店振り出しの約束手形で受け取り，残額は月末に受け取ることにした。

(6) 営業用の小型トラック1台¥780,000を買い入れ，代金のうち¥500,000は小切手を振り出して支払い，残額は来月末に支払うことにした。

(7) 本月分の給料¥280,000から，所得税の源泉徴収額¥12,000と，従業員に対する立替金¥10,000を差し引いて，残額を現金で支払った。

(8) かねて源泉徴収した従業員の所得税¥350,000を，税務署に現金で納付した。

(9) 商品¥6,500を売り渡し，代金のうち¥5,000は当店発行の商品券，残額は現金で受け取った。

次の取引の仕訳を示しなさい。

(1) 前月末に得意先より¥300,000が当座預金に振り込まれ，その内容が不明であったため仮受金として処理していたが，本日得意先から連絡が入り，その内訳が売掛金の回収額¥250,000と注文を受けた商品¥500,000に対する内金¥50,000であることが判明した。

(2) 商品¥120,000を売り渡し，代金のうち¥80,000は，当店と連盟している中村商店の商品券で受け取り，残額は当店発行の商品券で受け取った。

(3) 約束手形を振り出して¥400,000を借り入れ，その全額が当座預金口座に振り込まれた。

(4) 従業員が出張から戻ったので，旅費の精算を行い，残金¥26,000を現金で受け取り，ただちに当座預金に預け入れた。なお，従業員に対しては，出張にあたり，旅費の概算額¥160,000を手渡していた。

(5) 商品券の精算をするため，当店が保有している他店商品券¥240,000と，他店の保有している当店発行の商品券¥300,000とを交換し，差額については現金で支払った。

(6) 従業員の給料について源泉徴収していた所得税¥150,000を小切手を振り出して税務署へ納付した。

(7) 得意先西条商店から商品¥500,000の注文を受け，本日同店から当座預金口座に¥60,000の振り込みがあった。この振込額のうち，¥50,000については注文品の内金であるが，残額については原因不明のため，現在同店に対して問い合わせ中である。

第16章 販売費及び一般管理費の記帳

　企業が営業活動を行うために生じる費用には，どのようなものがあるのか。費用の種類が多い場合には，どのように記帳するのか。
　ここでは，販売費及び一般管理費の種類，販売費及び一般管理費勘定と販売費及び一般管理費元帳の記入法について学習しよう。

販売費及び一般管理費　租税公課　　　　　　　　　　　検索

1 販売費及び一般管理費の意味とその種類

　販売費及び一般管理費は，販売活動に関係して発生する**販売費**と，企業全般を管理するために発生する**一般管理費**とに大別される。
　支払利息・手形売却損・有価証券売却損などは，おもな営業活動のために生じる費用ではないから，販売費及び一般管理費に含まれない。

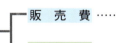
　　　　　　　┌─ 販　売　費 …… 販売員給料❶・広告料・発送費・交通費・支払手数料など
販売費及び　　│
一般管理費　　│　　　　　　　　　　事務員給料❷・減価償却費・保険料・通信費・消耗品費
　　　　　　　└─ 一般管理費 ……
　　　　　　　　　　　　　　　　　水道光熱費・福利厚生費・租税公課❸・雑費など
　　　　　　　　　　　　　　　　　　　　　　　　　　そ ぜい こう か

❶,❷給料については，学習の便宜上，まとめて給料勘定で処理する。
❸企業が従業員のために行う社内スポーツ大会や健康管理などの費用をいう。

2 販売費及び一般管理費の記帳

　販売費及び一般管理費を支払ったときは，給料勘定，広告料勘定などのように，その費用の種類ごとに総勘定元帳のそれぞれの勘定口座に記入する。
　上記のほか，すべての販売費及び一般管理費を一括して**販売費及び一般管理費勘定**で記帳する方法もある。この方法によるときは，その明細を記録する補助簿として**販売費及び一般管理費元帳**を用いる。この場合，販売費及び一般管理費勘定は販売費及び一般管理費元帳の各費用の勘定に対する統制勘定になる。

> **例 1**
>
> 次の取引の仕訳を示し，販売費及び一般管理費勘定に転記し，販売費及び一般管理費元帳に記入しなさい。
>
> 11月4日　郵便切手とはがきを購入し，現金¥5,000を支払った。
> 　　6日　建物に対する火災保険料¥12,000を小切手#6を振り出して支払った。
> 　　9日　新聞広告を行い，広告料¥33,000を小切手#7を振り出して支払った。

解答

仕訳
11/4 （借）販売費及び一般管理費　5,000　（貸）現　　　　　金　5,000
　 6 （借）販売費及び一般管理費　12,000　（貸）当 座 預 金　12,000
　 9 （借）販売費及び一般管理費　33,000　（貸）当 座 預 金　33,000

転記

総　勘　定　元　帳
販売費及び一般管理費

11/4 現　　　金　5,000
　6 当 座 預 金　12,000
　9 当 座 預 金　33,000

販売費及び一般管理費元帳

広　　告　　料　　　　　　　　　　　　4

平成○年		摘　　要		借　方	貸　方	借または貸	残　高
11	9	新聞広告代	小切手#7	33,000		借	33,000

通　　信　　費　　　　　　　　　　　　8

| 11 | 4 | 郵便切手・はがき | 現金 | 5,000 | | 借 | 5,000 |

保　　険　　料　　　　　　　　　　　　10

| 11 | 6 | 建物火災保険料 | 小切手#6 | 12,000 | | 借 | 12,000 |

3 租税公課

個人企業に課せられる税金には，事業税・固定資産税・印紙税などがあり，これらの税金を納付したときは，**租税公課勘定**（費用の勘定）を用いて処理する。

1 事 業 税

個人が商品の販売その他の事業を営んでいる場合には，その事業に対して事業税が課せられる。その納税額は前年度の事業所得などをもとにして計算し，8月と11月の2期に分けて納付する。

事業税を納付したときは，**租税公課**（または**事業税**）勘定の借方に記入する。

例 2

8月28日　事業税の第1期分￥8,000を現金で納付した。

仕 訳

8/28　（借）租 税 公 課　　8,000　（貸）現　　　金　　8,000
　　　　　（または事業税）

2 固定資産税

固定資産税は，土地・建物などの固定資産に課せられる税金である。毎年1月1日に所有している固定資産の評価額にもとづいて税額が決められ，4月，7月，12月と翌年の2月に分けて納付する。

固定資産税を納付したときは，**租税公課**（または**固定資産税**）勘定の借方に記入する。

例 3

4月2日　固定資産税の第1期分￥12,000を現金で納付した。

仕 訳

4/2　（借）租 税 公 課　　12,000　（貸）現　　　金　　12,000
　　　　（または固定資産税）

なお，事業税，固定資産税については，納税通知書を受け取ったとき，**未払税金勘定**（負債の勘定）の貸方に記入する方法もある。

> **例 4**
> 1．事業税¥16,000に関する納税通知書を受け取った。
> 2．第1期分の事業税¥8,000を現金で納付した。

解答

仕訳 1．（借）租税公課　　　16,000　（貸）未払税金　　16,000
　　　　　　（または事業税）
　　　2．（借）未払税金　　　 8,000　（貸）現　　金　　 8,000

転記

```
           未 払 税 金
2. 現   金   8,000 | 1. 租税公課  16,000
```

3 印紙税

印紙税は，商品代金の領収証や契約書を作成したり，手形を振り出したりするときに国に納める税金である。[❶]

収入印紙を買ったときは**租税公課**（または**印紙税**）勘定の借方に記入する。

❶印紙税は，収入印紙を書類や手形などに貼付・消印することで納付したことになる。

> **例 5**
> 収入印紙¥5,000を購入し，代金は現金で支払った。

仕訳

（借）租 税 公 課　　5,000　（貸）現　　　金　　5,000
　　　（または印紙税）

4 消費税

消費税は，商品の販売やサービスの提供に対して課せられる税金である。消費税は商品などの販売価格に加算され，したがって消費者が負担するが，その徴収と納付は企業が行う。

仕入れに含まれる消費税は，仕入時に消費者にかわって企業が仮払いしたものであり，**仮払消費税勘定**（資産の勘定）の借方に記入する。売り上げに対する消費税は，消費者から預かったものであり，**仮受消費税勘定**（負債の勘定）の貸方に記入する。

企業が納付する消費税は，売り上げのときに預かった仮受消費税から，仕入れのときに払った仮払消費税を差し引いた額であり，期末に**未払消費税勘定**（負債の勘定）に記入する。このような会計処理方法を

税抜方式という。なお，未払消費税額は，確定申告書を提出したときなどに，納付する。

これに対して，消費税を含めた総額で処理する税込方式もある。この場合，仕入れに対する消費税は仕入勘定に含めて処理し，売り上げに対する消費税は売上勘定に含めて処理しておく。期末に仮受分から仮払分を差し引いた額を**租税公課**（または消費税）**勘定**の借方と未払消費税勘定の貸方に記入する。

例 6

次の取引の仕訳を税抜方式と税込方式でそれぞれ示しなさい。

1．商品￥100,000を仕入れ，代金はその消費税￥8,000とともに掛けとした。
2．上記商品を￥150,000で売り渡し，代金はその消費税￥12,000とともに掛けとした。
3．期末に納付する消費税額￥4,000を計上した。
4．消費税額￥4,000を現金で納付した。

仕訳

〈税抜方式〉

1．（借）仕　　入 100,000　（貸）買 掛 金 108,000
　　　　仮払消費税　8,000
2．（借）売 掛 金 162,000　（貸）売　　上 150,000
　　　　　　　　　　　　　　　　仮受消費税 12,000
3．（借）仮受消費税 12,000　（貸）仮払消費税 8,000
　　　　　　　　　　　　　　　　未払消費税 4,000
4．（借）未払消費税 4,000　（貸）現　　金 4,000

〈税込方式〉

1．（借）仕　　入 108,000　（貸）買 掛 金 108,000
2．（借）売 掛 金 162,000　（貸）売　　上 162,000
3．（借）租税公課 4,000　（貸）未払消費税 4,000
　　　　（または消費税）
4．（借）未払消費税 4,000　（貸）現　　金 4,000

第16章　重要仕訳

第16章で学んだ取引を確認しよう。

- □　1．郵便切手とはがきを購入し，現金で支払った。
  - （借）販売費及び一般管理費　×××　（貸）現　金　×××
- □　2．事業税を，現金で納付した。
  - （借）租　税　公　課　×××　（貸）現　金　×××
- □　3．固定資産税を，現金で納付した。
  - （借）租　税　公　課　×××　（貸）現　金　×××
- □　4．収入印紙を購入し，代金は現金で支払った。
  - （借）租　税　公　課　×××　（貸）現　金　×××
- □　5．商品を仕入れ，代金は消費税とともに現金で支払った。
  - （税抜方式）
    - （借）仕　　入　×××　（貸）現　金　×××
    - 　　　仮払消費税　×××
  - （税込方式）
    - （借）仕　　入　×××　（貸）現　金　×××
- □　6．上記商品を売り渡し，代金は消費税とともに現金で受け取った。
  - （税抜方式）
    - （借）現　金　×××　（貸）売　上　×××
    - 　　　　　　　　　　　　仮受消費税　×××
  - （税込方式）
    - （借）現　金　×××　（貸）売　上　×××
- □　7．期末に納付する消費税額を計上した。
  - （税抜方式）
    - （借）仮受消費税　×××　（貸）仮払消費税　×××
    - 　　　　　　　　　　　　　未払消費税　×××
  - （税込方式）
    - （借）租　税　公　課　×××　（貸）未払消費税　×××

確認問題

1．次の取引を仕訳して，販売費及び一般管理費勘定と販売費及び一般管理費元帳に記入しなさい。なお，販売費及び一般管理費元帳には，広告料・発送費・保険料・水道光熱費の各勘定が設けられている。

　11月1日　火災保険料¥18,000を現金で支払った。
　　　6日　ガス代¥9,400を現金で支払った。
　　　10日　商品の発送費¥4,600を現金で支払った。

11月19日　新聞広告を行い，広告料￥65,000を小切手♯16を振り出して支払った。

　　27日　電気料￥12,000を現金で支払った。

2．次の取引の仕訳を示しなさい。

(1) 事業税の第2期分￥50,000を現金で納付した。

(2) 固定資産税の第3期分￥80,000を現金で納付した。

(3) 収入印紙￥9,000を現金で購入した。

次の取引の仕訳を税抜方式と税込方式でそれぞれ示しなさい。

a．期末に消費税額￥200,000を計上した。

　　ただし，仮受消費税の残高は￥1,700,000，仮払消費税の残高は￥1,500,000である。

b．消費税額￥200,000を現金で納付した。

郵便切手と収入印紙の違いって？

郵便切手は郵便代金を支払ったことを証明するものである。よって郵便切手を購入した場合には通信費勘定で処理する。

購入　→　「通信費」勘定で！

収入印紙は，印紙税を支払ったことを証明するものである。よって収入印紙を購入した場合には，租税公課（または印紙税）勘定で処理する。

購入　→　「租税公課」勘定で！

第17章 資本金の記帳

個人企業の資本の増減には，開業のときの出資や，期末の純損益の計上のほかに，どのようなものがあるのか。
ここでは，個人企業の資本金勘定や引出金勘定の記帳について学習しよう。

キーワード　資本金　追加出資　引出金

1 個人企業の資本金

個人企業の開業にあたって事業主が**出資（元入れ）**したときは資本金勘定の貸方に記入する。また，事業を拡張するために行われる**追加出資（追加元入れ）**や，決算の結果，当期純利益が計上されたときもその貸方に記入する。

反対に，事業主が企業の現金や商品などを私用のために使う**資本の引き出し**[❶]や，決算の結果，当期純損失が計上されたときは，資本金勘定の借方に記入する。

```
           資 本 金
  引 出 額    │ 出資額（元入額）
            │
  期末資本    │ 追加出資額（追加元入額）
 （次期繰越高）│
            │ 当期純利益
  注. 当期純損失は，借方に記入する。
```

❶資本の引き出しには，ほかに家計が負担すべき電気代・ガス代などを企業が支払う場合がある。

例 1

12月10日　兵庫商店（個人企業　資本金￥1,500,000）では，事業拡張のため事業主が，現金￥300,000を追加出資した。
　　20日　事業主が私用のため，現金￥50,000を引き出した。

仕訳

12/10　（借）現　　　金　300,000　（貸）資　本　金　300,000
　20　（借）資　本　金　　50,000　（貸）現　　　金　　50,000

2 引出金

事業主が資本の引き出しをひんぱんに行う場合，これをそのつど記入すると資本金勘定がはん雑になる。このため，別に**引出金勘定**[❷]を設け，期中の引出額を引出金勘定の借方に記入し，期末に引出金勘定の

❷引出金勘定は資本金勘定の評価勘定である。

残高を資本金勘定の借方に振り替える。

例 2

12月10日　兵庫商店(個人企業　資本金¥1,500,000)では,事業拡張のため事業主が,現金¥300,000を追加出資した。

20日　事業主が私用のため,現金¥50,000を引き出した。

23日　電気代¥6,500を現金で支払った。このうち家計の負担すべき額は¥1,500である。❶

25日　事業主が私用のため,原価¥30,000の商品を使った。

31日　決算にあたり,引出金勘定の残高¥81,500を資本金勘定に振り替えた。

〃日　決算を行い,当期純利益¥150,000を損益勘定から資本金勘定に振り替えた。

仕訳

12/10	(借)	現　　　金	300,000	(貸)	資　本　金	300,000
20	(借)	引　出　金	50,000	(貸)	現　　　金	50,000
23	(借)	水道光熱費	5,000	(貸)	現　　　金	6,500
		引　出　金	1,500			
25	(借)	引　出　金	30,000	(貸)	仕　　　入	30,000
31	(借)	資　本　金	81,500	(貸)	引　出　金	81,500
〃	(借)	損　　　益	150,000	(貸)	資　本　金	150,000

支払った電気代のうち,家計で負担する分は引出金勘定で処理します。

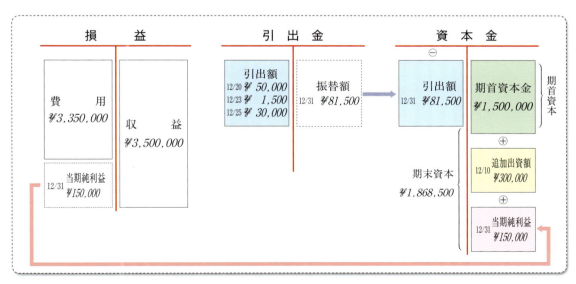

なお，期末資本金を計算式によって求めると，次のようになる。

期末資本金 ＝ **期首資本金** ＋ **追加出資額** － **引出額** ＋ 当期純利益
¥1,868,500　　¥1,500,000　　¥300,000　　¥81,500　　¥150,000

3 所得税と住民税

個人企業の事業主に関する税金には，所得税と住民税がある。

1 所　得　税

個人企業を営んでいる者は，毎年1月1日から12月31日までの1年間にその事業や配当収入などから得た所得に対する税金を納めなければならない。このような税金を**所得税**という。

所得税は，翌年の2月16日から3月15日までに税務署に申告して納付する。これを**確定申告**という。

予定納税制度によるときは，前年度の所得をもとに計算した税額の3分の1ずつを7月と11月にあらかじめ納付し，翌年の確定申告のときに確定税額と予定納税額との差額を納める。

所得税は，個人企業に対して課されるものではなく，事業主個人に対して課される税金なので，店の現金で納付したときは資本の引き出しとなり，引出金勘定の借方に記入する。

例 3

7月20日　予定納税制度にもとづいて，所得税の本年度第1期分
　　　　　¥60,000を現金で納付した。

11月10日　所得税の本年度第2期分¥60,000を現金で納付した。

3月15日　確定申告を行い，本年度の所得税は¥215,000となり，
　　　　　第1期および第2期の予定納税額¥120,000を差し引き，
　　　　　¥95,000を現金で納付した。

仕 訳

7/20　（借）引　出　金　60,000　（貸）現　　　金　60,000
11/10　（借）引　出　金　60,000　（貸）現　　　金　60,000
3/15　（借）引　出　金　95,000　（貸）現　　　金　95,000

2 住 民 税

住民税は，その地域の住民に課されるもので，6月，8月，10月および翌年の1月の4期に分けて納付する。

住民税も所得税と同様に個人企業の事業主に対して課される税金なので，これを店の現金で納付したときは引出金勘定の借方に記入する。

例 4

6月20日　住民税の第1期分￥31,000を現金で納付した。

仕 訳

6/20　（借）引　出　金　31,000　（貸）現　　　金　31,000

第17章　重要仕訳

第17章で学んだ取引を確認しよう。

☐ 1．現金を出資して，開業した。
　　（借）現　　　金　×××　（貸）資　本　金　×××

☐ 2．事業拡張のため，現金を追加出資した。
　　（借）現　　　金　×××　（貸）資　本　金　×××

☐ 3．事業主が私用のため，現金を引き出した。
　　（借）引　出　金　×××　（貸）現　　　金　×××

☐ 4．決算にあたり，引出金勘定の借方残高を資本金勘定に振り替えた。
　　（借）資　本　金　×××　（貸）引　出　金　×××

☐ 5．決算を行い，当期純利益を資本金勘定に振り替えた。
　　（借）損　　　益　×××　（貸）資　本　金　×××

☐ 6．店主が負担すべき所得税を，現金で納付した。
　　（借）引　出　金　×××　（貸）現　　　金　×××

☐ 7．店主が負担すべき住民税を，現金で納付した。
　　（借）引　出　金　×××　（貸）現　　　金　×××

確認問題

1．次の一連の取引の仕訳を示しなさい。ただし，商品の記帳は3分法によること。

 4月 1日　現金¥2,000,000と建物¥5,000,000を出資して，開業した。
 5月30日　事業主が，店の現金¥30,000と原価¥40,000の商品を私用にあてた。
 7月10日　事業主が，現金¥1,000,000を追加出資した。
 9月 9日　水道料¥20,000を現金で支払った。このうち家計の負担すべき額は¥5,000である。
12月31日　決算にあたり，引出金勘定の残高を資本金勘定に振り替えた。
　〃日　　当期純利益¥360,000を資本金勘定に振り替えた。

2．次の表の空欄に適切な金額を記入しなさい。なお，純損失には金額の前にマイナス（－）の符合をつけて示しなさい。

	期末資産	期末負債	資本 期首	資本 期末	追加出資	引き出し	純損益
1	800,000	500,000	200,000	（ア）	100,000	80,000	（イ）
2	（ウ）	600,000	（エ）	400,000	0	50,000	90,000
3	900,000	（オ）	500,000	600,000	200,000	（カ）	－30,000
4	700,000	400,000	（キ）	（ク）	150,000	100,000	60,000
5	（ケ）	200,000	350,000	400,000	230,000	120,000	（コ）

3．次の資料によって，（ア）当期純利益，（イ）期末負債を求めなさい。

(1) 期首の資産総額は¥4,000,000で，負債総額は¥1,530,000である。
(2) 期末の資産総額は¥5,200,000である。
(3) 期間中の収益および費用は，次のとおりである。

　　売　　上　　高　¥5,800,000　　受取手数料　¥　80,000
　　売　上　原　価　 2,900,000　　販売費及び一般管理費　1,750,000
　　支　払　利　息　　　30,000

(4) 期間中の追加出資額は¥390,000である。
(5) 期間中の引出金は¥150,000である。

4．次の取引の仕訳を示しなさい。

(1) a．所得税の予定納税額第1期分¥110,000を現金で納付した。
　　b．確定申告を行い，所得税額¥360,000から，予定納税額¥220,000を差し引いて，¥140,000を現金で納付した。
(2) 住民税の第1期分¥60,000を現金で納付した。

次の取引の仕訳を示しなさい。

(1) 水道光熱費¥60,000と事業主の所得税¥270,000を当座預金の口座から振り替えて支払った。なお，水道光熱費のうち¥20,000は，事業主個人の家計が負担すべき金額である。

(2) 店主の生命保険料¥85,000と店舗兼住宅用の建物の火災保険料¥23,000について，当座預金の口座より引き落とされたむねの通知が取引銀行からあった。ただし，火災保険料のうち30％分は店主の個人住宅部分に対してである。

(3) 固定資産税¥240,000を現金で納付した。ただし，このうち4分の1は店主の個人住宅部分に対するものである。

(4) 店主が負担すべき所得税¥580,000および当店の負担とすべき固定資産税¥60,000を小切手を振り出して支払った。

第18章 決算（その２）

貸し倒れの見積もり，減価償却や費用・収益の修正などのやや進んだ決算整理などはどのように行うのか。

ここでは，売上債権に対する貸倒引当金の計上，間接法による減価償却の記帳，有価証券の評価，費用・収益の繰り延べと見越しをともなう決算の手続きについて学習しよう。

キーワード：減価償却累計額　有価証券評価損

1 決算整理

これまでの学習では，決算整理事項のうち，次の三つについて学んだ。

① 商品に関する勘定の整理（売上原価の計算） ➡P105
② 貸し倒れの見積もり ➡P109
③ 固定資産の減価償却 ➡P112

ここでは，②と③についてのやや進んだ処理方法と，売買目的有価証券の評価および費用・収益の繰り延べ，見越しについて学ぶ。

1 貸し倒れの見積もり

売掛金の期末残高に対して貸し倒れを見積もり，貸倒引当金勘定に記入することを第12章で学んだ。

なお，売掛金のほかに，受取手形についても、期末に貸し倒れが予想される場合には，売掛金と同様に貸倒引当金を見積もる。

❶受取手形と売掛金をあわせて**売上債権**という。

例1

12月31日　決算にあたり，受取手形の期末残高￥500,000と売掛金の期末残高￥900,000に対して２％の貸倒引当金を見積もった。
ただし，貸倒引当金勘定の残高が￥20,000ある。

解答

仕訳　12/31（借）　貸倒引当金繰入　8,000　（貸）　貸倒引当金　8,000

貸倒見積額：｛￥500,000（受取手形）＋￥900,000（売掛金）｝×0.02＝￥28,000
貸倒引当金繰入額：￥28,000（貸倒見積額）－￥20,000（貸倒引当金残高）＝￥8,000

|転記|

貸倒引当金繰入		貸 倒 引 当 金	
12/31 貸倒引当金 8,000		10,000	1/1 前 期 繰 越 30,000
			12/31 貸倒引当金繰入 8,000

2 減価償却の記帳

❶ 間接法による減価償却の記帳

　第12章では，減価償却の記帳方法として，減価償却額を固定資産の勘定の貸方に記入し，固定資産の取得原価から直接差し引く直接法を学んだ。

　この方法に対して，固定資産の勘定ごとに，**減価償却累計額勘定**を❶設けて，その貸方に減価償却額を記入する方法がある。この記帳方法を**間接法**という。

　間接法では，固定資産の勘定は取得原価のまま繰り越され，毎期の減価償却額は減価償却累計額勘定に加えられていく。したがって，固定資産の取得原価と，これまでの減価償却額を勘定記入面から知ることができる。

　固定資産の勘定の借方金額（取得原価）から減価償却累計額勘定の貸方金額を差し引けば，その固定資産の帳簿価額が求められる。❷

❶固定資産の勘定に対する**評価勘定**である。

❷固定資産の現在高，あるいは未償却残高ともいう。

　貸借対照表に固定資産を記載する場合は，固定資産の取得原価から減価償却累計額を控除する形式で示す。 →P.181

例 2

　12月31日　決算にあたり，備品の減価償却高￥27,000を計上する。
　　　　　　なお，減価償却の記帳は間接法を用いている。

仕訳

　12/31　（借）　減価償却費　　27,000　　（貸）　備品減価償却累計額　　27,000

❷— 減価償却の間接法による固定資産の売却の記帳

　間接法で記帳している固定資産を売却した場合は，固定資産を利用した期間の減価償却費を計算し，その金額を減価償却累計額勘定の借方に記入するとともに，固定資産の勘定の貸方に取得原価で記入する。この場合，固定資産の帳簿価額と売却価額との差額は，**固定資産売却益勘定**（収益の勘定）または**固定資産売却損勘定**（費用の勘定）で処理する。
➡P.102

例 3

1月1日　取得原価￥600,000の備品を￥200,000で売却し，代金は月末に受け取ることにした。なお，この備品に対する減価償却累計額は￥375,000である。

仕訳

1/1　（借）備品減価償却累計額　375,000　（貸）備　　品　600,000
　　　　　　未　収　金　　　　200,000
　　　　　　固定資産売却損　　　25,000

　　　　固定資産売却損＝帳簿価額（￥600,000－￥375,000）－売却価額￥200,000
　　　　　　　　　　　＝￥25,000

❸— 減価償却の月割計算

　固定資産の取得や売却は，会計期間の途中で行う場合もある。そのさいの減価償却額は固定資産を使用した期間を月割計算して計上する。なお，1か月未満は1か月に切り上げて行う。

$$1年間の減価償却額 \times \frac{固定資産を使用した月数}{12} = 当該固定資産の減価償却額$$

例 4

12月31日　決算にあたり，10月1日に購入した備品について定額法で減価償却を行った。この備品の取得原価は
　　　　　￥600,000　残存価額は零(0)　耐用年数は8年である。
　　　　　なお，減価償却の記帳方法は間接法を用いている。

図解及び解答

仕訳 12/31（借）減 価 償 却 費 18,750 （貸）備品減価償却累計額 18,750

$$3か月分の減価償却費 = \frac{¥600,000 - 0}{8(年)} \times \frac{3(か月)}{12(か月)} = ¥18,750$$

転記

備　　品	備品減価償却累計額
10/1 当座預金 600,000	12/31 減価償却費 18,750

減価償却費
12/31 備品減価償却累計額 18,750

例 5

1月1日　例4の備品を，1年3か月使用した後，¥450,000で売却し，代金は月末に受け取ることにした。

仕訳

1/1 （借）備品減価償却累計額 93,750 （貸）備 　 品 600,000
　　　　未 　 収 　 金 450,000
　　　　固定資産売却損 56,250

$$1年目の減価償却費 = \frac{¥600,000 - 0}{8(年)} \times \frac{3か月}{12か月} = ¥18,750$$
$$2年目の減価償却費 = \frac{¥600,000 - 0}{8(年)} = ¥75,000$$

備品減価償却累計額 ¥93,750

固定資産売却損 = ¥450,000 - (¥600,000 - ¥93,750) = -¥56,250

3 有価証券の評価

有価証券の時価はつねに変動しているので，売買目的で保有する有価証券の帳簿価額は，時価をあらわすとはかぎらない。そこで，決算にあたり，帳簿価額を時価に修正する。これを**有価証券の評価替え**という。

時価が帳簿価額より低いときは時価まで引き下げ，時価と帳簿価額との差額を**有価証券評価損勘定**（費用の勘定）の借方と，有価証券勘定の貸方に記入する。反対に，時価が帳簿価額より高いときは時価まで引き上げ，時価と帳簿価額との差額を**有価証券評価益勘定**（収益の勘定）の貸方と，有価証券勘定の借方に記入する。

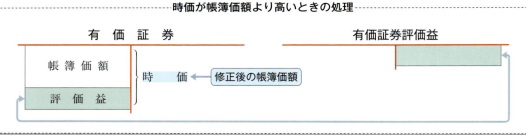

例 6

12月31日　決算にあたり，売買目的で保有している高松商事株式会社の株式10株（帳簿価額　1株につき¥60,000）を時価に評価替えする。
　① 時価が1株につき¥55,000の場合
　② 時価が1株につき¥63,000の場合

解答

①12/31（借）有価証券評価損　50,000　（貸）有　価　証　券　50,000
　　　　　　時価　　帳簿価額
　　　　（¥55,000 − ¥60,000）× 10（株）＝ −¥50,000（評価損）

```
         有 価 証 券                           有価証券評価損
   600,000 │ 12/31 有価証券評価損 50,000    12/31 有 価 証 券 50,000
```

②12/31（借）　有　価　証　券　30,000　（貸）　有価証券評価益　30,000

　　　　　　時価　　帳簿価額
　　　　　（¥63,000 − ¥60,000）× 10（株）= ¥30,000（評価益）

```
         有 価 証 券                           有価証券評価益
   600,000 │                                        │ 12/31 有 価 証 券 30,000
   12/31 有価証券評価益 30,000 │
```

2　費用・収益の繰り延べ

　保険料・支払家賃や受取地代・受取利息などの諸勘定への記入は，ふつう，現金の収入や支出があったときに行われる。しかし，これらの勘定残高のなかには，当期分の費用・収益のほかに，次期以降に属する費用・収益が含まれていることがある。

　このような場合には，決算にあたり，正しい純損益を計算するために，次期以降に属する費用・収益を当期の費用・収益から除き，次期に繰り延べなければならない。これを**費用・収益の繰り延べ**という。

1　費用の繰り延べ

　保険料・支払利息など，費用として支払った金額のうち次期以降に属する分（前払分）は，費用の勘定から差し引くとともに，**前払保険料勘定・前払利息勘定**（ともに資産の勘定）などを設けて，その借方に記入し，次期に繰り延べる。これを**費用の繰り延べ**といい，資産として次期に繰り延べる前払分を**前払費用**という。

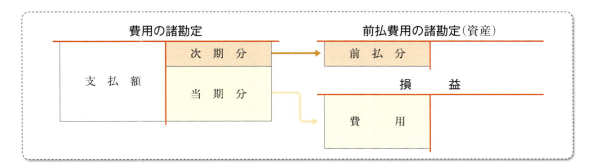

前払費用は，正しい期間損益を計算するために，一時的な資産として次期に繰り越される。次期にはその期の費用となるから，次期の最初の日付でもとの費用の勘定に振り替える。これを**再振替**といい，このための仕訳を**再振替仕訳**という。

例 7

❶保険の契約期間は通常1か年で，翌年の同じ日付までである。

6月1日　火災保険料1年分￥24,000を現金で支払った。❶
12月31日　決算にあたり，保険料のうち，前払分￥10,000を次期に繰り延べた。
〃日　保険料の当期分￥14,000を損益勘定に振り替えた。
1月1日　前払保険料￥10,000を保険料勘定に再振替した。

図解及び解答

❷支払保険料勘定を用いることもある。

❸貯蔵品勘定を用いることもある。

▶消耗品費勘定の整理◀

事務用消耗品などを買い入れたとき，ふつう消耗品費勘定の借方に記入する。しかし，決算にあたり，未使用分があれば，その金額を消耗品費勘定から差し引くとともに，**消耗品勘定**❸（資産の勘定）を設けて，その勘定の借方に振り替えて次期に繰り延べる。消耗品は，次期になれば使用されて費用となるから，次期の最初の日付で消耗品費勘定に再振替する。

172　第18章●決算（その2）

6月10日　事務用の文房具¥50,000を現金で買い入れた。

12月31日　決算にあたり，消耗品の未使用分¥16,000を次期に繰り延べた。

〃日　消耗品費の当期分¥34,000を損益勘定に振り替えた。

1月1日　消耗品¥16,000を消耗品費勘定に再振替した。

解答

仕訳
6/10	(借)消耗品費 50,000	(貸)現　　　金 50,000
12/31	(借)消　耗　品 16,000	(貸)消耗品費 16,000
〃	(借)損　　　益 34,000	(貸)消耗品費 34,000
1/1	(借)消耗品費 16,000	(貸)消　耗　品 16,000

転記

2　収益の繰り延べ

　受取利息・受取家賃など，収益として受け取った金額のうち，次期以降に属する分（前受分）は，収益の勘定から差し引くとともに，**前受利息勘定・前受家賃勘定**（ともに負債の勘定）などを設けて，その貸方に記入し，次期に繰り延べる。これを**収益の繰り延べ**といい，負債として次期に繰り延べる前受分を**前受収益**という。

前受収益は，正しい期間損益を計算するために，一時的な負債として次期に繰り越される。次期にはその期の収益となるから，次期の最初の日付でもとの収益の勘定に再振替し。

例 9

10月1日	利息1年分¥12,000を現金で受け取った。
12月31日	決算にあたり，すでに受け取ってある利息¥12,000のうち，前受分¥9,000を次期に繰り延べた。
〃日	受取利息の当期分¥3,000を損益勘定に振り替えた。
1月1日	前受利息¥9,000を受取利息勘定に再振替した。

3 費用・収益の見越し

支払家賃・支払地代や受取家賃・受取利息などの諸勘定のなかには，当期分の費用・収益が発生しているにもかかわらず，現金の収入や支出がないために，記入されていないことがある。このような場合には，決算にあたり，正しい純損益を計算するために，当期の費用・収益の未計上分を計算し，当期の費用・収益に含めなければならない。これを**費用・収益の見越し**という。

1 費用の見越し

支払利息・支払地代などの費用の諸勘定のうち，未払いであっても，当期の費用として発生しているものがあれば，その分を費用の勘定に加えるとともに，**未払利息勘定・未払地代勘定**（ともに負債の勘定）などを設け，その勘定の貸方に記入する。これを**費用の見越し**といい，負債として次期に繰り越す未払分を**未払費用**という。

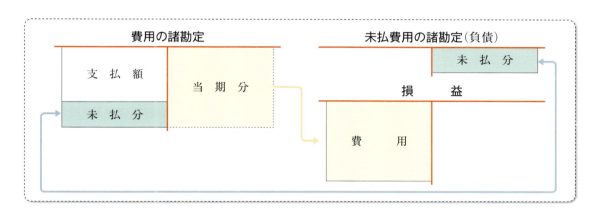

未払費用は，次期の最初の日付で，もとの費用の勘定に再振替する。これは，あとで支払ったとき，前期の未払分と当期の支払分とを区別しないで，全額を費用の勘定に記入できるようにするためである。

例 10

12月31日　決算にあたり，当期の家賃未払額￥18,000を計上した。
　〃日　　支払家賃の当期分￥72,000を損益勘定に振り替えた。
1月1日　　未払家賃￥18,000を支払家賃勘定に再振替した。
　31日　　家賃￥24,000を現金で支払った。

図解及び解答

3. 費用・収益の見越し　175

転記

```
         支 払 家 賃
(すでに支払った分) 54,000 | 12/31 損  益 72,000
12/31 未払家賃  18,000 |
              72,000 |      72,000
1/31 現  金   24,000 | 1/1 未払家賃 18,000 ❶
```

```
         未 払 家 賃
12/31 次期繰越 18,000 | 12/31 支払家賃 18,000
1/1 支払家賃  18,000 | 1/1 前期繰越  18,000
```

❶再振替によって，1/31現在の支払家賃勘定の残高(¥6,000)は，当期分を示すことになる。

2 収益の見越し

　受取利息・受取地代などの収益の諸勘定のうち，未収であっても，当期の収益として発生しているものがあれば，その分を収益の勘定に加えるとともに，**未収利息勘定・未収地代勘定**(ともに資産の勘定)などを設け，その勘定の借方に記入する。これを**収益の見越し**といい，資産として次期に繰り越す未収分を**未収収益**という。

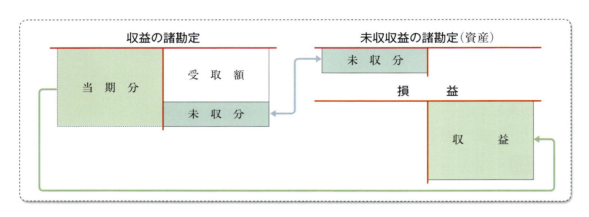

　未収収益は，次期の最初の日付で，もとの収益の勘定に再振替する。これは，あとで受け取ったとき，前期の未収分と当期の受取分とを区別しないで，全額を収益の勘定に記入できるようにするためである。

例 11

12月31日　決算にあたり，当期の地代未収額¥15,000を計上した。
　〃日　受取地代の当期分¥60,000を損益勘定に振り替えた。
1月1日　未収地代¥15,000を受取地代勘定に再振替した。
2月28日　地代¥25,000を現金で受け取った。

図解及び解答

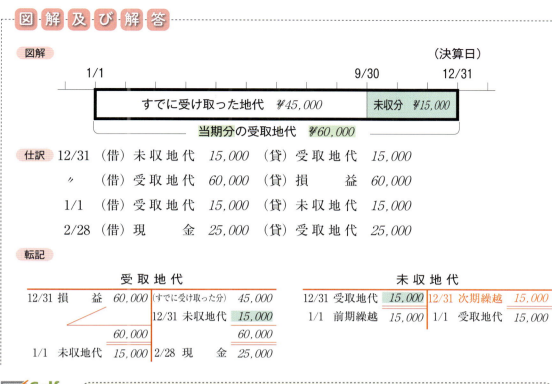

繰り延べと見越しのまとめ

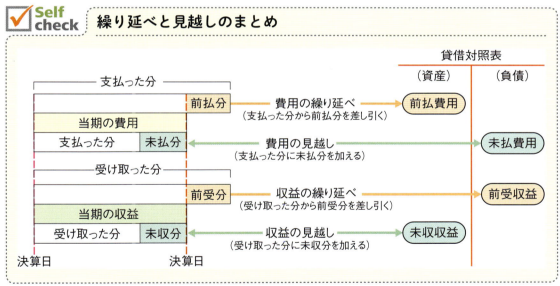

　決算整理を行うと，収益・費用に属する各勘定残高は当期分として正しい金額を示すことになる。整理仕訳が正しく転記されたかどうかを調べるため，整理後の勘定残高を集めて試算表を作成することがある。この表を**整理後残高試算表**といい，この試算表からも損益計算書・貸借対照表が作成できる。

これまでに学んだ決算整理事項を8桁精算表で確認しよう。

例 12

次の四国商店の残高試算表と決算整理事項によって，8桁精算表を作成しなさい。なお，現金過不足勘定残高は雑損勘定に，引出金勘定残高は資本金勘定に振り替えるものとする。

残 高 試 算 表

平成○年12月31日

借　　方	元丁	勘 定 科 目	貸　　方
223,000	1	現　　　　　　　金	
8,000	2	現　金　過　不　足	
1,320,000	3	当　座　預　金	
500,000	4	受　取　手　形	
900,000	5	売　　掛　　金	
	6	貸　倒　引　当　金	20,000
600,000	7	有　価　証　券	
700,000	8	繰　越　商　品	
300,000	9	貸　　付　　金	
400,000	10	備　　　　　　　品	
	11	備品減価償却累計額	100,000
1,000,000	12	土　　　　　　　地	
	13	支　払　手　形	365,000
	14	買　　掛　　金	670,000
	15	資　　本　　金	4,000,000
60,000	16	引　　出　　金	
	17	売　　　　　　　上	3,772,000
	18	受　取　地　代	45,000
	19	受　取　利　息	12,000
2,120,000	20	仕　　　　　　　入	
662,000	21	給　　　　　　　料	
54,000	22	支　払　家　賃	
50,000	23	消　耗　品　費	
24,000	24	保　　険　　料	
63,000	25	雑　　　　　　　費	
8,984,000			8,984,000

決算整理事項

a．期末商品棚卸高　¥650,000

b．貸倒引当金　　　受取手形と売掛金の期末残高に対し，それぞれ２％とする。

c．有価証券評価高　売買を目的として保有する高松商事株式会社の株式10株（帳簿価額　1株につき¥60,000）であり，1株につき¥55,000に評価替えする。

d．備品減価償却高　取得原価¥400,000　残存価額　零(0)　耐用年数８年とし，定額法による。

e．消耗品未使用高　¥16,000

f．保険料前払高　　¥10,000

g．利息前受高　　　¥ 9,000

h．家賃未払高　　　¥18,000

i．地代未収高　　　¥15,000

解・答

決算整理仕訳

a．	（借）仕　　　　　入	700,000	（貸）繰　越　商　品	700,000
	（借）繰　越　商　品	650,000	（貸）仕　　　　　入	650,000
b．	（借）貸倒引当金繰入	8,000	（貸）貸　倒　引　当　金	8,000
c．	（借）有価証券評価損	50,000	（貸）有　価　証　券	50,000
d．	（借）減　価　償　却　費	50,000	（貸）備品減価償却累計額	50,000
e．	（借）消　　耗　　品	16,000	（貸）消　耗　品　費	16,000
f．	（借）前　払　保　険　料	10,000	（貸）保　　険　　料	10,000
g．	（借）受　取　利　息	9,000	（貸）前　受　利　息	9,000
h．	（借）支　払　家　賃	18,000	（貸）未　払　家　賃	18,000
i．	（借）未　収　地　代	15,000	（貸）受　取　地　代	15,000
	（借）雑　　　　　損	8,000	（貸）現　金　過　不　足	8,000
	（借）資　　本　　金	60,000	（貸）引　　出　　金	60,000

精算表

精算表
平成○年12月31日

勘定科目	残高試算表 借方	残高試算表 貸方	整理記入 借方	整理記入 貸方	損益計算書 借方	損益計算書 貸方	貸借対照表 借方	貸借対照表 貸方
現　　　金	223,000						223,000	
現金過不足	8,000			8,000				
当 座 預 金	1,320,000						1,320,000	
受 取 手 形	500,000						500,000	
売 掛 金	900,000						900,000	
貸倒引当金		20,000		b. 8,000				28,000
有 価 証 券	600,000			c. 50,000			550,000	
繰 越 商 品	700,000		a. 650,000	a. 700,000			650,000	
貸 付 金	300,000						300,000	
備　　　品	400,000						400,000	
備品減価償却累計額		100,000		d. 50,000				150,000
土　　　地	1,000,000						1,000,000	
支 払 手 形		365,000						365,000
買 掛 金		670,000						670,000
資 本 金		4,000,000	60,000					3,940,000
引 出 金	60,000			60,000				
売　　　上		3,772,000				3,772,000		
受 取 地 代		45,000		i. 15,000		60,000		
受 取 利 息		12,000	g. 9,000			3,000		
仕　　　入	2,120,000		a. 700,000	a. 650,000	2,170,000			
給　　　料	662,000				662,000			
支 払 家 賃	54,000		h. 18,000		72,000			
消 耗 品 費	50,000			e. 16,000	34,000			
保 険 料	24,000			f. 10,000	14,000			
雑　　　費	63,000				63,000			
	8,984,000	8,984,000						
貸倒引当金繰入			b. 8,000		8,000			
有価証券評価損			c. 50,000		50,000			
減価償却費			d. 50,000		50,000			
前払保険料			f. 10,000				10,000	
消 耗 品			e. 16,000				16,000	
前受利息				g. 9,000				9,000
未払家賃				h. 18,000				18,000
未収地代			i. 15,000				15,000	
雑　　　損			8,000		8,000			
当期純利益					704,000			704,000
			1,594,000	1,594,000	3,835,000	3,835,000	5,884,000	5,884,000

注．a～iは決算整理仕訳の記号である。

4 損益計算書と貸借対照表の作成（その2）

ここでは，まとめとして，損益計算書と貸借対照表の作成を学習しよう。

例 13

前例の四国商店の資料にもとづいて，損益計算書と貸借対照表を作成しなさい。

解 答

損益計算書

四国商店　平成○年1月1日から平成○年12月31日まで　（単位：円）

費　用	金　額	収　益	金　額
売 上 原 価	2,170,000	売 上 高	3,772,000
給　　　料	662,000	受 取 地 代	60,000
貸倒引当金繰入	8,000	受 取 利 息	3,000
減 価 償 却 費	50,000		
支 払 家 賃	72,000		
消 耗 品 費	34,000		
保 険 料	14,000		
雑　　　費	63,000		
有価証券評価損	50,000		
雑　　　損	8,000		
当 期 純 利 益	704,000		
	3,835,000		3,835,000

期首商品棚卸高 ¥700,000＋純仕入高 ¥2,120,000－期末商品棚卸高 ¥650,000 ＝¥2,170,000

貸借対照表

四国商店　平成○年12月31日　（単位：円）

資　産	金　額	負債および純資産	金　額
現　　　金	223,000	支 払 手 形	365,000
当 座 預 金	1,320,000	買 掛 金	670,000
受取手形　500,000		前 受 利 息	9,000
貸倒引当金　10,000	490,000	未 払 家 賃	18,000
売掛金　900,000		資 本 金	3,940,000
貸倒引当金　18,000	882,000	当 期 純 利 益	704,000
有 価 証 券	550,000		
商　　　品	650,000		
消 耗 品	16,000		
貸 付 金	300,000		
前 払 保 険 料	10,000		
未 収 地 代	15,000		
備品　400,000			
減価償却累計額　150,000	250,000		
土　　　地	1,000,000		
	5,706,000		5,706,000

勘定科目ごとに控除する方法

控除する形式で記載

第18章 重要仕訳

第18章で学んだ取引を確認しよう。

- ☐ 1．受取手形と売掛金の期末残高に対して，貸倒引当金を見積もった。
  （借）貸倒引当金繰入　×××　（貸）貸倒引当金　×××

- ☐ 2．備品の減価償却費を計上した。（間接法）
  （借）減 価 償 却 費　×××　（貸）備品減価償却累計額　×××

- ☐ 3．決算にあたり，売買目的有価証券を評価替えした。
  ① （帳簿価額＜時価）
  （借）有 価 証 券　×××　（貸）有価証券評価益　×××
  ② （帳簿価額＞時価）
  （借）有価証券評価損　×××　（貸）有 価 証 券　×××

- ☐ 4．保険料の前払分を次期に繰り延べた。
  （借）前 払 保 険 料　×××　（貸）保　険　料　×××

- ☐ 5．消耗品の未使用高を次期に繰り延べた。
  （借）消　耗　品　×××　（貸）消 耗 品 費　×××

- ☐ 6．家賃の前受分を次期に繰り延べた。
  （借）受 取 家 賃　×××　（貸）前 受 家 賃　×××

- ☐ 7．利息の未払額を計上した。
  （借）支 払 利 息　×××　（貸）未 払 利 息　×××

- ☐ 8．地代の未収額を計上した。
  （借）未 収 地 代　×××　（貸）受 取 地 代　×××

1．次の勘定残高と決算整理事項によって，決算整理仕訳を示しなさい。

元帳勘定残高（一部）

受 取 手 形 ¥320,000　売 掛 金 ¥640,000　貸倒引当金 ¥ 18,000
有 価 証 券　420,000　備　　品　500,000　備品減価償却累計額　150,000

決算整理事項

a．貸 倒 見 積 額　受取手形残高と売掛金残高の2％を見積もる。
b．有価証券評価額（時価）　¥400,000
c．備品減価償却額　¥50,000

2．次の取引の仕訳を示しなさい。なお，減価償却の記帳は，間接法を用いている。ただし，減価償却費の計上は定額法である。

1月1日　営業用コピー機（取得原価¥600,000，残存価額は零(0)　耐用年数5年，決算日12月31日）を3年経過したとき，¥200,000で売却し，代金は小切手で受け取った。

3．次の取引の仕訳を示し，支払利息勘定と前払利息勘定に転記して，締め切りなさい。

12月1日　取引銀行から¥500,000を借り入れ，利息¥12,000を差し引かれ，手取金は当座預金とした。ただし，返済日は2月末日である。
　31日　決算にあたり，支払利息のうち，前払分¥8,000を次期に繰り延べた。
　〃日　支払利息勘定の残高¥4,000を損益勘定に振り替えた。
1月1日　前払利息を支払利息勘定に再振替した。

4．次の勘定口座の（　）にあてはまる金額または勘定科目を答えなさい。

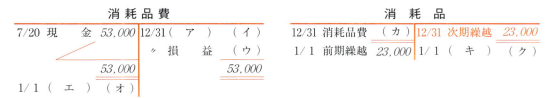

5．次の取引の仕訳を示し，受取家賃勘定と前受家賃勘定に転記して，締め切りなさい。

9月1日　家賃半年分¥60,000を現金で受け取った。
12月31日　決算にあたり，受取家賃のうち，前受分¥20,000を次期に繰り延べた。
　〃日　受取家賃勘定の残高¥40,000を損益勘定に振り替えた。
1月1日　前受家賃を受取家賃勘定に再振替した。

6．次の取引の仕訳を示し，広告料勘定と未払広告料勘定に転記して，締め切りなさい。

11月10日　広告料¥30,000を現金で支払った。

12月31日　決算にあたり，広告料の未払額¥9,000を計上した。

〃日　広告料勘定の残高を損益勘定に振り替えた。

1月1日　未払広告料を広告料勘定に再振替した。

7．次の取引の仕訳を示し，受取地代勘定と未収地代勘定に転記して，締め切りなさい。

11月30日　9月から3か月分の地代¥24,000を現金で受け取った。

12月31日　決算にあたり，地代の未収額¥8,000を計上した。

〃日　受取地代勘定の残高を損益勘定に振り替えた。

1月1日　未収地代を受取地代勘定に再振替した。

2月25日　12月から3か月分の地代¥24,000を現金で受け取った。

8．山口商店（決算年1回　12月31日）の総勘定元帳の勘定残高と決算整理事項は，次のとおりであった。よって，

(1)　決算整理仕訳を示しなさい。

(2)　8桁精算表を作成しなさい。

(3)　損益計算書を作成しなさい。

(4)　貸借対照表を作成しなさい。

元帳勘定残高

現　　　　金	¥ 335,000	現金過不足 (借方残高)	¥ 3,000	当 座 預 金	¥ 982,000	受 取 手 形	¥3,000,000
売 掛 金	1,250,000	貸倒引当金	25,000	有 価 証 券	512,000	繰 越 商 品	780,000
建　　　　物	3,000,000	建物減価 償却累計額	540,000	備　　　　品	500,000	備品減価 償却累計額	180,000
支 払 手 形	1,500,000	買 掛 金	1,068,000	借 入 金	1,000,000	資 本 金	5,000,000
引 出 金	66,000	売　　　　上	4,790,000	受取手数料	116,000	受 取 家 賃	240,000
仕　　　　入	3,420,000	給　　　　料	415,000	消 耗 品 費	50,000	支 払 地 代	36,000
雑　　　　費	38,000	支 払 利 息	72,000				

決算整理事項

a．期末商品棚卸高　　¥890,000

b．貸倒見積額　　受取手形と売掛金の期末残高に対し，それぞれ2％設定する。

c．有価証券評価額（時価）　　¥500,000

d．減価償却額　　建物 ¥108,000　　備品 ¥45,000

e．消耗品未使用額　¥19,000　　f．家賃前受額　¥40,000

g．利息前払額　¥12,000　　h．地代未払額　¥6,000

i．現金過不足勘定の残高は雑損として処理する。

j．引出金勘定の残高は整理する。

1．次の取引の仕訳を示しなさい。

(1) 次の受取利息勘定の決算整理後の記入状況にもとづいて，この収益の勘定から損益勘定へ振り替える決算仕訳を示しなさい。

	受 取 利 息		
前受利息	25,000	貸 付 金	55,000
		未収利息	90,000

(2) 次の前払家賃勘定の開始記入後の記入状況にもとづいて，再振替を行うための仕訳を示しなさい。

	前 払 家 賃		
支払家賃	37,000	次期繰越	37,000
前期繰越	37,000		

2．会計期間を1月1日から12月31日までとする山手商店の平成〇2年末における次の【決算日に判明した事項】および【決算整理事項】にもとづいて，精算表を完成しなさい。

【決算日に判明した事項】

(1) 出張していた従業員が帰店し，¥30,000の概算払いをしていた旅費の精算をした結果，現金¥1,500の戻し入れがあった。

(2) 現金過不足額のうち，¥7,500は受取手数料の記入もれであることが判明したが，残額については決算日現在その発生原因が依然として不明であったので，適切な処理をした。

(3) 商品の注文にかかわる手付金として受領した前受金のうち，¥100,500分については商品の引渡しが完了していたが，この処理が未済であった。

【決算整理事項】

(1) 期末商品棚卸高 ¥301,500 なお，売上原価は「仕入」の行で計算する。

(2) 受取手形および売掛金の期末の残高に対し，4％の貸倒引当金を設定する。

(3) 有価証券の期末評価額は¥187,500である。

(4) 建物および備品に対して，定額法により減価償却を行う。耐用年数は建物30年，備品10年であり，残存価額はともに取得原価の10％としている。

なお，備品のうち¥600,000は平成〇2年3月1日に購入されたものであり，これについては月割計算で減価償却費を計上する。

(5) 保険料は毎年5月1日に向こう1年分を支払っている。本年も同日に前期と同額を支払っている。

(6) 給料の未払額が¥202,500ある。

(7) 受取手数料の前受分が¥25,500ある。

(8) 利息の未払分が¥16,500ある。

精　算　表

勘定科目	残高試算表 借方	残高試算表 貸方	修正記入 借方	修正記入 貸方	損益計算書 借方	損益計算書 貸方	貸借対照表 借方	貸借対照表 貸方
現　　　金	295,500							
現金過不足		10,500						
当 座 預 金	213,000							
受 取 手 形	394,500							
売 掛 金	280,500							
貸倒引当金		9,000						
有 価 証 券	153,000							
仮 払 金	30,000							
繰 越 商 品	367,500							
建　　　物	4,500,000							
建物減価償却累計額		270,000						
備　　　品	1,350,000							
備品減価償却累計額		337,500						
支 払 手 形		391,500						
買 掛 金		336,000						
借 入 金		375,000						
前 受 金		132,000						
資 本 金		4,500,000						
売　　　上		12,555,000						
受取手数料		133,500						
仕　　　入	9,672,000							
給　　　料	1,434,000							
広 告 費	174,000							
保 険 料	108,000							
支 払 利 息	78,000							
	19,050,000	19,050,000						
旅費交通費								
雑　　　益								
貸倒引当金繰入								
有価証券評価益								
減価償却費								
前払保険料								
未 払 給 料								
前受手数料								
未 払 利 息								
当期純利益								

＊第3例題(p.326)を記帳し，決算を行いなさい。＊

第 IV 編

帳簿と伝票

これまで学んだ仕訳帳・総勘定元帳，現金出納帳・売掛金元帳などの帳簿は，どのように分類し，どの部課で担当するのか。また，伝票の記入やその集計・転記はどのように行うのか。第IV編では，帳簿の役割と伝票の利用について学習しよう。

会計の発達は文明の歴史そのものである。
ウルフ〔イギリスの弁護士，会計史研究家〕

簿記の基礎	I
取引の記帳と決算 I	II
取引の記帳と決算 II	III
帳簿と伝票	IV
取引の記帳と決算 III	V
本支店の会計	VI
複合仕訳帳制	VII
株式会社の記帳	発展

第19章 帳簿

　これまで学習した帳簿にはどのような種類や役割があるのか。業務の分担を行ったとき，どのような帳簿組織を用いればよいのか。
　ここでは，帳簿の種類，分課制度と帳簿組織，帳簿の形式，帳簿に関する法規について学習しよう。

キーワード　帳簿組織　主要簿　補助簿

1 帳簿の種類

　これまで学んだ帳簿は，主要簿と補助簿に分けられる。
　主要簿には，すべての取引を仕訳して日付順に記帳する仕訳帳と，その記帳にもとづいて，勘定科目ごとに記帳・整理する総勘定元帳がある。主要簿は，決算に必要な基礎資料を提供する役割をもち，複式簿記では欠くことのできない重要な帳簿である。
　補助簿には，特定の取引の明細を発生順に記帳する**補助記入帳**と，特定の勘定についての明細を口座別に記帳する**補助元帳**がある。補助簿は，主要簿による記録を補うとともに，総勘定元帳の記録との照合を行う役割をもっている。
　主要簿と補助簿の関係を示すと，次のとおりである。

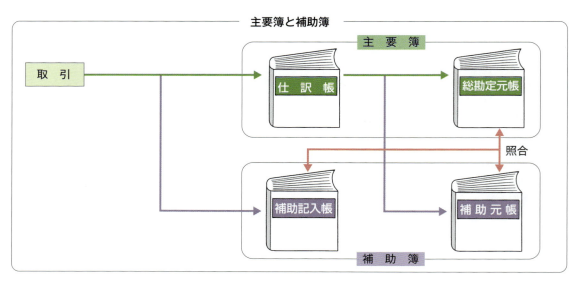

> **トリビア** 総勘定元帳と照合する主な補助簿

総勘定元帳	補助簿	
	補助記入帳	補助元帳
現　　　　金	現金出納帳	――
当　座　預　金	当座預金出納帳	――
小　口　現　金	小口現金出納帳	――
受　取　手　形	受取手形記入帳	
支　払　手　形	支払手形記入帳	
売　　掛　　金	――	売掛金元帳
買　　掛　　金	――	買掛金元帳
売　　　　上	売　上　帳	商品有高帳
仕　　　　入	仕　入　帳	商品有高帳

補助元帳には，表のほかに，備品勘定と照合する備品台帳など各固定資産勘定と照合する固定資産台帳がある。また，販売費や一般管理費を支払ったときに，販売費及び一般管理費勘定で処理する場合は，この勘定と照合する販売費及び一般管理費元帳がある。

2 分課制度と帳簿組織

　企業の取引量が増え，業務が複雑になるにともない，業務をいくつかの課や係に分けて担当する制度が必要になる。この制度を**分課制度**という。企業の全般的な管理を担当する総務課，商品の仕入れ・販売を担当する営業課，経理事務を担当する経理課などに分けるのが分課制度の一例である。これらの課は，さらにいくつかの係に分けることもある。

　分課制度をとる場合，帳簿も各業務ごとに分担して記帳する。これらの帳簿間には，密接な関係をもたせ，統一性のとれた記帳を行うためのしくみが必要になる。この帳簿のしくみを**帳簿組織**という。

　分課制度と帳簿組織の一例を示せば，次のとおりである。

> **分課制度と帳簿組織の例**
> 総務課──庶務係………小口現金出納帳・固定資産台帳
> 営業課┬仕入係………仕入帳・買掛金元帳
> 　　　├販売係………売上帳・売掛金元帳
> 　　　└倉庫係………商品有高帳
> 経理課┬出納係………現金出納帳・当座預金出納帳・受取手形記入帳・
> 　　　│　　　　　　支払手形記入帳・販売費及び一般管理費元帳
> 　　　└会計係………仕訳帳・総勘定元帳

　帳簿組織のうち，主要簿は必ず設けなければならないが，補助簿は業種や取引量などに応じて設けることになる。なお，合理的な帳簿組

織を立案するためには，次のような点に注意する必要がある。

① 企業の業種や取引量などを検討し，記帳手続きと使用する帳簿の種類を明確にする。

② 記帳手続きを簡単にして，記帳の能率化をはかる。

③ **内部けん制制度**を採用して，誤りや不正を防止できるようにする。

> **トリビア　内部けん制制度**
>
> 　分課制度と帳簿組織とをうまく結びつけて，一つの取引を二つ以上の課や係で記帳し，これを照合することによって，記帳の誤りや不正を防止するしくみを**内部けん制制度**という。
>
> 　たとえば，売掛金を現金で回収した取引は，販売係が売掛金元帳に，出納係が現金出納帳に，会計係が仕訳帳に記入する。そうすれば，一つの取引が3種類の帳簿にそれぞれ別の係によって記入され，いずれかの係で誤りや不正が生じた場合でも，それぞれの帳簿を相互に照合することによって，容易に誤りや不正を発見することができる。

3　帳簿の形式

　帳簿の形式には，手作業による会計処理で使う帳簿や，コンピュータによる会計処理で使う電子帳簿などがある。

1　手作業による会計処理で使う帳簿

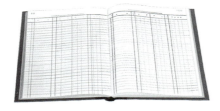

つづり込み帳簿

ルーズリーフ式帳簿

　つづり込み帳簿　用紙をつづり合わせてノートのように製本している帳簿で，あらかじめページ数が印刷されている。用紙の抜き差しができないので，用紙の散乱や紛失の恐れが少ない。しかし，同時に何人かが分担して記帳することはできない。現金出納帳・当座預金出納帳などの補助記入帳に用いられている。

　ルーズリーフ式帳簿　簿記用のルーズリーフ用紙をバインダーによってつづった帳簿である。用紙の抜き差しや補充ができるので，分担して記帳することもできる。売掛金元帳・買掛金元帳などの各種の帳簿に用いられている。

カード式帳簿　一定の形式のカードによる帳簿で，カード箱や引き出しなどの容器に入れて取り扱う。記帳は，必要なカードを取り出して行う。勘定口座の分類や配列の入れ替えを容易に行うことができ，記帳は数人によって分担することができる。商品有高帳・売掛金元帳・買掛金元帳などの補助元帳に用いられている。

カード式帳簿

2 コンピュータによる電子帳簿

　これまでに学んだ帳簿をコンピュータで作成する場合には，会計プログラムを使用し，仕訳などの取引データをコンピュータに入力する。このさい，入力したデータは磁気ディスクなどに，仕訳帳・総勘定元帳・補助簿などの形式で出力可能なデータファイルとして記録される。このようにコンピュータによって会計処理を行っている場合，磁気ディスクなどの媒体に記録され，いつでも帳簿として出力できる電子データを**電子帳簿**という。

　電子帳簿を利用すれば，会計プログラムによって，いつでも仕訳帳・総勘定元帳・補助簿を作成できるだけでなく，必要に応じて試算表・貸借対照表・損益計算書を作成したり，仕入れ・販売などの計画に必要な資料の作成や分析を行うことができる。

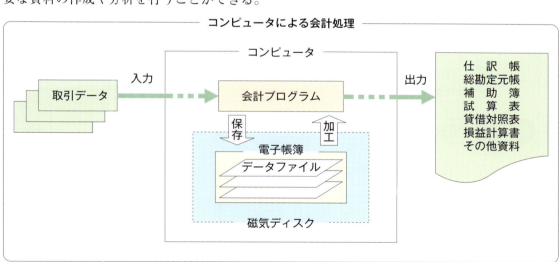

　これまでは，記録の確実性などから，会計記録を紙の形で保存しなければならないとされてきた。そのためコンピュータで作成した帳簿書類は紙に出力して保存しなければならなかった。しかし，電子記録の信頼性が向上するにともなって，情報化社会の進展への対応，帳簿

3. 帳簿の形式　**191**

❶電子計算機を使用して作成する国税関係帳簿書類の保存方法等の特例に関する法律（電子帳簿保存法という）。

書類の保存にかかる費用の軽減をはかるために，一定の要件のもと，帳簿書類の電子データ保存ができるようになった。❶

4 帳簿に関する法規

帳簿について，商法は次のような規定をしている。

商人は，その営業のために使用する財産について，適時に，正確な商業帳簿を作成しなければならない。❶この商業帳簿は，仕訳帳・総勘定元帳・補助簿などの会計帳簿と貸借対照表をさしている。

なお，作成する貸借対照表は，会計帳簿に継続的に記録された会計記録にもとづいて作成されなければならない。❷

商業帳簿は，書面または電磁的記録をもって作成および保存することができ❸，商業帳簿と営業に関する重要な資料は10年間保存しなければならない。❹

❶商法第19条第2項参照。

❷商法施行規則第7条第2項参照。
❸商法施行規則第4条第3項参照。
❹商法第19条第3項参照。

［商法抜粋］
第19条　商人の会計は，一般に公正妥当と認められる会計の慣行に従うものとする。
②　商人は，その営業のために使用する財産について，法務省令で定めるところにより，適時に，正確な商業帳簿（会計帳簿及び貸借対照表をいう。以下この条において同じ。）を作成しなければならない。
③　商人は，帳簿閉鎖の時から十年間，その商業帳簿及びその営業に関する重要な資料を保存しなければならない。
④　裁判所は，申立てにより又は職権で，訴訟の当事者に対し，商業帳簿の全部又は一部の提出を命ずることができる。

確認問題

1．次の表の □ のなかに，下記の語群のなかからもっとも適当な語を記入しなさい。

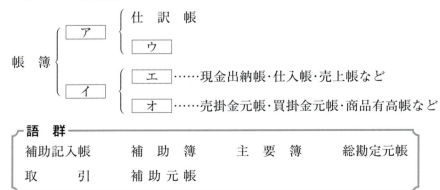

2．内部けん制制度について簡単に述べなさい。

3．帳簿組織を立案するさいの注意点を三つ述べなさい。

4．次の帳簿の形式面の特徴を答えなさい。

(1) つづり込み帳簿　(2) ルーズリーフ式帳簿　(3) カード式帳簿　(4) 電子帳簿

5．次の文のうち，誤りのあるものを訂正しなさい。

(1) 商法上の商業帳簿は，仕訳帳と総勘定元帳のことである。

(2) 商業帳簿は，必ずしも作成しなくてもよい。

(3) 貸借対照表は，会計帳簿に継続的に記録された会計記録にもとづいて作成する。

(4) 商業帳簿は，5年間保存する必要がある。

(5) 一定の要件のもとに帳簿書類の電子データ保存が認められている。

完成問題

1．次の取引が記入される補助簿の名称を答えなさい。

(1) 大分商店からA品　100個　@¥500　¥50,000を仕入れ，代金は掛けとした。

(2) 日吉商店の売掛金¥60,000を，同店振り出しの約束手形で受け取った。

(3) 本月分の家賃¥20,000を，小切手を振り出して支払った。

(4) さきに，別府商店に掛売りした商品に品違いがあり，10個　@¥1,000　¥10,000が返品された。

2．次の仕入帳の記入について，それぞれの日付の取引が記入される仕入帳以外の補助簿の名称を答えなさい。

仕　入　帳　　　　　　10

平成○年		摘　　要	内　訳	金　額
10	7	宮崎商店　　　　　現金・掛け		
		A　品　300個　@¥600		180,000
	9	宮崎商店　　　　　掛け返品		
		A　品　10個　@¥600		6,000
	16	熊本商店　　　　　約手振り出し		
		B　品　500個　@¥490		245,000
	25	福岡商店　　　　　小切手振り出し		
		C　品　400個　@¥350		140,000

第20章 仕訳伝票と3伝票制

仕訳帳のかわりに伝票を用いた場合，どのように処理すればよいか。

ここでは，仕訳伝票や入金・出金・振替の3伝票の記入法，仕訳集計表の作成と総勘定元帳への転記について学習しよう。

　入金伝票　出金伝票　振替伝票　　検索

1 証ひょうと伝票

1 証ひょう

帳簿への記入は，取引の事実を証明する資料にもとづいて行う。たとえば，商品の仕入取引は，仕入先からの納品書（または送り状）によって記帳する。このような取引の事実を証明する資料を **証ひょう**❶という。

証ひょうには，相手方から受け取る納品書・領収証などや，当方が作成して相手方に渡す納品書・領収証・小切手などの控えがある。

❶証ひょうは，取引に関する重要な証拠書類として，必ず保存しておかなければならない。

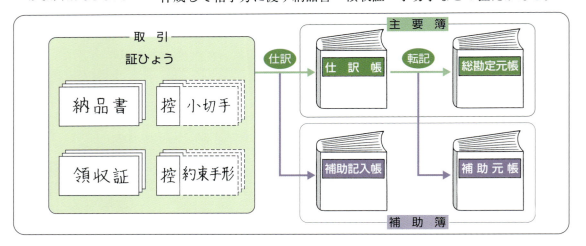

2 伝票

証ひょうにもとづいて，取引の内容を一定の形式の紙片に記入する場合，この紙片を **伝票**といい，伝票に記入することを **起票**という。

仕訳帳のかわりに伝票を用いることにより，取引を各係が分担して

起票することができ，また，起票された伝票は，関係する各係に取引内容を伝えることもできる。したがって，伝票は，記帳の能率を高めるのに役立つ。

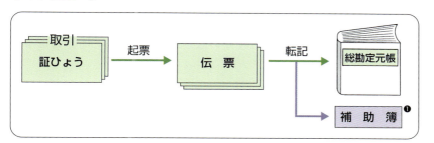

❶これまでの学習では補助簿は，取引（証ひょう）から直接記入してきたが，伝票を使用する場合は，伝票から記入する。

2 仕訳伝票

取引をふつうの仕訳の形式で記入する伝票を**仕訳伝票**という。仕訳伝票は，一取引ごとに1枚を起票し，この伝票から総勘定元帳に転記したり，補助簿に記入する。仕訳伝票には起票順に番号を記入するので，それをつづり合わせると仕訳帳の役割をはたすことができる。

なお，伝票から転記される総勘定元帳の仕丁欄には，伝票番号を記入する。

例 1

1月5日　宮崎商店に次の商品を売り渡し，代金のうち¥50,000は同店振り出しの小切手#025で受け取り，残額は掛けとした。（伝票番号No.45）

A　品　500個　@¥350　¥175,000

解答

勘定科目	元丁	借方	勘定科目	元丁	貸方
現　　金	1	50000	売　　上	21	175000
売 掛 金	4	125000			
合　　計		175000	合　　計		175000

摘要：宮崎商店　A品500個@¥350　小切手#025受け取り

仕訳伝票　No.45　平成○年1月5日

3 3伝票制

取引を入金取引・出金取引とそれ以外の取引の三つに分け，入金取引は**入金伝票**に，出金取引は**出金伝票**に，それ以外の取引は**振替伝票**に記入する。この方法は，3種類の伝票を用いているので，**3伝票制**[1]という。

❶仕入伝票と売上伝票を加えた5伝票制については，第21章で学ぶ。

1 入金伝票

入金取引は，すべて借方科目が「現金」となるから，入金伝票には，「現金」の科目を省略する。科目欄には相手勘定科目（貸方科目），金額欄には入金額を記入する。伝票の種類を色でわかりやすくするため，入金伝票は，ふつう赤色で印刷されている。

例 2

1月8日　熊本商店から12月分売掛金￥200,000を現金で受け取った。
　　　　（伝票番号No.51）

解答

1/8（借）現　金　200,000　　（貸）売 掛 金　200,000

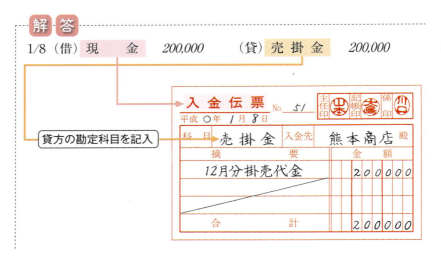

入金取引で，貸方科目が二つ以上になる場合は，貸方科目の1科目ごとに入金伝票を起票する。

例 3

1月8日　福岡商店から売掛金￥120,000と注文の内金￥30,000を，ともに同店振り出しの小切手#113で受け取った。
　　　　（伝票番号No.52, No.53）　　（注）入金伝票は略式で示す。

196　第20章●仕訳伝票と3伝票制

2 出金伝票

出金取引は，すべて貸方科目が「現金」となるから，出金伝票には「現金」の科目を省略する。科目欄には相手勘定科目（借方科目），金額欄には出金額を記入する。出金伝票は，ふつう青色で印刷されている。

例 4

1月8日　五島郵便局から得意先への請求書を郵送し，郵便切手代￥3,000を現金で支払った。（伝票番号No.105）

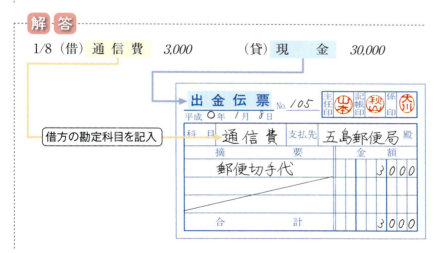

出金取引でも，借方科目が二つ以上になる場合は，借方科目の1科目ごとに出金伝票を起票する。

3 振替伝票

入金取引・出金取引以外の取引は振替取引といい，振替伝票を起票する。振替取引には現金の収支をまったく含まない**全部振替取引**と，一部現金の収支を含む**一部振替取引**がある。

全部振替取引を振替伝票に起票するときは，前節で学んだ仕訳伝票の記入と同じように行う。振替伝票は，ふつう青色または黒色で印刷されている。

例5

1月8日　佐賀商店から次の商品を仕入れ，代金は掛けとした。
（伝票番号No.211）
B品　1,000個　@¥250　¥250,000

解答

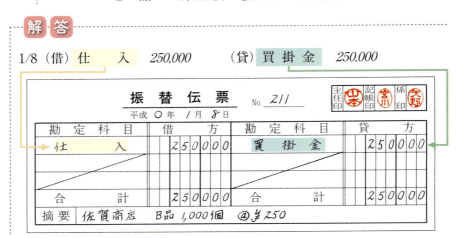

振替伝票の整理・集計を能率的にするため，振替伝票の中央にミシン線を入れ，**借方票**（借方側）と**貸方票**（貸方側）に切り離すことができるようにする方法がある。上の取引を，この伝票に記入すると次のようになる。

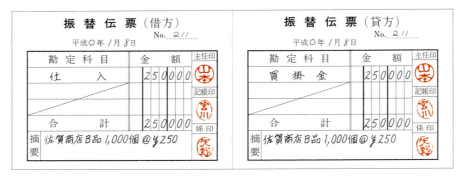

一部振替取引は，現金取引とそれ以外の取引に分けて，別々に伝票を起票する。

例6

1月8日　長崎商店から次の商品を仕入れ，代金のうち¥20,000は現金で支払い，残額は掛けとした。

（伝票番号　出金伝票No.106　振替伝票No.212）
　　　　A　品　800個　@¥200　¥160,000

解答

注．以下，伝票は略式で示す。

　一部振替取引を上例のように記入すると，仕入勘定が2枚の伝票に分割されて記入されるから，照合などのとき不便な場合がある。そこでこのような取引については，いったん全額を振替取引として振替伝票に記入し，そのあとで入金または出金取引があったものとして入金または出金伝票を起票する方法もある。

例 7

1月8日　例6の取引を，いったん全額を掛けで仕入れたものとして処理する。
　　　　（伝票番号　出金伝票No.106　振替伝票No.212）

解答

1/8	（借）仕　　入	160,000	（貸）現　　金	20,000
			買　掛　金	140,000

上記の仕訳を，次のようになおして起票する。

1/8	（借）仕　　入	160,000	（貸）買　掛　金	160,000
〃	（借）買　掛　金	20,000	（貸）現　　金	20,000

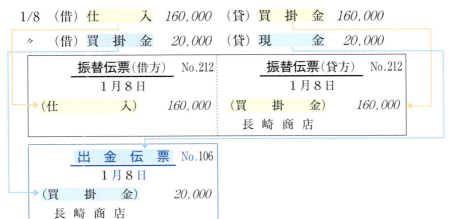

❶1科目1葉主義という。

なお,全部振替取引であっても,借方・貸方の一方または両方に二つ以上の科目が生じる取引では,伝票の分類・集計や元帳への転記を容易にするために,伝票1枚につき,借方・貸方の科目が1科目ずつになるように起票する。❶

例 8

1月8日　鹿児島商店に次の商品を売り渡し,代金のうち¥50,000は同店振り出しの小切手で受け取り,当座預金に預け入れ,残額は掛けとした。ただし,いったん全額を掛け売り上げとして処理する。

（伝票番号No.214, No.215）

　　A 品　500個　@¥300　¥150,000

解 答

1/8　（借）当座預金　50,000　（貸）売　　　上　150,000
　　　　　売　掛　金　100,000

上記の仕訳を,次のようになおして起票する。

1/8　（借）売 掛 金　150,000　（貸）売　　　上　150,000
　〃　（借）当座預金　50,000　（貸）売 掛 金　50,000

振替伝票(借方) No.214	振替伝票(貸方) No.214
1月8日	1月8日
（売 掛 金）　150,000	（売　　上）　150,000
鹿児島商店	

振替伝票(借方) No.215	振替伝票(貸方) No.215
1月8日	1月8日
（当 座 預 金）　50,000	（売 掛 金）　50,000
	鹿児島商店

例 9

博多商店の1月11日の取引を,入金伝票・出金伝票・振替伝票に記入しなさい。

ただし,商品売買取引は,すべていったん全額を掛け取引として処理する。

① 佐賀商店へ買掛金の支払いのため,同店あての約束手形#10 ¥100,000を振り出した。

② 宮崎商店に次の商品を売り渡し，代金は掛けとした。なお，発送費用¥6,000は，現金で支払った。
　　B 品　　500個　　@¥400　¥200,000
③ 長崎商店から次の商品を仕入れ，代金のうち¥20,000は現金で支払い，残額は掛けとした。
　　A 品　1,000個　　@¥220　¥220,000
④ 小林商店に次の商品を売り渡し，代金のうち¥70,000は現金で受け取り，残額は掛けとした。
　　A 品　　800個　　@¥320　¥256,000
⑤ 山口商店から地代¥80,000を，現金で受け取った。

解 答

①
振替伝票(借方) No.230	振替伝票(貸方) No.230
1月11日	1月11日
(買　掛　金)　100,000	(支払手形)　100,000
佐 賀 商 店	約手 # 10

②
振替伝票(借方) No.231	振替伝票(貸方) No.231
1月11日	1月11日
(売　掛　金)　200,000	(売　　　上)　200,000
宮 崎 商 店	

出　金　伝　票　No.110
1月11日
(発　送　費)　6,000

③
振替伝票(借方) No.232	振替伝票(貸方) No.232
1月11日	1月11日
(仕　　　入)　220,000	(買　掛　金)　220,000
	長 崎 商 店

出　金　伝　票　No.111
1月11日
(買　掛　金)　20,000
長 崎 商 店

④
振替伝票(借方) No.233	振替伝票(貸方) No.233
1月11日	1月11日
(売　掛　金)　256,000	(売　　　上)　256,000
小 林 商 店	

入　金　伝　票　No. 60
1月11日
(売　掛　金)　70,000
小 林 商 店

⑤
入　金　伝　票　No. 61
1月11日
(受　取　地　代)　80,000

4　3伝票の集計と転記

　入金・出金・振替の3伝票を用いる場合の総勘定元帳への転記は，前に学んだ仕訳伝票と同様に1枚ずつ転記する。これを**個別転記**という。しかし，伝票枚数が多くなると，個別に転記したのでは手数や時間がかかるうえに誤りも生じやすい。

　そこで，毎日あるいは1週間とか10日ごとに伝票をまとめ，各勘定科目ごとに金額を集計して**仕訳集計表**を作成し，仕訳集計表から勘定科目ごとの合計額を総勘定元帳に転記する。これを**合計転記**という。

　なお，補助簿には，各伝票から記入する。

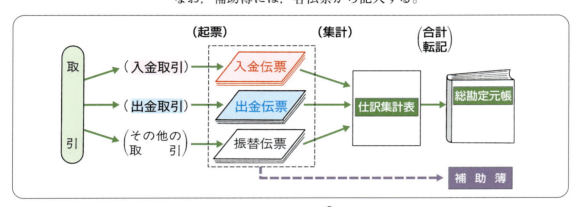

❶番号①〜⑤および，1,2は，例10の説明の数字に対応する。

▶**仕訳集計表の作成手続き**❶◀

① 入金伝票の金額を合計し，その合計額を仕訳集計表の現金勘定の借方に記入する。

② 出金伝票の金額を合計し，その合計額を仕訳集計表の現金勘定の貸方に記入する。

③ 出金伝票の金額と振替伝票の借方票の金額を勘定科目ごとに分類・集計し，勘定科目ごとの合計額を仕訳集計表の借方に記入する。

④ 入金伝票の金額と振替伝票の貸方票の金額を勘定科目ごとに分類・集計し，勘定科目ごとの合計額を仕訳集計表の貸方に記入する。

⑤ 仕訳集計表の借方欄と貸方欄の各金額を合計し，合計額の一致を確かめてから締め切る。❷

❷借方欄の合計金額と貸方欄の合計金額は，貸借平均の原理により一致する。

▶**合計転記**◀

1 総勘定元帳の各勘定の摘要欄には「仕訳集計表」と記入し，仕丁欄には仕訳集計表のページ数を記入する。

2 転記後，仕訳集計表の元丁欄に勘定口座の番号またはページ数を記入する。

なお，補助簿への記入は伝票1枚ごとに行う。

例 10

博多商店の1月11日の略式の伝票から，仕訳集計表を作成して，総勘定元帳に転記しなさい。

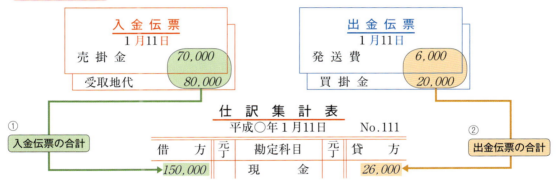

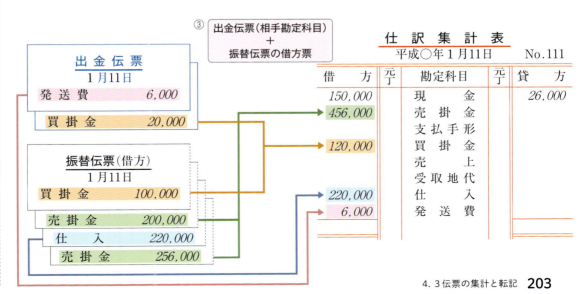

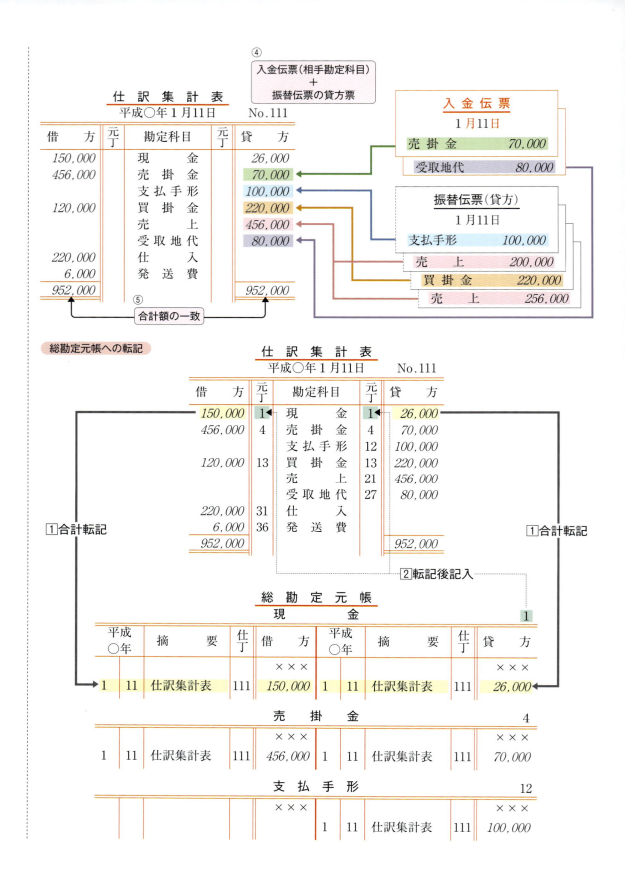

		買	掛	金			13
			×××				×××
1	11	仕訳集計表	111	120,000	1	11	仕訳集計表	111	220,000

		売		上			21
平成○年	摘要	仕丁	借方	平成○年	摘要	仕丁	貸方
			×××				×××
				1	11	仕訳集計表	111	456,000

		受 取 地 代					27
				1	11	仕訳集計表	111	80,000

		仕		入			31
1	11	仕訳集計表	111	220,000				×××

		発 送 費					36
1	11	仕訳集計表	111	6,000				

確認問題

1．次の１月12日の取引から仕訳伝票を起票し，総勘定元帳の各勘定口座に転記しなさい。

勘定科目

1. 現　　　金　2.当座預金　3.受取手形　4.売　掛　金　6.有価証券
7. 未　収　金　12.買　掛　金　23.有価証券売却益　31.仕　　　　入

１月12日の取引

(1) 大村商店から次の商品を仕入れ，代金のうち¥50,000は小切手＃128を振り出して支払い，残額は掛けとした。（伝票番号No.161）

　　　　　A　品　200個　@¥800　¥160,000

(2) 島原商店に対する12月分の売掛金のうち¥30,000は同店振り出しの小切手＃055で受け取り，¥150,000は同店振り出し，当店あての約束手形＃17（支払期日２月12日，支払場所　平戸銀行）で受け取った。（伝票番号No.162）

(3) 松浦証券に売買目的で保有の人吉商事株式会社の株式10株（帳簿価額１株¥55,000）を１株につき¥65,000で売却し，代金は１週間後に受け取ることとした。（伝票番号No.163）

2．次の１月20日の取引から，入金伝票・出金伝票・振替伝票に記入しなさい。ただし，商品売買の取引は，すべていったん全額を掛け取引として処理する方法によること。

なお，伝票番号は，入金伝票はNo.101から，出金伝票はNo.201から，振替伝票はNo.301から起票順につけることとする。

１月20日の取引

(1) 日南銀行の当座預金から小切手♯121 ¥30,000を振り出して，現金を引き出した。

(2) 宮崎商店から次の商品を仕入れ，代金のうち¥10,000は現金で支払い，残額は掛けとした。

　　　　　Ａ　品　　1,000個　　@¥220　　¥220,000

(3) 大村商店に次の商品を売り渡し，代金のうち¥50,000は同店振り出しの小切手♯098で受け取り，残額は掛けとした。

　　　　　Ｂ　品　　500個　　@¥600　　¥300,000

(4) 若松商店に対する12月分の買掛金¥280,000を小切手♯122を振り出して支払った。

(5) 田川商店にＣ品800個を注文し，内金として¥35,000を現金で支払った。

(6) 戸畑商店に次の商品を売り渡し，代金は掛けとした。なお，発送費¥3,000は福岡運送店に現金で支払った。

　　　　　Ａ　品　　50個　　@¥400　　¥ 20,000

(7) 唐津商店に対する12月分の売掛金のうち¥200,000を，同店振り出しの小切手♯128 ¥40,000と，福江商店振り出し，平戸商店裏書の約束手形♯33 ¥160,000で受け取った。

(8) 菊地家具店に先月購入の備品代金未払分¥45,000を現金で支払った。

(9) 荒尾商店から次の商品を仕入れ，代金は唐津商店から受け取った小切手♯128で支払った。

　　　　　Ｂ　品　　100個　　@¥400　　¥ 40,000

３．上記２．の伝票から，仕訳集計表を作成し，元帳の各勘定口座に転記しなさい。

勘定科目

　　1．現　　　金　　2．当座預金　　3．受取手形　　4．売　掛　金
　　8．前　払　金　　12．買　掛　金　　13．未　払　金　　21．売　　　上
　　31．仕　　　入　　36．発　送　費

完成問題

1. 次の取引について，入金伝票を(1)のように作成した場合と(2)のように作成した場合のそれぞれについて振替伝票の記入を示しなさい。

　　3月10日　佐賀商店に商品¥510,000を売り渡し，代金のうち¥70,000は現金で受け取り，残額は掛けとした。

(1)
入　金　伝　票 3月10日	振替伝票（借方） 3月10日	振替伝票（貸方） 3月10日
売　掛　金　　70,000	(　　　)(　　　)	(　　　)(　　　)

(2)
入　金　伝　票 3月10日	振替伝票（借方） 3月10日	振替伝票（貸方） 3月10日
売　　上　　　70,000	(　　　)(　　　)	(　　　)(　　　)

2. 次の各2枚の伝票は，それぞれある一つの取引について作成されたものである。これらの伝票から取引を推定して，仕訳を示しなさい。

(1)
振替伝票（借方） 4月3日	振替伝票（貸方） 4月3日
仕　入　　150,000	支払手形　　150,000

振替伝票（借方） 4月3日	振替伝票（貸方） 4月3日
仕　入　　80,000	買掛金　　80,000

(2)
振替伝票（借方） 4月3日	振替伝票（貸方） 4月3日
仕　入　　230,000	買掛金　　230,000

振替伝票（借方） 4月3日	振替伝票（貸方） 4月3日
買掛金　　150,000	支払手形　　150,000

第21章 5伝票制

記帳を合理的に行うため，いままで学んだ3伝票制に仕入伝票・売上伝票を加えた5伝票制の起票・集計・転記を学習しよう。

キーワード　仕入伝票　売上伝票

1　5伝票の起票

　商品売買業では，商品の仕入れや売り上げの取引がひんぱんに行われる。これらの取引を合理的に処理するために，入金伝票・出金伝票・振替伝票に加えて，仕入伝票と売上伝票を用いる。この方法は，5種類の伝票を用いるので**5伝票制**という。

　5伝票制では，入金・出金・仕入れ・売り上げの取引については，それぞれ入金伝票・出金伝票・仕入伝票・売上伝票を起票し，それ以外の取引については振替伝票を起票する。そして，これらの伝票から総勘定元帳に転記する。そのさい，各伝票から勘定科目ごとの金額を集計して，仕訳集計表を作成し，それから合計転記する方法がとられる。なお，補助簿には各伝票から記入する。

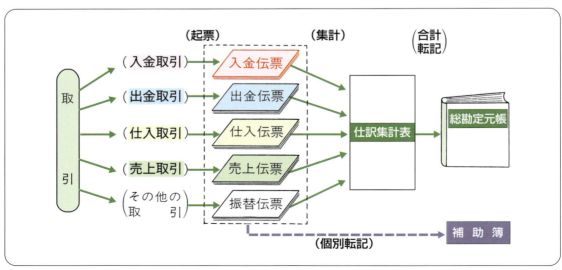

仕入伝票

　仕入伝票には，仕入取引を記入する。この場合，仕入取引はすべて全額を掛け仕入れとして起票する。したがって，掛け以外の現金払いや小切手払いなどの仕入取引は，いったん全額を掛け仕入れの取引として仕入伝票を起票し，ただちに掛け代金の支払いが行われたものとして，出金伝票や振替伝票を起票する。このような起票によって，まず，仕入伝票の借方「仕入」と貸方「買掛金」の勘定科目を記入することが省略できるとともに，あとで学ぶ伝票の集計が容易になる。

　仕入伝票には，日付・伝票番号・仕入先名・品名・数量・単価・金額および摘要欄に決済方法などを記入する。

　なお，仕入返品・値引きの取引は，仕入伝票に赤字で記入する。

例 1

　9月1日　大津商店から次の商品を仕入れ，代金は掛けとした。
　　　　　（伝票番号　仕入伝票　No.321）
　　　　　　B　品　1,000個　@¥250　¥250,000

解答

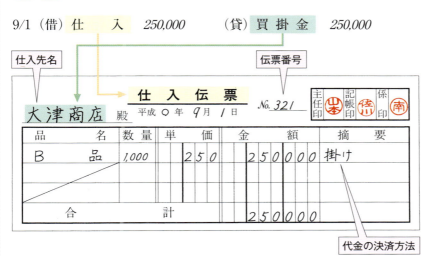

仕入伝票ではすべて掛け取引として記帳されるので，どこの仕入先に対する買掛金であるかが重要になります。このため仕入先名を記入します。

例 2

　9月1日　京都商店から次の商品を仕入れ，代金のうち¥20,000は現金で支払い，残額は掛けとした。
　　　　　（伝票番号　出金伝票　No.211　仕入伝票　No.322）
　　　　　　A　品　800個　@¥200　¥160,000

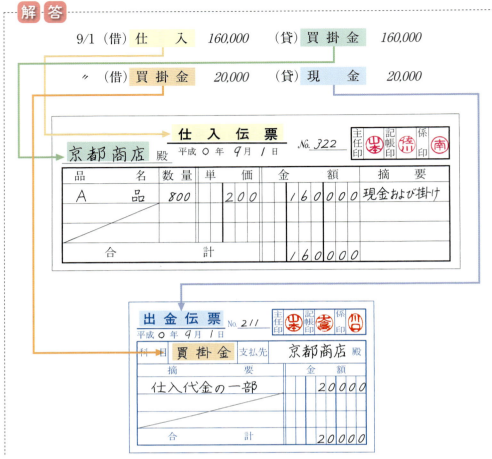

2 売上伝票

　売上伝票には，売上取引を記入する。売上伝票の場合も，すべて全額を掛け取引として起票する。したがって，掛け以外の売上取引は，いったん全額を掛け売り上げの取引として売上伝票を起票し，ただちに掛け代金を回収したものとして，入金伝票や振替伝票を起票する。

　このような起票によって，売上伝票の借方「売掛金」と貸方「売上」の勘定科目を記入することが省略できる。

　売上伝票には，日付・伝票番号・得意先名・品名・数量・単価・金額および摘要欄に決済方法などを記入する。

　なお，売上返品・値引きの取引は，売上伝票に赤字で記入する。

例 3

9月1日　宇治商店に次の商品を売り渡し，代金のうち￥50,000は同店振り出しの小切手で受け取り，ただちに当座預金に預け入れた。なお，残額は掛けとした。

(伝票番号　売上伝票 No.451　振替伝票 No.531)
A　品　500個　@¥300　¥150,000

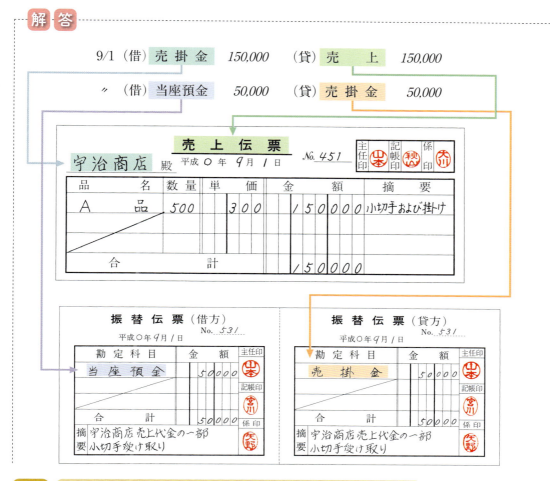

2　5伝票の集計と転記

　起票した伝票は，毎日，週末などに仕訳集計表に集計し，総勘定元帳の各勘定口座に合計転記する。

　買掛金元帳，売掛金元帳には，各伝票から個別に記入する。

▶仕訳集計表の作成手続き❶◀

① 入金伝票の金額を合計し，その合計額を仕訳集計表の現金勘定の借方に記入する。

② 出金伝票の金額を合計し，その合計額を仕訳集計表の現金勘定の貸方に記入する。

③ 仕入伝票を仕入れと仕入値引・返品とに分類し，集計する。
　仕入れの合計額は，仕入勘定の借方と，買掛金勘定の貸方に記入し，仕入値引・返品の合計額は，仕入勘定の貸方に記入する。❷

❶番号①～⑦は例4の説明の数字に対応する。

❷買掛金勘定の借方記入は，次ページ⑤参照。

④　売上伝票を売り上げと売上値引・返品とに分類し，集計する。
　　売り上げの合計額は，売掛金勘定の借方と，売上勘定の貸方に記入し，売上値引・返品の合計額は，売上勘定の借方に記入する。❶

❶売掛金勘定の貸方記入は，⑥参照。

⑤　出金伝票の金額と振替伝票の借方票の金額を勘定科目ごとに分類・集計し，各勘定の借方に記入する。ただし，買掛金勘定の借方には③の仕入値引・返品の合計額を加えた金額を記入する。

⑥　入金伝票の金額と振替伝票の貸方票の金額を勘定科目ごとに分類・集計し，各勘定の貸方に記入する。ただし，売掛金勘定の貸方には④の売上値引・返品の合計額を加えた金額を記入する。

⑦　仕訳集計表の借方欄と貸方欄の各金額を合計し，合計額の一致を確かめてから締め切る。❷

❷仕訳集計表から総勘定元帳への合計転記はp.215を参照。

例 4

9月1日に起票した次の各伝票から，仕訳集計表を作成し，総勘定元帳に合計転記しなさい。なお，売掛金元帳，買掛金元帳にも記入しなさい。

仕訳集計表の作成

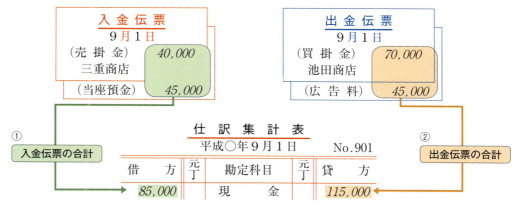

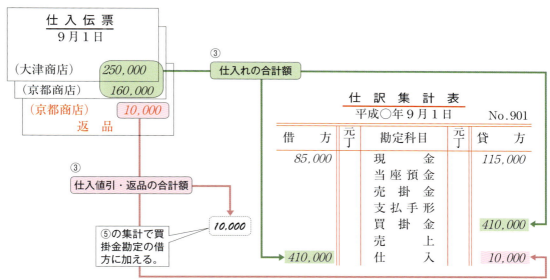

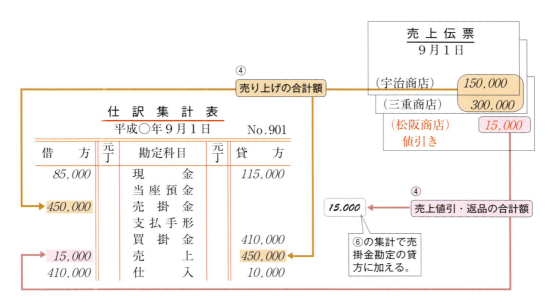

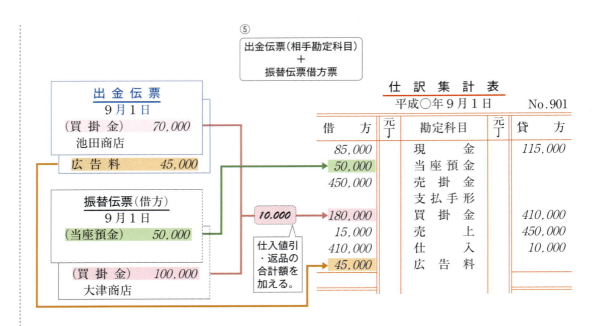
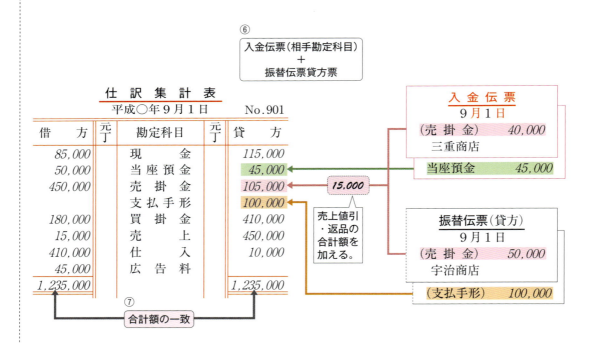

214　第21章●5 伝票制

総勘定元帳への合計転記と売掛金元帳・買掛金元帳への記入

仕訳集計表
平成○年9月1日　　No.901

借　方	元丁	勘定科目	元丁	貸　方
85,000	1	現　　金	1	115,000
50,000	2	当座預金	2	45,000
450,000	4	売 掛 金	4	105,000
		支払手形	11	100,000
180,000	12	買 掛 金	12	410,000
15,000	21	売　　上	21	450,000
410,000	31	仕　　入	31	10,000
45,000	32	広 告 料		
1,235,000				1,235,000

仕訳集計表の合計金額は，すべての伝票の金額を合計した額と同じになります。

総 勘 定 元 帳

現　　金　　1

| 9/ 1 前期繰越 | ×××　 | 9/ 1 仕訳集計表 | 115,000 |
| 〃 仕訳集計表 | 85,000 | | |

当座預金　　2

| 9/ 1 前期繰越 | ×××　 | 9/ 1 仕訳集計表 | 45,000 |
| 〃 仕訳集計表 | 50,000 | | |

売 掛 金　　4

| 9/ 1 前期繰越 | ×××　 | 9/ 1 仕訳集計表 | 105,000 |
| 〃 仕訳集計表 | 450,000 | | |

支払手形　　11

| | | 9/ 1 仕訳集計表 | 100,000 |

買 掛 金　　12

| 9/ 1 仕訳集計表 | 180,000 | 9/ 1 前期繰越 | ××× |
| | | 〃 仕訳集計表 | 410,000 |

売　　上　　21

| 9/ 1 仕訳集計表 | 15,000 | 9/ 1 仕訳集計表 | 450,000 |

仕　　入　　31

| 9/ 1 仕訳集計表 | 410,000 | 9/ 1 仕訳集計表 | 10,000 |

広 告 料　　32

| 9/ 1 仕訳集計表 | 45,000 | | |

売 掛 金 元 帳

三重商店　　1

| 9/ 1 前月繰越 | ×××　 | 9/ 1 現金受け取り | 40,000 |
| 〃 売り上げ❶ | 300,000 | | |

宇治商店　　2

| 9/ 1 前月繰越 | ×××　 | 9/ 1 当座預金入金 | 50,000 |
| 〃 売り上げ | 150,000 | | |

松阪商店　　3

| 9/ 1 前月繰越 | ×××　 | 9/ 1 売上値引き | 15,000 |

買 掛 金 元 帳

池田商店　　1

| 9/ 1 現金支払い | 70,000 | 9/ 1 前月繰越 | ××× |

大津商店　　2

| 9/ 1 手形支払い | 100,000 | 9/ 1 前月繰越 | ××× |
| | | 〃 仕入れ | 250,000 |

京都商店　　3

| 9/ 1 仕入返品 | 10,000 | 9/ 1 前月繰越 | ××× |
| | | 〃 仕入れ | 160,000 |

❶売掛金元帳・買掛金元帳の摘要欄には，伝票名を書くこともある。

集計もれを防ぐためのメモ書き

　仕入値引・返品の合計額を，買掛金勘定の借方に加えるのを忘れないために，仕入勘定の貸方に記入すると同時に，買掛金勘定の借方のそばにメモ書きするとよい。同様に，売上値引・返品の合計額についても，売上勘定の借方に記入するのと同時に売掛金勘定の貸方のそばにメモ書きするとよい。

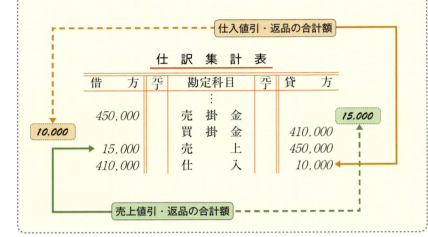

1. 平成○年9月1日の次の取引から，入金伝票・出金伝票・仕入伝票・売上伝票・振替伝票を起票しなさい。ただし，仕入取引・売上取引については，いったん全額を掛け取引として処理すること。

(1) 姫路商店から次の商品を仕入れ，代金のうち￥110,000は現金で支払い，残額は掛けとした。

　　（伝票番号　出金伝票　No.121　仕入伝票　No.221）

　　　A 品　200個　@￥1,550　￥310,000

(2) 長浜商店に次の商品を売り渡し，代金は，内金￥50,000を差し引き，掛けとした。

　　（伝票番号　売上伝票　No.321　振替伝票　No.415）

　　　B 品　300個　@￥1,700　￥510,000

(3) 東山商店に売り渡した商品に品違いがあったので，次のとおり返品された。なお，この代金は売掛金から差し引くことにした。

　　（伝票番号　売上伝票　No.返15）

　　　C 品　　5個　@￥1,200　￥　6,000

⑷ 淀川商店から次の商品を仕入れ，代金は同店あての約束手形#11 ¥272,000を振り出して支払った。

　　（伝票番号　仕入伝票　No.222　振替伝票　No.416）
　　　　D　品　160個　@¥1,700　¥272,000

2．上記1．の伝票から，仕訳集計表を作成し，総勘定元帳に転記しなさい。なお，売掛金元帳，買掛金元帳にも記入しなさい。

総勘定元帳（前日までの記録は省略）
　　1．現　　　金　　4．売　掛　金　　10．支払手形　　11．買　掛　金
　　12．前　受　金　　21．売　　　上　　31．仕　　　入
売掛金元帳　1．長浜商店　　2．東山商店
買掛金元帳　1．姫路商店　　2．淀川商店

完成問題

次の入金伝票・出金伝票・仕入伝票・売上伝票・振替伝票から，仕訳集計表を作成し，総勘定元帳に転記しなさい。なお，売掛金元帳にも記入しなさい。

総勘定元帳（前日までの記録は省略）
　　1．現　　　金　　2．当座預金　　3．受取手形　　4．売　掛　金
　　5．備　　　品　　10．支払手形　　11．買　掛　金　　12．前　受　金
　　21．売　　　上　　31．仕　　　入　　32．発　送　費
売掛金元帳　1．熊野商店　　2．伏見商店　　3．伊勢商店

入　金　伝　票　No.51	入　金　伝　票　No.52	入　金　伝　票　No.53
9月5日	9月5日	9月5日
（売　掛　金）　140,000	（前　受　金）　20,000	（売　掛　金）　170,000
伊勢商店		熊野商店

入　金　伝　票　No.54	出　金　伝　票　No.121	出　金　伝　票　No.122
9月5日	9月5日	9月5日
（当座預金）　50,000	（発　送　費）　3,000	（買　掛　金）　115,000
		宝塚商店

出　金　伝　票　No.123	出　金　伝　票　No.124	仕　入　伝　票　No.231
9月5日	9月5日	9月5日
（買　掛　金）　137,000	（備　　　品）　250,000	（彦根商店）　417,000
彦根商店		

仕　入　伝　票　No.232	仕　入　伝　票　No.233	仕　入　伝　票　No.返12
9月5日	9月5日	9月5日
（梅田商店）　350,000	（宝塚商店）　296,000	（彦根商店）　18,000
		返　品

売　上　伝　票　No.341	売　上　伝　票　No.342	売　上　伝　票　No.343
9月5日	9月5日	9月5日
（伏見商店）　550,000	（伊勢商店）　490,000	（熊野商店）　368,000

売　上　伝　票　No.値11
9月5日
（熊野商店）　12,000
値　引　き

振替伝票（借方）No.431	振替伝票（貸方）No.431
9月5日	9月5日
（買　掛　金）　320,000	（当座預金）　320,000
彦根商店	

振替伝票（借方）No.432	振替伝票（貸方）No.432
9月5日	9月5日
（受取手形）　250,000	（売　掛　金）　250,000
	伊勢商店

振替伝票（借方）No.433	振替伝票（貸方）No.433
9月5日	9月5日
（当座預金）　270,000	（売　掛　金）　270,000
	伏見商店

振替伝票（借方）No.434	振替伝票（貸方）No.434
9月5日	9月5日
（買　掛　金）　130,000	（売　掛　金）　130,000
宝塚商店	熊野商店

振替伝票（借方）No.435	振替伝票（貸方）No.435
9月5日	9月5日
（買　掛　金）　200,000	（支払手形）　200,000
梅田商店	

第 Ⅴ 編

取引の記帳と決算Ⅲ

商品売買・手形に関する特殊な取引の記帳，および複雑な決算整理を含む決算手続きとその記帳は，どのように行うのか。

第Ⅴ編では，特殊な商品売買や特殊な手形取引の記帳と，複雑な決算整理を含む精算表，損益計算書および貸借対照表の作成などを学習しよう。

会計の理論と実務は，密接不可分である。
リトルトン〔アメリカの会計学者〕

簿記の基礎	Ⅰ
取引の記帳と決算Ⅰ	Ⅱ
取引の記帳と決算Ⅱ	Ⅲ
帳簿と伝票	Ⅳ
取引の記帳と決算Ⅲ	Ⅴ
本支店の会計	Ⅵ
複合仕訳帳制	Ⅶ
株式会社の記帳	発展

第22章 特殊な商品売買の記帳

通常の仕入れ・売り上げとは異なる特殊な商品売買取引には，どのようなものがあり，どのように記帳するのか。

ここでは，未着商品売買・委託販売・割賦販売・試用販売・予約販売の記帳について学習しよう。

キーワード　未着商品売買　委託販売　割賦販売　……　検索

1 未着商品売買

遠方の取引先から商品を仕入れる場合，商品の到着にさきだって，**船荷証券**や**貨物引換証**などの**貨物代表証券**を受け取ることがある。この取引における，まだ到着していない運送中の商品を**未着商品**という。

貨物代表証券を受け取ったときは，手もとの商品と区別して，**未着商品勘定**❶(資産の勘定)の借方に原価で記入する。

その後，商品が到着して，貨物代表証券と引き換えに商品を引き取ったときに，未着商品勘定から仕入勘定の借方に振り替える。

なお，仕入れにかかった引取運賃などの諸掛は仕入原価に加える。

❶未着品勘定を用いることもある。

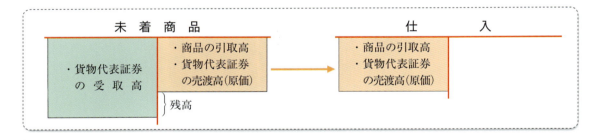

例1

4月22日　札幌商店から，月末に到着の予定で商品¥550,000を仕入れ，船荷証券を受け取り，代金は掛けとした。

30日　上記の商品が到着したので，船荷証券と引き換えに商品を引き取った。なお，引取運賃¥10,000は現金で支払った。

仕訳

4/22	（借）	未着商品	550,000	（貸）	買 掛 金	550,000
30	（借）	仕　　入	560,000	（貸）	未着商品	550,000
					現　　金	10,000

> 貨物代表証券を受け取ったら，未着商品勘定に記入します。

商品を引き取る前に，貨物代表証券をそのまま得意先に売り渡すことがある。この場合には，売価を売上勘定の貸方に記入する。同時に，その原価を未着商品勘定から仕入勘定の借方に振り替える。これは，仕入勘定で売上原価を計算するためである。

例 2

小樽商店に注文した商品￥700,000に対する船荷証券を，帯広商店に￥780,000で売り渡し，代金は同店振り出し当店あての約束手形で受け取った。

仕訳

| （借） | 受 取 手 形 | 780,000 | （貸） | 売　　　上❶ | 780,000 |
| | 仕　　　入 | 700,000 | | 未 着 商 品 | 700,000 |

❶**未着商品売上勘定**を用いることもある。

2　委託販売

一定の手数料を支払う約束で，商品の販売を他人に委託する販売方法を**委託販売**といい，委託販売のために発送した商品を**積送品**という。

委託販売のために商品を発送したときは，手もとの商品と区別して，発送した商品の原価を仕入勘定から**積送品勘定**（資産の勘定）の借方に振り替える。そのさい，発送運賃などの諸掛も積送品勘定の借方に記入し，積送品の原価に加える。

その後，委託先から売上計算書を受け取った場合など，積送品の売り上げが確定できたとき，売上計算書の手取金額を売上勘定の貸方に記入する。同時に，積送品の原価を積送品勘定から仕入勘定の借方に振り替える。これは，仕入勘定で売上原価を計算するためである。

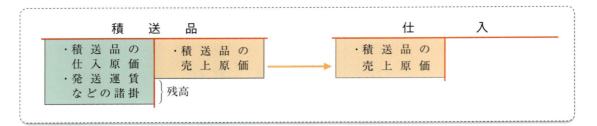

例 3

1. 仙台商店に委託販売のため，商品¥800,000（原価）を発送した。なお，発送運賃¥20,000は現金で支払った。
2. 仙台商店から，上記積送品について，左に示した売上計算書とともに，手取金¥954,000を小切手で受け取り，ただちに当座預金に預け入れた。

売　上　計　算　書	
売　上　高	¥ 1,080,000
諸　　　掛	
引　取　費　¥　　2,000	
保　管　料　　　　7,000	
雑　　　費　　　　9,000	
手　数　料　　108,000	126,000
差引　手取金	¥　954,000

仕訳

1. （借）積　送　品　820,000　（貸）仕　　　入　800,000
　　　　　　　　　　　　　　　　　現　　　金　 20,000
2. （借）当座預金　954,000　（貸）売　　上❶　954,000
　　　　　仕　　　入　820,000　　　積　送　品　820,000

> 委託販売では商品を発送しただけでは，まだ売り上げたわけではないので，売上勘定に記入しません。

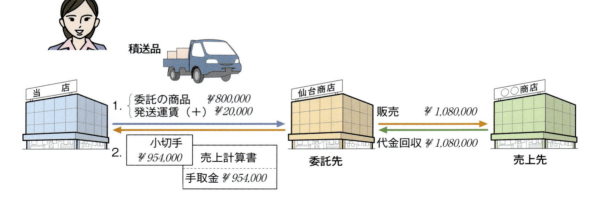

❶積送品売上勘定を用いることもある。

3　割賦販売

商品の売上代金を分割して定期的に受け取る約束で，商品を販売する方法を**割賦販売**という。割賦販売では，代金を月ごとに分割して，その分割金（割賦金という）を毎月受け取る月賦販売がもっとも一般的である。

割賦販売を行ったときは，その販売額を売上勘定の貸方に記入し，割賦金の未収額は，ふつうの売掛金と区別するため，**割賦売掛金勘定**❶（資産の勘定）の借方に記入する。

その後，割賦金を受け取ったときは，その回収額を割賦売掛金勘定の貸方に記入する。

❶ふつうの売掛金と区別するのは，貸し倒れの可能性が高いなどの理由による。

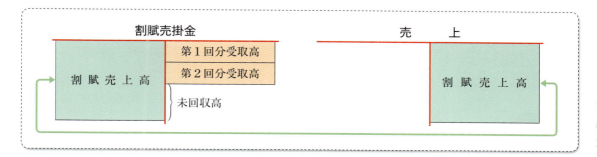

例 4

1. 函館商店に商品¥60,000を6か月の分割払いで売り渡した。
2. 函館商店から第1回の割賦金¥10,000を現金で受け取った。

仕 訳

1. （借）割賦売掛金　60,000　（貸）売　　　上❷　60,000
2. （借）現　　　金　10,000　（貸）割賦売掛金　10,000

❷**割賦売上勘定**を用いることもある。

4 試用販売

商品を前もって得意先に発送し，試しに使用してもらったうえでその商品を購入するかどうかを得意先に決めてもらう販売方法を**試用販売**という。

試用販売のために商品を発送したときは，まだ得意先が購入するか決定していないので売り上げにはしない。ただし，商品を発送していることを**対照勘定**❸を用いて備忘記録するために，**試用販売契約勘定**❹の借方と**試用仮売上勘定**❹の貸方に売価で記入する。

その後，得意先から買い取りの意思表示があったときは，その売価を売上勘定の貸方に記入するとともに，対照勘定の借方と貸方を反対に記入して備忘記録を消滅させる。また，得意先に買い取りの意思表示がなく，商品が返送されたときは，対照勘定だけを反対に記入して備忘記録を消滅させる。

❸このように同時に発生し，あとで同時に消滅する一組の勘定を**対照勘定**という。

❹**試用売掛金勘定**と**試用販売勘定**の対照勘定を用いることもある。

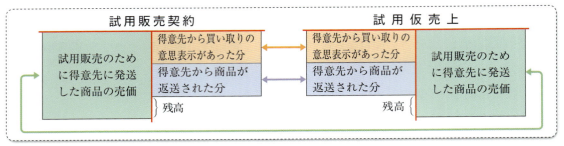

> 試用販売では，商品を発送したときではなく，買い取りの意思表示があったときに，売上勘定に記入します。

例 5

1. 釧路商店に試用販売のため，A品 ¥225,000（売価）とB品 ¥75,000（売価）を発送した。
2. 釧路商店から上記の商品のうちA品を買い取るむねの通知があった。
3. 釧路商店からB品が返送されてきた。

仕訳

1. （借）試用販売契約　300,000　（貸）試用仮売上　300,000
2. （借）売　掛　金　225,000　（貸）売　　　上❶　225,000
   　　　試用仮売上　225,000　　　　試用販売契約　225,000
3. （借）試用仮売上　 75,000　（貸）試用販売契約　 75,000

❶**試用品売上勘定**を用いることもある。

5 予約販売

予約者から前もって予約金を受け取っておき，あとで商品の引き渡しを行う販売方法を**予約販売**という。

予約販売で予約金を受け取ったときは，その金額を**予約販売前受金勘定**❷（負債の勘定）の貸方に記入する。

その後，予約者に商品を引き渡したとき，または発送したときに売上勘定の貸方に記入するとともに，予約販売前受金勘定の借方に記入する。

❷**前受金勘定**を用いることもある。

> 予約販売では，予約金を受け取ったときではなく，商品を引き渡したときに売上勘定に記入します。

例 6

1. 稚内商店と商品 ¥300,000（売価）の予約販売契約を結び，予約金 ¥300,000 を現金で受け取った。
2. 上記の予約商品を稚内商店あてに発送した。

仕訳

1. （借）現　　　金　300,000　（貸）予約販売前受金　300,000
2. （借）予約販売前受金　300,000　（貸）売　　　上　300,000

第22章 重要仕訳

第22章で学んだ取引を確認しよう。

☐ 1. 商品の到着前に貨物代表証券を受け取り，代金は掛けとした。
　　（借）未着商品 ×××　（貸）買掛金 ×××

☐ 2. 商品が到着し，貨物代表証券と引き換えに商品を引き取った。なお，引取運賃を現金で支払った。
　　（借）仕　入 ×××　（貸）未着商品 ×××
　　　　〔引取運賃を含める〕　　　現　金 ×××

☐ 3. 貨物代表証券のまま売り渡し，代金は掛けとした。
　　（借）売掛金 ×××　（貸）売　上 ×××
　　　　仕　入 ×××　　　　未着商品 ×××

☐ 4. 委託販売のため商品を発送した。なお，発送運賃を現金で支払った。
　　（借）積送品 ×××　（貸）仕　入 ×××
　　　　〔発送運賃を含める〕　　　現　金 ×××

☐ 5. 委託先から売上計算書とともに手取金を現金で受け取った。
　　（借）現　金 ×××　（貸）売　上 ×××
　　　　仕　入 ×××　　　　積送品 ×××

☐ 6. 商品を分割払いで売り渡した。
　　（借）割賦売掛金 ×××　（貸）売　上 ×××

☐ 7. 割賦金を現金で受け取った。
　　（借）現　金 ×××　（貸）割賦売掛金 ×××

☐ 8. 試用販売のため商品を発送した。
　　（借）試用販売契約 ×××　（貸）試用仮売上 ×××

☐ 9. 得意先から買い取りの意思表示があった。
　　（借）売掛金 ×××　（貸）売　上 ×××
　　　　試用仮売上 ×××　　　試用販売契約 ×××

☐ 10. 得意先に買い取りの意思表示がなく，商品が返送された。
　　（借）試用仮売上 ×××　（貸）試用販売契約 ×××

☐ 11. 予約販売契約を結び，予約金を現金で受け取った。
　　（借）現　金 ×××　（貸）予約販売前受金 ×××

☐ 12. 予約者に商品を発送した。
　　（借）予約販売前受金 ×××　（貸）売　上 ×××

次の取引の仕訳を示しなさい。

(1) 北見商店から，さきに注文してあったB品¥640,000の貨物引換証を受け取った。なお，

代金は掛けとした。

(2) 上記の貨物引換証を，日高商店に¥710,000で売り渡し，代金のうち¥200,000は同店振り出しの小切手で受け取り，残額は掛けとした。

(3) 旭川商店に委託販売のため，原価¥630,000の商品を発送した。なお，発送運賃¥17,000は現金で支払った。

(4) 旭川商店から，上記の商品について，右の売上計算書とともに手取金¥715,000を小切手で受け取った。

売　上　計　算　書	
売　　上　　高	¥ 810,000
諸　　　　掛	
保　管　料　¥　8,000	
雑　　費　　　6,000	
手　数　料　　81,000	95,000
差引　手取金	¥ 715,000

(5) 知床商店に商品¥290,000を10か月の分割払いで売り渡した。

(6) 知床商店から第1回の割賦金¥29,000を現金で受け取った。

(7) 宗谷商店に試用販売のため，商品¥300,000（売価）を発送した。

(8) 宗谷商店から，上記商品を全部買い取るむねの通知があった。

(9) 標津商店と商品¥150,000（売価）の予約販売契約を結び，予約金¥150,000を現金で受け取った。

(10) 上記の予約商品を標津商店に発送した。

完成問題

次の取引の仕訳を示しなさい。

(1) 根室商店は，船荷会社から商品到着の連絡を受け，さきに受け取っていた¥720,000の船荷証券と引き換えに商品を引き取った。なお，引き取りに際して手数料¥4,000を現金で支払った。

(2) かねて，旭川商店に委託販売のため送付していた商品（仕入原価¥340,000　発送諸掛¥8,000）について，同店から売上計算書とともに手取金¥570,000を現金で受け取った。

(3) 大沼商店に商品¥240,000（原価¥180,000）を毎月均等額8回払いの約束で売り渡してあったが，本日，第2回の割賦金¥30,000を小切手で受け取った。

(4) 礼文商店は，試用品（原価¥350,000　売価¥550,000）を送付してあった先方長万部商店から商品を買い取るむねの通知を受けた。なお，試用販売取引は，試用販売契約，試用仮売上という対照勘定により処理している。

(5) 利尻出版は，同社出版の文学全集（全10巻，予約販売価格は1巻あたり¥2,000）の第1巻が完成したので，予約金納入者あてに発送した。なお，予約代金は400名の顧客から¥8,000,000をすでに受け取っている。

第23章 特殊な手形取引の記帳

特殊な手形取引には、どのようなものがあり、どのように記帳するのか。また、手形取引で生じる偶発債務はどのように記帳するのか。

ここでは自己受為替手形、手形の書き換え、不渡手形、荷為替手形および手形の裏書譲渡や割引のときに生じる保証債務などの記帳について学習しよう。

キーワード　不渡手形　荷為替手形　保証債務

1　自己受為替手形

すでに学んだように為替手形は、振出人・名あて人（支払人）・受取人の3人の手形関係者がいて、それぞれが別の人であることがふつうである。しかし、振出人が、売掛金などの債権を確実に回収するため、自己を受取人として為替手形を振り出すことがある。このように、振出人と受取人が同一人である為替手形を**自己受為替手形**という。自己受為替手形を振り出して名あて人の引き受けを得た場合は、手形上の債権が発生するので、受取手形勘定の借方に記入する。

自己受為替手形を振り出したときは、約束手形を受け取ったときと同じように、受取手形勘定の借方に記入します。

盛岡商店は、石巻商店に対する売掛金を取り立てるため、当店受け取り、石巻商店あての為替手形￥150,000を振り出し、同店の引き受けを得た。

解答及び図解

仕訳　（借）受取手形　150,000　（貸）売　掛　金　150,000

図解

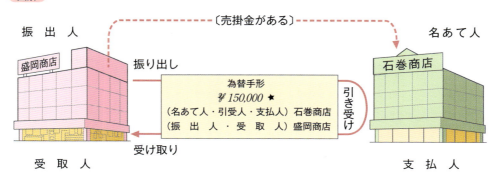

2　手形の書き換え

　手形の支払人（手形債務者）が，資金不足のため，支払期日（満期日）にその支払いが困難になった場合，手形の受取人（手形債権者）の承諾を得て，支払期日を延期してもらうことがある。このとき，支払人は支払期日を延期した新手形を振り出し，旧手形と交換する。これを**手形の書き換え**という。そのさい，延期した期間に対する利息は，現金などで支払うか，または新手形の金額に加える。

　手形の書き換えによって，旧手形の債権・債務は消滅し，新手形の債権・債務が発生する。そこで，手形の支払人は，支払手形勘定の借方に旧手形の金額を記入し，貸方に新手形の金額を記入する。また，手形の受取人は，受取手形勘定の貸方に旧手形の金額を記入し，借方に新手形の金額を記入する。

> 手形の書き換えの仕訳は，借方と貸方に同じ勘定科目が出てくるのが特徴です。

例 2

　山形商店は，さきに仕入先大館商店あてに振り出した約束手形￥200,000について，支払期日の延期を申し込み，大館商店の承諾を得て，手形金額に利息￥3,000を加えた新手形を振り出し，旧手形と交換した。

解答及び図解

仕訳

		旧手形			新手形	
山形商店	（借）	支払手形	200,000	（貸）	支払手形	203,000
		支払利息	3,000			

		新手形			旧手形	
大館商店	（借）	受取手形	203,000	（貸）	受取手形	200,000
					受取利息	3,000

図解

　なお，金銭の貸借のために振り出された**金融手形**[❶]についても，手形の書き換えを行うことがある。

❶金融手形に対して，前に学んだ商品の売買やその代金決済に用いる手形を**商業手形**という。

この場合，金銭の借り手は，手形借入金勘定を用い，また，金銭の貸し手は，手形貸付金勘定を用いて同様に処理する。

例 3

三沢商店は，約束手形を振り出して大曲商店から¥300,000を借り入れていたが，支払期日の延期を申し込み，大曲商店の承諾を得たので，新手形を振り出し，旧手形と交換した。なお，支払延期による利息¥10,000は現金で支払った。

仕 訳

三沢商店	(借)	手形借入金	300,000	(貸)	手形借入金	300,000
		支払利息	10,000		現　　金	10,000
大曲商店	(借)	手形貸付金	300,000	(貸)	手形貸付金	300,000
		現　　金	10,000		受取利息	10,000

3 不渡手形

所有している手形や，取引銀行で割り引いたり裏書した手形が，支払期日に支払いを受けることができなくなったとき，これを**手形の不渡り**という。

手形が不渡りになったとき，受取人は，裏書人などに対して，手形金額と，不渡りによって生じた支払期日以後の利息や償還に要した通信費などの諸費用を請求することができる❶。これらの請求額は，**不渡手形勘定**（資産の勘定）の借方に記入する。

その後，不渡手形の請求金額を回収したときは，この勘定の貸方に記入する。

❶この権利を償還請求権または遡求権という。

例 4

10月1日　白川商店は，黒石商店から商品の売上代金として裏書譲渡された東西商店振り出しの約束手形¥500,000が不渡りとなったので，黒石商店に償還請求をした。なお，このために要した諸費用¥2,000は現金で支払った。

10日　黒石商店から，上記の請求額と期日以後の利息¥400を現金で受け取った。

解答及び図解

仕訳

10/1	(借)	不 渡 手 形	502,000❶	(貸)	受 取 手 形	500,000
					現　　　金	2,000
10	(借)	現　　　金	502,400	(貸)	不 渡 手 形	502,000
					受 取 利 息	400

図解

❶黒石商店に対して支払いを求める償還請求権である。

❷請求金額の支払いに応じるとp.234で学習する保証債務の取り崩しの処理を行うが，ここでは考えないこととする。

黒石商店は白川商店の償還請求に応じれば，東西商店に対する償還請求権が生じます。

裏書譲渡や割引をした手形が不渡りとなった場合，裏書先や割引をした銀行から償還請求を受ける。その請求金額を支払えば，今度は自分に償還請求権があるので不渡手形勘定の借方に記入する。

なお，償還請求中の相手先が倒産するなどして，請求金額を回収できなくなったときは，貸し倒れとして処理する。

例 5

10月10日　黒石商店は，さきに白川商店に裏書譲渡した東西商店振り出しの約束手形¥500,000が不渡りとなり，償還請求を受けたので，償還に要した費用¥2,000および期日後の利息¥400とともに現金で支払った。

15日　東西商店が倒産し，上記の手形が回収できなくなったので貸し倒れとして処理した。ただし，貸倒引当金の残高が¥620,000ある。

解答及び図解

仕訳

10/10	(借)	不 渡 手 形	502,400	(貸)	現　　　金	502,400
15	(借)	貸倒引当金	502,400	(貸)	不 渡 手 形	502,400

図解

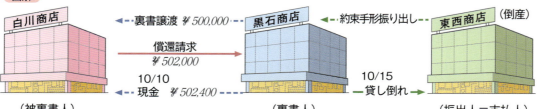

> **Self check　不渡りと貸し倒れ**
>
> 　手形が不渡りとなっても，手形代金が完全に回収できなくなったわけではない。そこで手形の所持人は，手形金額を貸し倒れとはしないで，受取手形勘定から不渡手形勘定に振り替え，手形代金の請求を行う。
> 　その後，手形債務者が倒産するなどして，手形代金が回収できなくなった段階で貸し倒れとして処理する。
>
> ```
> 決算日            手形の不渡り          手形債務者の倒産
> ─────────────────────────────────────────────→
> 貸し倒れの見積もり  手形代金の償還請求     貸し倒れの処理
>
> (借)貸倒引当金繰入×××　(借)不渡手形×××　(借)貸倒引当金×××❶
>    (貸)貸倒引当金×××     (貸)受取手形×××     (貸)不渡手形×××
> ```

4　荷為替手形

　遠方の取引先（買い手）に，販売のための商品を発送した場合，その代金の回収にかなりの日数を要することがある。そこで，売り手が発送した商品の貨物代表証券を担保として，自己または取引銀行を受取人，買い手を名あて人とした為替手形を振り出し，銀行で割り引いてもらうことがある。これを**荷為替の取り組み**といい，この手形を**荷為替手形**または**荷付為替手形**❷という。荷為替手形の金額は，売上代金の全額とすることもあれば，その70～80％とする場合もある。

　売り手は，荷為替を取り組んだとき，手形金額から割引料などを差し引かれた金額（手取金）を受け取るので，手形債権は生じない。手形金額と手取金との差額（割引料など相当額）は，手形売却損勘定の借方に記入する。手取金は当座預金勘定の借方に記入する。なお，売上代金の70～80％とする場合，残額は売掛金として処理する。

　また，買い手は，この手形の引き受けまたは支払いをして，銀行から貨物代表証券を受け取り，これと引き換えに商品を引き取る。買い手がこの為替手形を引き受けたときは，手形債務が生じ，支払手形勘定の貸方に記入する。

❶貸し倒れとなった金額が貸倒引当金勘定の残高を超過する場合，超過額は貸倒損失勘定で処理する。

❷主として外国との貿易による商品代金決済に利用されている。

売上¥900,000と荷為替¥720,000の差額¥180,000は売掛金として処理します。

例 6

1. 松前商店は，鹿児島商店に商品¥900,000を販売のため発送し，代金のうち¥720,000については荷為替を取り組み，割引料を差し引かれた手取金¥714,000は当座預金に預け入れた。
2. 鹿児島商店は，上記の荷為替の引き受けをして，船荷証券を受け取った。
3. 鹿児島商店は，上記の船荷証券と引き換えに商品を引き取った。なお，引取運賃¥5,000を現金で支払った。

解答及び図解

仕訳 1．(借) 当座預金　714,000　(貸) 売　　上　900,000
　　　　　　手形売却損　6,000　　　　　　〔荷為替の金額〕
　　　　　　売 掛 金　180,000
　　 2．(借) 未着商品　900,000　(貸) 支払手形　720,000
　　　　　　〔残額は掛け〕　　　　　　　買 掛 金　180,000
　　 3．(借) 仕　　入　905,000　(貸) 未着商品　900,000
　　　　　　　　　　　　　　　　　　　現　　金　　5,000

図解

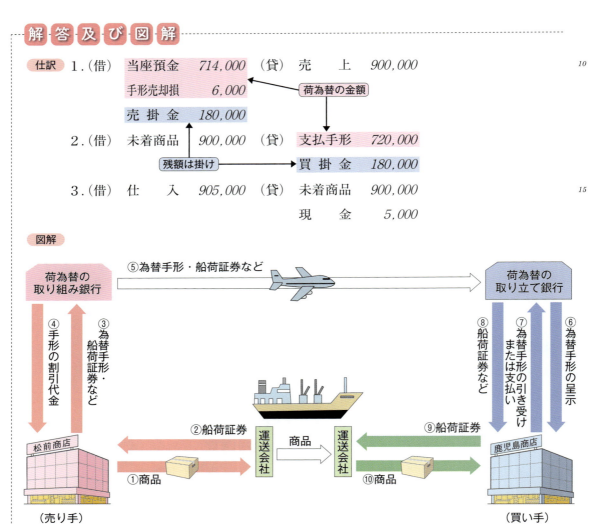

注．例6の1.の取引は図中の①〜④のことがらであり，2.の取引は⑥〜⑧，3.の取引は⑨〜⑩のことがらである。

> **Let's Try** 委託販売における荷為替の取り組み
>
> 　委託販売においても，委託先（受託者）が遠方の場合，代金の回収を早くするために，商品を発送するさい，荷為替を取り組むことがある。この場合には，販売を委託する仕訳と荷為替を取り組む仕訳を同時に行うことになる。ただし，この委託販売における荷為替の取り組みの段階では，委託先が商品を売り上げていないので，売り上げを計上することはできない。そのため荷為替の取組額は前受金勘定で処理する。
>
> 【例】　小樽商店は，薩摩商店に委託販売のため，商品￥400,000（原価）を発送し，発送運賃￥8,000は現金で支払った。なお，この商品について￥320,000の荷為替を取り組み，割引料を差し引かれた手取金￥316,000は当座預金に預け入れた。
>
> 〈仕訳〉
> | （借） | 積　送　品 | 408,000 | （貸） | 仕　　　入 | 400,000 | ］委託販売の仕訳 |
> |---|---|---|---|---|---|---|
> | | | | | 現　　　金 | 8,000 | |
> | | 当座預金 | 316,000 | | 前　受　金 | 320,000 | ］荷為替の仕訳 |
> | | 手形売却損 | 4,000 | | | | |

5　手形の裏書・割引と保証債務

1　手形の裏書譲渡と保証債務

　裏書譲渡した手形が不渡りとなったときに，その裏書人は手形の所持人に対して，その手形金額と不渡りのために生じた費用を支払わなければならない。この支払義務を遡求義務という。

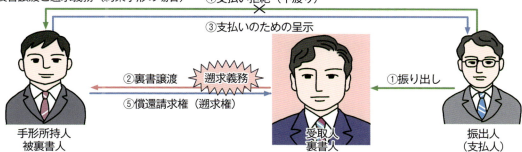

裏書譲渡と遡求義務（約束手形の場合）

　手形の遡求義務は，不渡りが生じたときに，支払人に代わって支払いを行う**保証債務**である。そこで，手形の裏書の処理とあわせて裏書によって生じた保証債務を時価で評価し，これを**保証債務勘定**（負債の勘定）の貸方と**保証債務費用勘定**（費用の勘定）の借方に記入する。❶

❶優良な手形で保証債務が生じないと予想されるときは，保証債務が生じないので，計上しない。

保証債務は，期日に手形が決済されたときに消滅し，**保証債務勘定**の借方と**保証債務取崩益勘定**(収益の勘定)の貸方に記入する。

なお，裏書した手形が不渡りになり，手形金額と償還費用などの請求額を支払った場合は，不渡手形勘定の借方に記入するとともに，保証債務の取り崩しの処理も行う。

例 7

1. 青森商店から商品￥200,000を仕入れ，代金はかねて受け取っていた十和田商店振り出しの約束手形￥200,000を裏書譲渡した。なお，保証債務の時価は，手形額面金額の1％とする。
2. 上記の手形が期日に決済された。
3. 1.の手形が不渡りとなり，手形金額および償還のための諸費用￥5,000をともに小切手を振り出して支払った。

仕訳

1. (借) 仕　　　　　入　　200,000　(貸) 受　取　手　形　200,000
   　　　保証債務費用　　　2,000　　　　　保　証　債　務　　2,000

   　　　　　　　　　　手形額面金額
   　　保証債務額　￥200,000×0.01＝￥2,000

2. (借) 保　証　債　務　　2,000　(貸) 保証債務取崩益　　2,000
3. (借) 不　渡　手　形　205,000　(貸) 当　座　預　金　205,000
   　　　保　証　債　務　　2,000　　　　　保証債務取崩益　　2,000

2 手形の割引と保証債務

保証債務は，手形を銀行などで割り引いた場合にも生じる。手形の割引の処理とあわせて，保証債務についても同様な処理を行う。

例 8

1. 得意先千歳商店振り出しの約束手形￥500,000を取引銀行で割り引き，割引料を差し引かれた手取金￥495,500は当座預金に預け入れた。なお，保証債務の時価は，手形額面金額の1％とする。
2. 上記の手形が期日に決済された。

仕 訳

1. （借）当 座 預 金　495,500　（貸）受 取 手 形　500,000
　　　　手 形 売 却 損　　4,500
　　　　保 証 債 務 費 用　5,000　　　　保 証 債 務　　5,000

　　　保証債務額　¥500,000 × 0.01 = ¥5,000（手形額面金額）

2. （借）保 証 債 務　5,000　（貸）保証債務取崩益　5,000

第23章　重要仕訳

第23章で学んだ取引を確認しよう。

☐ 1. 売掛金を回収するために，当店受け取りの為替手形（自己受為替手形）を振り出した。
　　（借）受 取 手 形　×××　（貸）売　掛　金　×××

☐ 2. 仕入先に振り出していた約束手形の支払期日の延期を申し込み，承諾を得て，利息を加算した新手形を振り出して旧手形と交換した。
　　（借）支 払 手 形　×××　（貸）支 払 手 形　×××
　　　　支 払 利 息　×××

☐ 3. 得意先から受け取っていた約束手形の支払期日の延期を承諾し，利息を加算した新手形を旧手形と交換した。
　　（借）受 取 手 形　×××　（貸）受 取 手 形　×××
　　　　　　　　　　　　　　　　　受 取 利 息　×××

☐ 4. 金銭を借り入れるために振り出していた約束手形の支払期日の延期を申し込み，承諾を得て，利息を加算した新手形を振り出して旧手形と交換した。
　　（借）手 形 借 入 金　×××　（貸）手 形 借 入 金　×××
　　　　支 払 利 息　×××

☐ 5. 金銭を貸し付けるために受け取っていた約束手形の支払期日の延期を承諾し，利息を加算した新手形を旧手形と交換した。
　　（借）手 形 貸 付 金　×××　（貸）手 形 貸 付 金　×××
　　　　　　　　　　　　　　　　　受 取 利 息　×××

☐ 6. 裏書譲渡された約束手形が不渡りとなり償還請求した。なお，このための諸費用を現金で支払った。
　　（借）不 渡 手 形　×××　（貸）受 取 手 形　×××
　　　　　（諸費用を含める）　　　　現　　金　×××

☐ 7. 上記6の請求金額と期日以降の利息を現金で受け取った。
　　（貸）現　　金　×××　（貸）不 渡 手 形　×××
　　　　　　　　　　　　　　　　　受 取 利 息　×××

8. 裏書譲渡した約束手形が不渡りとなり，償還請求を受けたので，償還のための費用とともに現金で支払った。

(借) 不 渡 手 形 ×××　(貸) 現　　　　金 ×××

9. 上記8の請求金額が回収できなくなった。(貸倒引当金残高≧回収不能額)

(借) 貸 倒 引 当 金 ×××　(貸) 不 渡 手 形 ×××

10. 商品を販売のため発送し，荷為替を取り組み，割引料を差し引かれた手取金を当座預金に預け入れた。

(借) 当 座 預 金 ×××　(貸) 売　　　　上 ×××
　　　手 形 売 却 損 ×××
　　　売 掛 金 ×××　　　荷為替手形の金額

11. 荷為替の引き受けをして貨物代表証券を受け取った。

(借) 未 着 商 品 ×××　(貸) 支 払 手 形 ×××
　　　　　　　　　　　　　　　買 掛 金 ×××

12. 商品を仕入れ，約束手形を裏書譲渡した。なお，保証債務を時価で評価した。

(借) 仕　　　　入 ×××　(貸) 受 取 手 形 ×××
　　　保 証 債 務 費 用 ×××　　　保 証 債 務 ×××

13. 上記12の手形が期日に決済された。

(借) 保 証 債 務 ×××　(貸) 保証債務取崩益 ×××

14. 上記12の手形が不渡りとなり，小切手を振り出して支払った。

(借) 不 渡 手 形 ×××　(貸) 当 座 預 金 ×××
　　　保 証 債 務 ×××　　　保証債務取崩益 ×××

15. 約束手形を割り引き，割引料を差し引かれた手取金を当座預金に預け入れた。なお，保証債務を時価で評価した。

(借) 当 座 預 金 ×××　(貸) 受 取 手 形 ×××
　　　手 形 売 却 損 ×××
　　　保 証 債 務 費 用 ×××　　　保 証 債 務 ×××

確認問題

次の取引の仕訳を示しなさい。

(1) 岩手商店に商品¥230,000を売り渡し，代金は同店あて，当店受け取りの為替手形¥230,000を振り出して，同店の引き受けを得た。

(2) 帯広商店は，得意先盛岡商店から受け取っていた同店振り出しの約束手形¥300,000について，支払延期の申し込みを承諾し，新手形と交換した。なお，支払延期による利息¥4,000は現金で受け取った。

(3) 春秋商店振り出し，南北商店あての為替手形¥280,000が不渡りとなり，春秋商店に償還請求をした。なお，償還請求費用¥3,000は現金で支払った。

(4) 春秋商店が倒産し，上記の手形が回収できなくなったので，貸し倒れとして処理した。なお，貸倒引当金の残高が¥300,000ある。

(5) 一関商店は，山形商店からの注文品¥600,000を発送し，代金のうち¥420,000は荷為替を取り組み，割引料を差し引かれた手取金¥415,000は当座預金に預け入れた。

(6) 浅虫商店振り出しの約束手形¥300,000を取引銀行で割り引き，割引料を差し引かれた手取金¥288,000は当座預金に預け入れた。なお，保証債務の時価は，手形額面金額の1％とする。

(7) 上記の手形が期日に決済されたむね，取引銀行から通知を受けた。

完成問題

次の取引の仕訳を示しなさい。

(1) さきに，取引銀行あてに約束手形を振り出して¥500,000を借り入れていたが，支払期日の延期を申し出て，承諾を得た。よって，支払延期にともなう利息¥3,000を含めた新手形を振り出して旧手形と交換した。

(2) 盛岡商店に月末到着の予定で商品¥750,000を注文していたが，同店が取り組んだ荷為替¥600,000を取引銀行から呈示されたので，これを引き受け，船荷証券を受け取った。

(3) 花巻商店から商品¥250,000を仕入れ，代金は所有していた白石商店振り出しの約束手形¥250,000を裏書譲渡した。なお，保証債務の時価は手形額面金額の1％とする。

(4) 上記の手形¥250,000が不渡りとなり，償還請求を受け，手形金額と期日後の利息¥2,000をともに現金で支払った。

第24章 決算（その３）

　これまでに，商品に関する勘定の整理（売上原価の計算），貸し倒れの見積もり，減価償却などの決算整理を学んだ。さらに進んだ決算整理は，どのように行うのか。また，決算報告のための損益計算書や貸借対照表を，よりわかりやすくするにはどうすればよいか。
　ここでは，進んだ決算整理，それを含む８桁精算表の作成と，２区分の損益計算書・貸借対照表の作成について学習しよう。

キーワード　棚卸減耗損　商品評価損　定率法

1　決算整理

1　売上原価の計算

　売上原価の計算は，第12章で学んだように当期商品仕入高に期首商品棚卸高を加えて，期末商品棚卸高を差し引いて求める。
　売上原価を仕入勘定で計算する場合には，次の決算整理仕訳を行う。
（決算整理仕訳）

　　（借）仕　　　　入　×××　（貸）繰　越　商　品　×××　　期首商品棚卸高
　　（借）繰　越　商　品　×××　（貸）仕　　　　入　×××　　期末商品棚卸高

　売上勘定から純売上高を損益勘定の貸方へ振り替え，仕入勘定から売上原価を損益勘定の借方へ振り替える。次の決算振替仕訳を行う。
（決算振替仕訳）

　　（借）売　　　　上　×××　（貸）損　　　　益　×××
　　（借）損　　　　益　×××　（貸）仕　　　　入　×××

　このときの期末商品棚卸高の金額は，実地棚卸を行って求める実地棚卸高と商品有高帳などの記帳をもとにして求める帳簿棚卸高がある。両者は一致するのがふつうだが，一致しないことがある。この場合，決算にさいして両者の差異を修正しなければならない。

その差異の原因の一つは，商品の運搬中や保管中の紛失・破損などによって生じた数量不足によるもので，これを**棚卸減耗**といい，**棚卸減耗損勘定**(費用の勘定)で処理する。

もう一つは，決算日における商品の正味売却価額❶が取得原価より下落したために生じる損失で，これを**商品評価損**といい，**商品評価損勘定**(費用の勘定)で処理する。

❶商品の売価から追加販売費用などを差し引いた価額をいう。

2 減価償却費の計算(定率法)

固定資産の減価償却費を計算する方法については，第12章で学んだ定額法のほかに**定率法**などがある。定額法が，毎期，同一金額を償却する方法であるのに対して，定率法は，固定資産の毎期末の未償却残高に一定の償却率をかけて，毎期の償却額を計算する方法である。

> 定率法による減価償却費＝期末の未償却残高×償却率

例 1

決算にあたり，備品(取得原価￥2,000,000　減価償却累計額￥500,000)について，定率法(償却率0.250)で減価償却費を計算し，間接法によって仕訳を示しなさい。

解答

減価償却費 ＝(￥2,000,000 －￥500,000)×0.250 ＝￥375,000

(借) 減価償却費　375,000　(貸) 備品減価償却累計額　375,000

3 費用・収益の繰り延べと見越し

費用・収益の繰り延べと見越しについては，第18章で学んだが，その金額は，繰り延べる期間や見越しする期間を月数や日数で計算する。

例 2

次の決算整理事項について決算整理仕訳を示しなさい。ただし，決算は年1回12月31日とする。

1. 保険料¥12,000は1年分であり，保険契約後決算日までの経過期間は4か月である。
2. 借入金¥200,000は10月21日に借入期間1年，利率年7.3％で取引銀行から借り入れたものであり，利息は元金の返済時に支払うことになっている。

解 答

1. （借）前払保険料　8,000　（貸）保 険 料　8,000

   前払月数＝12（か月）－4（か月）＝8（か月）

   前 払 額＝¥12,000 × $\dfrac{8（か月）}{12（か月）}$ ＝¥8,000

2. （借）支 払 利 息　2,880　（貸）未 払 利 息　2,880

   未払日数は10月21日から12月31日までの72日

   未 払 額＝¥200,000 × 7.3（％）× $\dfrac{72（日）}{365（日）}$ ＝¥2,880

本編で学んだ決算整理を8桁精算表を作成して学習しよう。

例 3

秋田商店の残高試算表と決算整理事項によって，決算整理仕訳を示し，8桁精算表を作成しなさい。ただし，決算は年1回 12月31日とする。

残 高 試 算 表
平成○年12月31日

借　　方	元丁	勘　定　科　目	貸　　方
358,000	1	現　　　　　　　金	
632,000	2	当　座　預　金	
200,000	3	受　取　手　形	
640,000	4	売　　掛　　金	
	5	貸　倒　引　当　金	10,000
400,000	6	有　価　証　券	
390,000	7	繰　越　商　品	
200,000	8	貸　　付　　金	
800,000	9	備　　　　　　　品	
	10	備品減価償却累計額	200,000
1,000,000	11	土　　　　　　　地	
	12	支　払　手　形	220,000
	13	買　　掛　　金	494,000
	14	仮　　受　　金	120,000
	15	資　　本　　金	3,000,000
	16	売　　　　　　　上	4,350,000
	17	受　取　地　代	37,000
	18	受　取　利　息	12,000
	19	固　定　資　産　売　却　益	15,000
3,260,000	20	仕　　　　　　　入	
430,000	21	給　　　　　　　料	
40,000	22	発　　送　　費	
60,000	23	支　払　家　賃	
6,000	24	保　　険　　料	
24,000	25	消　耗　品　費	
18,000	26	雑　　　　　　　費	
8,458,000			8,458,000

付記事項

(1) 仮受金は、全額、得意先からの売掛金の回収分であった。

(2) 商品売り上げのときに発送費¥15,000を現金で支払ったさい、誤って次のように仕訳していたので、これを訂正した。
　　（借）雑　　　費　　15,000　（貸）現　　　金　　15,000

決算整理事項

a．現金の実際有高は¥356,000であった。その不足額¥2,000は、原因不明のため雑損として処理する。

b．期末商品棚卸高は，帳簿棚卸高・実地棚卸高ともに¥480,000である。
c．受取手形と売掛金の期末残高に対し，2％の貸倒引当金を設定する。
d．有価証券を時価¥380,000に評価替えする。
e．備品について定率法（償却率0.250）で減価償却を行う。
f．消耗品の未使用高は¥9,000であった。
g．貸付金は5月1日に期間1年，利率年6％で貸し付けたもので，利息は1年分をさきに受け取ってある。利息の前受高を月割計算で行う。
h．地代の未収高は¥5,000であった。
i．保険料は4月1日にむこう1年分を支払ったもので，前払高を計上する。
j．支払家賃は10か月分で，11月，12月が未払いとなっている。

解・答

付記事項の仕訳

(1) （借）仮 受 金　120,000　（貸）売 掛 金　120,000
(2) （借）発 送 費　15,000　（貸）雑 費　15,000

決算整理仕訳

a．（借）雑 損　2,000　（貸）現 金　2,000
b．（借）仕 入　390,000　（貸）繰 越 商 品　390,000
　（借）繰 越 商 品　480,000　（貸）仕 入　480,000
c．（借）貸倒引当金繰入　4,400　（貸）貸倒引当金　4,400 ❶
d．（借）有価証券評価損　20,000　（貸）有 価 証 券　20,000 ❷
e．（借）減価償却費　150,000 ❸　（貸）備品減価償却累計額　150,000
f．（借）消 耗 品　9,000　（貸）消 耗 品 費　9,000
g．（借）受 取 利 息　4,000　（貸）前 受 利 息　4,000 ❹
h．（借）未 収 地 代　5,000　（貸）受 取 地 代　5,000
i．（借）前払保険料　1,500 ❺　（貸）保 険 料　1,500
j．（借）支 払 家 賃　12,000　（貸）未 払 家 賃　12,000 ❻

❶ 受取手形　売掛金
（¥200,000＋¥640,000
　付記事項(1)
　－¥120,000）×2％
　貸倒引当金残高
　－¥10,000＝¥4,400

❷ 帳簿価額　時価
¥400,000－¥380,000
＝¥20,000

❸ 備品　備品減価償却累計額
（¥800,000－¥200,000）
×0.250＝¥150,000

❹ 貸付金
¥200,000×6％
×$\frac{4(月)}{12(月)}$＝¥4,000

❺ ¥6,000×$\frac{3(か月)}{12(か月)}$
＝¥1,500

❻ ¥60,000×$\frac{2(か月)}{10(か月)}$
＝¥12,000

精　算　表
平成〇年12月31日

勘定科目	残高試算表 借方	残高試算表 貸方	整理記入 借方	整理記入 貸方	損益計算書 借方	損益計算書 貸方	貸借対照表 借方	貸借対照表 貸方
現　　　　金	358,000			a. 2,000			356,000	
当 座 預 金	632,000						632,000	
受 取 手 形	200,000						200,000	
売 掛 金	640,000			(1) 120,000			520,000	
貸倒引当金		10,000		c. 4,400				14,400
有 価 証 券	400,000			d. 20,000			380,000	
繰 越 商 品	390,000		b. 480,000	b. 390,000			480,000	
貸 付 金	200,000						200,000	
備　　　　品	800,000						800,000	
備品減価償却累計額		200,000		e. 150,000				350,000
土　　　　地	1,000,000						1,000,000	
支 払 手 形		220,000						220,000
買 掛 金		494,000						494,000
仮 受 金		120,000	(1) 120,000					
資 本 金		3,000,000						3,000,000
売　　　　上		4,350,000				4,350,000		
受 取 地 代		37,000		h. 5,000		42,000		
受 取 利 息		12,000	g. 4,000			8,000		
固定資産売却益		15,000				15,000		
仕　　　　入	3,260,000		b. 390,000	b. 480,000	3,170,000			
給　　　　料	430,000				430,000			
発 送 費	40,000		(2) 15,000		55,000			
支 払 家 賃	60,000		j. 12,000		72,000			
保 険 料	6,000			i. 1,500	4,500			
消 耗 品 費	24,000			f. 9,000	15,000			
雑　　　　費	18,000			(2) 15,000	3,000			
	8,458,000	8,458,000						
雑　　　　損			a. 2,000		2,000			
貸倒引当金繰入			c. 4,400		4,400			
有価証券評価損			d. 20,000		20,000			
減価償却費			e. 150,000		150,000			
消 耗 品			f. 9,000				9,000	
前 受 利 息				g. 4,000				4,000
未 収 地 代			h. 5,000				5,000	
前払保険料			i. 1,500				1,500	
未 払 家 賃				j. 12,000				12,000
当期純利益					489,100			489,100
			1,212,900	1,212,900	4,415,000	4,415,000	4,583,500	4,583,500

注．(1)・(2)は付記事項の仕訳，a.～j.は決算整理仕訳の記号である．

Let's Try 訂正仕訳の意味と手順

例3の付記事項(2)のように，仕訳の勘定科目や金額を誤ってしまった場合，これを修正するための仕訳を訂正仕訳という。

訂正仕訳は次の手順で行う。
① 誤った仕訳の貸借反対の仕訳を行う。（これで誤った仕訳が消去される）
② 正しい仕訳を行う。
③ ①と②の仕訳を合算する。このとき，借方と貸方に同じ勘定科目がある場合は相殺する。

例3の付記事項(2)を上記の手順にしたがって訂正仕訳を行うと次のようになる。

（誤った仕訳　（借）雑　　費　15,000　（貸）現　　金　15,000）

① 誤った仕訳の貸借反対の仕訳
　　（借）現　　金　15,000　（貸）雑　　費　15,000
② 正しい仕訳
　　（借）発 送 費　15,000　（貸）現　　金　15,000
③ ①と②の仕訳を合算する。このとき，借方と貸方に現金¥15,000があるのでこれを相殺する。よって訂正仕訳は次のようになる。
　　（借）発 送 費　15,000　（貸）雑　　費　15,000

[例] 商品注文に対する内金¥50,000を現金で支払ったさい，誤って借方を仕入勘定で仕訳していたので，これを訂正した。

＜仕　訳＞
（誤った仕訳　（借）仕　　入　50,000　（貸）現　　金　50,000）
① 誤った仕訳の逆仕訳　（借）現　　金　50,000　（貸）仕　　入　50,000
② 正しい仕訳　　　　　（借）前 払 金　50,000　（貸）現　　金　50,000
③ ①と②を合算　　　　（借）前 払 金　50,000　（貸）仕　　入　50,000

Let's Try 消耗品の処理

例3の決算整理事項 f．の事務用消耗品について，その購入時に消耗品勘定（資産の勘定）の借方に記入する方法もある。このときは，決算のさいに当期の消費高（買入高－未使用高）を消耗品勘定から差し引くとともに，消耗品費勘定（費用の勘定）の借方に振り替える。

[例] 5月31日　帳簿やボールペン¥24,000を買い入れ，代金は現金で支払った。
　　 12月31日　決算にあたり，消耗品の未使用高は¥9,000であった。

＜仕　訳＞
5/31　（借）消 耗 品　24,000　（貸）現　　　金　24,000
12/31　（借）消耗品費　15,000　（貸）消 耗 品　15,000

　　買入高24,000－未使用高9,000＝消費高15,000

2 2区分の損益計算書と貸借対照表の作成

1 2区分の損益計算書の作成

　損益計算書は，一会計期間におけるすべての収益と費用，および純損益を記載して，企業の経営成績を明らかにするものである。このため，損益計算書では，ふつう，収益と費用とを発生原因別に区分して表示する必要がある。このような損益計算書を**区分損益計算書**といい，区分のしかたによって，2区分の損益計算書や3区分の損益計算書などがある。ここで学習する2区分の損益計算書は，売上損益計算と純損益計算に区分したものである。

　2区分の損益計算書では，第1の区分の借方に期首商品棚卸高と仕入高を記載し，その貸方に売上高と期末商品棚卸高（原価）を記載する。売上原価は間接的に計算され，売上原価と売上高が対応し，その差額を，売上総利益として借方に表示する。❶

　第2の区分には，貸方に第1区分で計算した売上総利益と受取手数料・受取利息などの収益を記載し，借方に給料・支払家賃・支払利息などの費用を記載して，その差額を当期純利益として借方に表示する。

　区分式の損益計算書は，第1の区分，第2の区分のいずれも収益と費用を対応させ，区分ごとの損益額を表示することによって，損益内容をよりわかりやすくしている。

❶簿記の慣習上は赤で表示することもあるが，実務では黒で表示することが多い。

例 4

例3（p.240）の資料によって，秋田商店の2区分の損益計算書を作成しなさい。

解答

損　益　計　算　書

秋田商店　　平成○年1月1日から平成○年12月31日まで　　（単位：円）

費　　用	金　　額	収　　益	金　　額
期首商品棚卸高	390,000	売　上　高	4,350,000
仕　入　高	3,260,000	期末商品棚卸高	480,000
売上総利益	1,180,000		
	4,830,000		4,830,000
給　　料	430,000	売上総利益	1,180,000
発　送　費	55,000	受取地代	42,000
貸倒引当金繰入	4,400	受取利息	8,000
減価償却費	150,000	固定資産売却益	15,000
支払家賃	72,000		
保　険　料	4,500		
消耗品費	15,000		
雑　　費	3,000		
有価証券評価損	20,000		
雑　　損	2,000		
当期純利益	489,100		
	1,245,000		1,245,000

> 期首商品棚卸高（¥390,000）＋仕入高（¥3,260,000）－期末商品棚卸高（¥480,000）を意味し，売上原価（¥3,170,000）が間接的に計算される

2　貸借対照表の作成

すでに学んだように，貸借対照表は，会計期末の資産，負債および資本を記載して，企業の財政状態を明らかにするものである。貸倒引当金や減価償却累計額の評価勘定は売掛金や備品などから控除する形式で表示する。繰越商品は「商品」のようにわかりやすく表示する。

例 5

例3の資料によって，秋田商店の貸借対照表を作成しなさい。

貸 借 対 照 表

秋田商店　　平成○年12月31日　　　　　　　　（単位：円）

資　産	金　額	負債および純資産	金　額
現　　　金	356,000	支　払　手　形	220,000
当　座　預　金	632,000	買　　掛　　金	494,000
受取手形　200,000		前　受　利　息	4,000
貸倒引当金　4,000	196,000	未　払　家　賃	12,000
売掛金　520,000		資　　本　　金	3,000,000
貸倒引当金　10,400	509,600	当　期　純　利　益	489,100
有　価　証　券	380,000		
商　　　　品	480,000		
貸　　付　　金	200,000		
消　　耗　　品	9,000		
前　払　保　険　料	1,500		
未　収　地　代	5,000		
備品　800,000			
減価償却累計額　350,000	450,000		
土　　　　地	1,000,000		
	4,219,100		4,219,100

確認問題

次の勘定残高と決算整理事項によって必要な仕訳を示しなさい。ただし，会計期間は平成○年1月1日から平成○年12月31日までである。

元帳勘定残高（一部）

受　取　手　形	¥400,000	売　　掛　　金	¥600,000	貸　倒　引　当　金	¥12,000
繰　越　商　品	300,000	貸　　付　　金	500,000	車　両　運　搬　具	1,200,000
車両運搬具減価償却累計額	300,000	売　　　　　上	1,800,000	仕　　　　　入	1,000,000
支　払　家　賃	150,000				

決算整理事項

a．期末商品棚卸高は，帳簿棚卸高・実地棚卸高ともに¥350,000である。

b．受取手形と売掛金期末残高に2％の貸倒引当金を設定する。

c．車両運搬具について，定率法（償却率0.250）で間接法によって減価償却費を計上する。

d．貸付金は返済のときに元金と利息（年利8％）をともに受け取る約束である。本年の3か月分の利息未収分を計上した。

e．支払家賃は4月1日に1年分を支払ったものである。3か月の未経過分を計上した。

新庄商店の平成○年12月31日の総勘定元帳の勘定残高と付記事項および決算整理事項は次のとおりであった。よって，

(1) 付記事項および決算整理の仕訳を示しなさい。
(2) 8桁精算表を作成しなさい。
(3) 2区分の損益計算書を作成しなさい。
(4) 貸借対照表を作成しなさい。

勘定残高

現　　　　　金	¥559,000	売　　掛　　金	¥800,000	貸 倒 引 当 金	¥6,000
有　価　証　券	200,000	繰　越　商　品	225,000	備　　　　　品	680,000
備品減価償却累計額	170,000	土　　　　　地	500,000	買　　掛　　金	195,000
借　　入　　金	100,000	資　　本　　金	2,000,000	売　　　　　上	2,970,000
受　取　地　代	48,000	仕　　　　　入	2,190,000	給　　　　料	270,000
広　　告　　料	32,000	保　　険　　料	12,000	雑　　　　費	6,000
支　払　利　息	15,000				

付記事項

(1) 得意先から売掛金¥40,000を小切手で回収したが，未記帳であった。
(2) 広告料¥18,000を現金で支払ったさい，誤って貸借反対に記帳していたので，これを訂正した。

決算整理事項

a．期末商品棚卸高は，帳簿棚卸高・実地棚卸高ともに¥210,000である。
b．売掛金の期末残高に対し，2％の貸倒引当金を設定する。
c．備品について，定率法(償却率0.250)で減価償却を行う。
d．有価証券を時価¥215,000に評価替えする。
e．保険料は4月1日にむこう1年分を支払ったものである。
f．借入金は9月1日に期間1年，利率年6％で借り入れたもので，利息は返済時に元本とともに支払う約束である。利息は月割計算による。
g．地代の前受分が¥3,000ある。

発展学習　棚卸減耗損および商品評価損の計算

棚卸減耗損および商品評価損は，次の式によって計算する。

> 棚卸減耗損＝原価×（帳簿棚卸数量－実地棚卸数量）

> 商品評価損＝（原価－正味売却価額）×実地棚卸数量

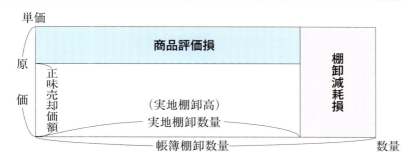

棚卸減耗損は棚卸減耗損勘定の借方と繰越商品勘定の貸方に記入し，商品評価損は，商品評価損勘定の借方と繰越商品勘定の貸方に記入する。この修正で期末商品棚卸高が実地棚卸高と一致する。

（借）　棚 卸 減 耗 損　×××　　（貸）　繰 越 商 品　×××
（借）　商 品 評 価 損　×××　　（貸）　繰 越 商 品　×××

例

次の資料によって，決算に必要な仕訳を示し，繰越商品・仕入・棚卸減耗損・商品評価損・売上・損益の各勘定に転記しなさい。

資　料
　期末商品棚卸高　帳簿棚卸数量　600個　原　　　　価　＠￥1,000
　　　　　　　　　実地棚卸数量　550〃　正味売却価額　〃　980
　期首商品棚卸高　￥500,000　　　当 期 仕 入 高　￥3,250,000
　当 期 売 上 高　￥4,200,000

図解及び解答

棚卸減耗損＝＠￥1,000×（600個－550個）＝￥50,000
商品評価損＝（＠￥1,000－＠￥980）×550個＝￥11,000

発展学習：棚卸消耗損および商品評価損の計算　249

決算仕訳

① （借）仕　　　　入　　500,000　（貸）繰　越　商　品　　500,000
② （借）繰　越　商　品　　600,000　（貸）仕　　　　入　　600,000
　　　　＠¥1,000（原価）×600個（帳簿棚卸数量）
③ （借）棚 卸 減 耗 損　　 50,000　（貸）繰　越　商　品　　 50,000
④ （借）商 品 評 価 損　　 11,000　（貸）繰　越　商　品　　 11,000
⑤ （借）売　　　　上　4,200,000　（貸）損　　　　益　4,200,000
⑥ （借）損　　　　益　3,211,000　（貸）仕　　　　入　3,150,000
　　　　　　　　　　　　　　　　　　　　棚 卸 減 耗 損　　 50,000
　　　　　　　　　　　　　　　　　　　　商 品 評 価 損　　 11,000

転記

	繰 越 商 品		
前期繰越	500,000	①仕　　入	500,000
②仕　　入	600,000	③棚卸減耗損	50,000
		④商品評価損	11,000
		次期繰越	539,000
	1,100,000		1,100,000

	商 品 評 価 損		
④繰越商品	11,000	⑥損　　益	11,000

	売　　上		
⑤損　　益	4,200,000	（当期売上高）	4,200,000

	仕　　入		
（当期仕入高）	3,250,000	②繰越商品	600,000
①繰越商品	500,000	⑥損　　益	3,150,000
	3,750,000		3,750,000

	棚 卸 減 耗 損		
③繰越商品	50,000	⑥損　　益	50,000

	損　　益		
⑥仕　　入	3,150,000	⑤売　　上	4,200,000
⑥棚卸減耗損	50,000		
⑥商品評価損	11,000		

第 VI 編

本支店の会計

簿記の基礎	I
取引の記帳と決算 I	II
取引の記帳と決算 II	III
帳簿と伝票	IV
取引の記帳と決算 III	V
本支店の会計	**VI**
複合仕訳帳制	VII
株式会社の記帳	発展

企業の規模が大きくなり，取引の範囲がひろがると，本店のほかに各地に支店を設けることが多い。この場合の会計はどのようなしくみをもち，どのように行うのか。
　第VI編では，支店の取引の記帳法，本店・支店間の貸借関係の処理，さらに本店と支店の財務諸表の合併などについて学習しよう。

会計のルールは，法のルール以上に，
論理より経験の産物である。
メイ〔アメリカの会計実務家〕

第25章 支店の取引

企業が支店を設けた場合，本店や支店の取引の記帳はどのように行うのか。
ここでは，支店会計の独立の意味，本支店間の取引，支店相互間の取引の記帳について学習しよう。

キーワード　本店　支店　本店集中計算制度

1　支店会計の独立

　企業は，規模が大きくなり，取引の範囲がひろがると，支店を設けることがある。この場合，支店の取引を記帳するには，次の二つの方法がある。
①　支店の取引はすべて本店に報告し，記帳は本店で行う。支店では，補助簿の記帳だけを行う。
②　支店が独立した帳簿組織をもち，支店の取引はすべて支店で記帳し，期末には，決算も支店独自に行って，貸借対照表と損益計算書を作成する。この方法を**支店会計の独立**という。支店会計を独立させると，支店の財政状態と経営成績を正しく知ることができる。

2　本支店間の取引

　支店会計が独立している場合に，本店と支店との間で取引が行われると，本支店間に債権・債務が生じる。これを記帳するために，本店の総勘定元帳には**支店勘定**を設け，支店の総勘定元帳には**本店勘定**を設ける。
　本店が支店に現金や商品を送った場合，本店では，支店に対する債権の増加を記録するため支店勘定の借方に記入し，支店では，本店に対する債務の増加を記録するため本店勘定の貸方に記入する。
　支店が本店に送金したり，本店の費用を立て替えて支払った場合，支店では，本店に対する債権の増加を記録するため本店勘定の借方に

記入し，本店では，支店に対する債務の増加を記録するため支店勘定の貸方に記入する。

したがって，本支店間の取引では，同じ金額が，支店勘定と本店勘定の貸借反対側に記入され，それぞれの勘定残高は，貸借反対側で一致する。

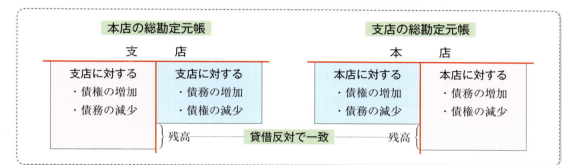

例 1

1. 本店は，支店に現金¥800,000を送り，支店はこれを受け取った。
2. 本店は，支店に商品¥400,000（原価）を送付し，支店はこれを受け取った。
3. 支店は，本店の買掛金¥270,000を，本店にかわって現金で支払い，本店はその通知を受けた。
4. 支店は，本店の従業員の旅費¥50,000を現金で立替払いし，本店はこの報告を受けた。

仕 訳

	本店の仕訳	支店の仕訳
1.	（借）支　店 800,000（貸）現　金 800,000	（借）現　金 800,000（貸）本　店 800,000
2.	（借）支　店 400,000（貸）仕　入 400,000	（借）仕　入 400,000（貸）本　店 400,000
3.	（借）買掛金 270,000（貸）支　店 270,000	（借）本　店 270,000（貸）現　金 270,000
4.	（借）旅　費 50,000（貸）支　店 50,000	（借）本　店 50,000（貸）現　金 50,000

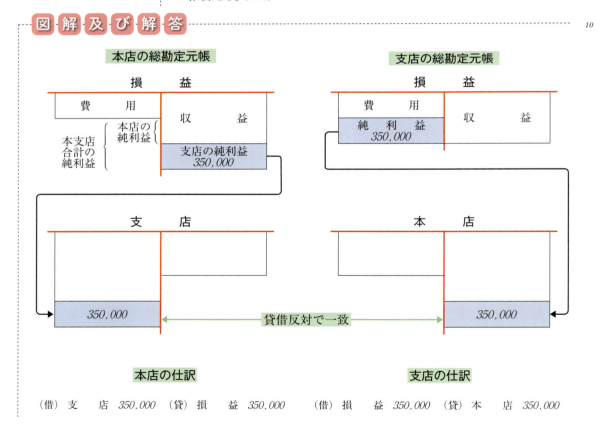

決算において，支店は，計上した純損益を損益勘定から本店勘定に振り替えて，これを本店に報告する。本店は，この報告を受け，支店勘定と損益勘定に記入する。たとえば，支店が純利益を計上した場合，支店は，損益勘定の貸方残高を本店勘定に振り替え，本店は，支店勘定の借方と損益勘定の貸方に記入する。この記入によって，本店では，本支店をあわせた純損益を知ることができる。

例 2

支店は，決算の結果，当期純利益￥350,000を計上し，本店はこの報告を受けた。

3 支店相互間の取引

支店が二つ以上設けられている場合，本店では，それぞれの支店名をつけた支店勘定で取引を記帳する。

支店と支店との取引は，ふつう，

① 各支店がそれぞれ本店を相手として取引したように記帳する。
② 本店はこの取引の通知を受けて，各支店と取引したようにそれぞれの支店勘定に記帳する。

この方法を**本店集中計算制度**という。この制度をとれば，各支店では，本店勘定だけを設ければよく，また，本店では，それぞれの支店勘定によって，支店間の取引内容を容易に知ることができる。

例 3

金沢支店は，富山支店に現金￥200,000を送り，富山支店はこれを受け取り，本店はこの通知を受けた。ただし，本店集中計算制度を採用している。

仕訳

金沢支店（借）本　　　店　200,000　（貸）現　　　金　200,000 ―①
富山支店（借）現　　　金　200,000　（貸）本　　　店　200,000 ―①
本　　店（借）富山支店　200,000　（貸）金沢支店　200,000 ―②

Self check：本店の仕訳の考え方

例3の取引を金沢支店が本店に￥200,000を送金し，ただちに本店が富山支店に￥200,000を送金したように，二つの取引に分けて本店の仕訳を考えてみよう。
②ア．（借）現　　　金　200,000　（貸）金沢支店　200,000
②イ．（借）富山支店　200,000　（貸）現　　　金　200,000
ア．とイ．の仕訳を相殺すると②の本店の仕訳になる。

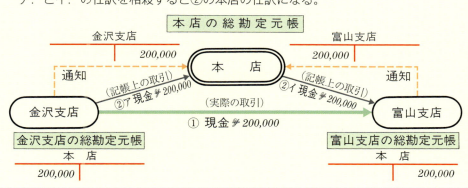

第25章　重要仕訳

第25章で学んだ取引を確認しよう。

☐ 1．本店が支店に現金を送った。
　　本　店（借）　支　店　×××　（貸）　現　金　×××
　　支　店（借）　現　金　×××　（貸）　本　店　×××

☐ 2．本店は支店に商品（原価）を送付した。
　　本　店（借）　支　店　×××　（貸）　仕　入　×××
　　支　店（借）　仕　入　×××　（貸）　本　店　×××

☐ 3．支店は当期純利益を計上し，本店は通知を受けた。
　　支　店（借）　損　益　×××　（貸）　本　店　×××
　　本　店（借）　支　店　×××　（貸）　損　益　×××

☐ 4．A支店がB支店に現金を送った。本店は通知を受けた。（本店集中計算制度）
　　A支店（借）　本　店　×××　（貸）　現　金　×××
　　B支店（借）　現　金　×××　（貸）　本　店　×××
　　本　店（借）　B　支　店　×××　（貸）　A　支　店　×××

確認問題

1．次の取引について，本店および支店の仕訳を示しなさい。

(1) 支店を開設し，本店は，現金¥500,000　備品¥300,000を送付し，支店はこれを受け取った。

(2) 支店は，本店の売掛金¥180,000を現金で回収し，本店はこの通知を受けた。

(3) 本店は，支店の消耗品費¥35,000を現金で立て替えて支払い，支店はこの通知を受けた。

(4) 支店は，決算の結果，当期純利益¥527,000を計上し，本店はこの通知を受けた。

(5) 支店は，決算の結果，当期純損失¥240,000を計上し，本店はこの通知を受けた。

2．次の取引について，本店および各支店の仕訳を示しなさい。ただし，本店集中計算制度を採用している。

(1) 新潟支店は，福井支店に商品¥190,000（原価）を送付し，福井支店はこれを受け取った。本店はこの通知を受けた。

(2) 福井支店は，新潟支店の買掛金¥150,000を小切手を振り出して支払い，新潟支店および本店はこの通知を受けた。

(3) 福井支店は，新潟支店の従業員の旅費¥20,000を現金で立て替えて支払い，新潟支店および本店はこの通知を受けた。

完成問題

次の取引について，本店および各支店の仕訳を示しなさい。ただし，本店集中計算制度を採用している。

(1) 本店は，広告料¥180,000を小切手を振り出して支払った。ただし，このうち3分の1は支店の負担分である。

(2) 新潟支店は，福井支店の得意先黒部商店に対する売掛金¥600,000を黒部商店振り出しの小切手で回収した。福井支店および本店はこの通知を受けた。

第26章 本支店の財務諸表の合併

　支店会計が独立している場合，企業全体の財政状態や経営成績をどのように明らかにするのか。
　ここでは，未達取引の修正，本店と支店の貸借対照表・損益計算書の合併手続きを学習しよう。

キーワード　未達取引　本支店合併精算表　検索

1　本支店の財務諸表の合併

　支店会計が独立している場合，本店および支店は，期末にそれぞれ決算を行い，貸借対照表と損益計算書を作成する。しかし，本店も支店も同一企業であるから，企業全体の財政状態や経営成績を明らかにする必要がある。そのために，本店および支店の貸借対照表と損益計算書を合併する。これを，**本支店の財務諸表の合併**という。

2　未達取引

　本支店の財務諸表を合併するにあたっては，本店における支店勘定の残高と支店における本店勘定の残高が，貸借反対で一致していることを確認しなければならない。しかし，実際には，一致しない場合もある。それは，決算日の直前に本支店間で送られた現金や商品などが，決算日になっても相手方に届いていないことがあり，この場合相手方では記帳が済んでいないために支店勘定と本店勘定が不一致となるからである。このように，決算日に本店または支店のどちらか一方がまだ記帳していない取引を**未達取引**という。

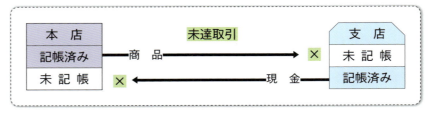

　未達取引がある場合には，関連する勘定残高を修正し，支店勘定と

本店勘定の残高を一致させる必要がある。この修正を未達取引の整理という。これは，合併財務諸表作成上，本支店間の取引は内部取引と考えられ，支店勘定と本店勘定は，合併財務諸表を作成する際に相殺消去しなければならないために行う。なお，未達取引の整理や支店勘定と本店勘定の相殺消去は，合併精算表で行い，総勘定元帳には記帳しない。❶合併精算表は，本店および支店の貸借対照表と損益計算書をもとに修正を加えていく精算表である。よって，これまでに学んだ精算表とは異なり，貸借対照表と損益計算書の表示科目を用いて作成する。

❶後日，未達の現金や商品が到着したときに記帳する。

例 1

中部商会の本店および支店の貸借対照表（一部）と損益計算書（一部）は次のとおりである。よって，合併精算表で行う仕訳を示しなさい。

本店貸借対照表（一部）			支店貸借対照表（一部）		
現　　　金	30,000		現　　　金	20,000	本　　店 72,000
売　掛　金	150,000		売　掛　金	50,000	
商　　　品	47,000		商　　　品	12,000	
支　　　店	81,000				

本店損益計算書（一部）			支店損益計算書（一部）		
売上原価 490,000		売上高 700,000	売上原価 140,000		売上高 200,000

未達事項

a．本店から支店に送った商品￥8,000（原価）が支店に未達である。
b．支店から本店に送った現金￥6,000が本店に未達である。
c．本店で回収した支店の売掛金￥5,000の通知が支店に未達である。

解答

合併精算表上で行う未達事項の仕訳

a．支店（借）売 上 原 価　8,000　（貸）本　　　店　8,000…①
　　（借）商　　　品　8,000　（貸）売 上 原 価　8,000…②

※①未達の商品が届いたものと考え，仕入を増加させる処理を行う。なお，借方科目は仕入とせず，損益計算書の科目である売上原価で処理する。
②仕入れたものとして処理した①の商品は，期末商品棚卸高として貸借対照表の商品と損益計算書の期末商品を増加させる処理を行う。なお，借方科目は繰越商品とせず，貸借対照表の科目である商品で処理し，貸方科目は期末商品棚卸高とせず，損益計算書の科目である売上原価で処理する。

b．本店（借）現　　　金　6,000　（貸）支　　　店　6,000
c．支店（借）本　　　店　5,000　（貸）売　掛　金　5,000

※未達取引を整理すると支店勘定と本店勘定は，下記のとおり残高が一致する。

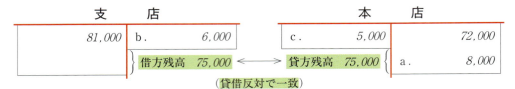

支店勘定と本店勘定の相殺消去の仕訳

d. （借）本　　　店　75,000　（貸）支　　　店　75,000

3 貸借対照表と損益計算書の合併

　本店と支店の貸借対照表・損益計算書の合併は，次の手順により本支店合併精算表を作成し，これをもとに企業全体の貸借対照表と損益計算書を作成する。

本支店合併精算表の作成手順
手順①　本店と支店の貸借対照表と損益計算書の各科目の金額を合算し合算欄に記入する。なお，合算欄の貸借の合計金額は，貸借対照表と損益計算書それぞれ別々に算出して記入する。
手順②　未達事項がある場合には，未達取引の整理仕訳を合併整理欄に記入する。
手順③　支店勘定と本店勘定を相殺消去するための仕訳を，合併整理欄に記入する。
手順④　合併整理欄の貸借合計額を一致させるために，貸借対照表と損益計算書は別々に，貸借合計額の差額を当期純利益の行の少ない側に記入する。
手順⑤　各科目の合算欄の金額と合併整理欄の金額を，加算または減算して合併財務諸表欄に移記する。

本支店の合併手続き（本支店合併精算表）

〈本店〉貸借対照表・損益計算書 ＋ 〈支店〉貸借対照表・損益計算書 → ①合算 → ②未達取引の整理　③支店勘定と本店勘定の相殺消去 → 貸借対照表／損益計算書

　前ページ例1の未達事項の仕訳を本支店合併精算表に記入すると，次のようになる。

本支店合併精算表

勘定科目	本店 借方	本店 貸方	支店 借方	支店 貸方	合算 借方	合算 貸方	合併整理 借方	合併整理 貸方	合併財務諸表 借方	合併財務諸表 貸方
貸借対照表										
現　　　金	30,000		20,000		50,000		b. 6,000			
売　掛　金	150,000		50,000		200,000			c. 5,000		
商　　　品	47,000		12,000		59,000		a. 8,000			
支　　　店	81,000		－		81,000			b. 6,000 d. 75,000		
本　　　店		－		72,000		72,000	c. 5,000 d. 75,000	a. 8,000		
損益計算書										
売　上　高		700,000		200,000		900,000				
売上原価	490,000		140,000		630,000		a. 8,000	a. 8,000		

例 2

北陸商会の本店および支店の貸借対照表と損益計算書❶は，次のとおりである。よって，(1)未達事項を整理し，(2)本店勘定・支店勘定の相殺消去のための仕訳を示し，(3)合併精算表を完成しなさい。なお，本店の貸借対照表と損益計算書は，支店からの決算の報告が届く前のものである。

❶貸借対照表と損益計算書の金額は，学習の便宜上，小さくしてある。

本店貸借対照表
平成○年12月31日

現　　金	8,600	買　掛　金	16,000
売　掛　金	17,000	借　入　金	15,000
商　　品	9,400	資　本　金	40,000
建　　物	23,000	当期純利益	3,200
備　　品	5,000		
支　　店	11,200		
	74,200		74,200

支店貸借対照表
平成○年12月31日

現　　金	2,100	買　掛　金	6,500
売　掛　金	5,600	本　　店	7,700
商　　品	4,100	当期純利益	600
備　　品	3,000		
	14,800		14,800

本店損益計算書
平成○年1月1日から平成○年12月31日まで

売上原価	47,000	売　上　高	59,000
販売費及び一般管理費	8,100		
支払利息	700		
当期純利益	3,200		
	59,000		59,000

支店損益計算書
平成○年1月1日から平成○年12月31日まで

売上原価	28,000	売　上　高	33,000
販売費及び一般管理費	4,400		
当期純利益	600		
	33,000		33,000

未達事項　a．支店から本店に送った現金￥1,000が本店に未達である。

　　　　　　b．本店から支店に発送した商品￥1,300（原価）が支店に未達である。

　　　　　　c．本店で立替払いした支店の買掛金￥800の通知が支店に未達である。

　　　　　　d．支店で立替払いした本店の販売費及び一般管理費￥400の通知が本店に未達である。

解答

(1) 合併精算表で行う未達事項の整理仕訳は，次のとおりである。

a．本店　（借）現　　金　1,000　（貸）支　　店　1,000
b．支店　（借）売上原価　1,300　（貸）本　　店　1,300
　　　　　（借）商　　品　1,300　（貸）売上原価　1,300
c．支店　（借）買　掛　金　800　（貸）本　　店　800
d．本店　（借）販売費及び一般管理費　400　（貸）支　　店　400

支店勘定と本店勘定を相殺消去する。

(2)　（借）本　　店　9,800　（貸）支　　店　9,800

(3)　合併精算表

手順① 本店と支店の貸借対照表と損益計算書を合算する。
手順② 未達取引の整理を行う。
手順③ 支店勘定と本店勘定を相殺消去する。
手順④ 合併整理に伴う当期純利益の変動額は差額で求める。
手順⑤ 合算欄の金額に，合併整理欄の金額を加減する。

本支店合併精算表
平成○年12月31日

勘定科目	本店 借方	本店 貸方	支店 借方	支店 貸方	合算 借方	合算 貸方	合併整理 借方	合併整理 貸方	合併財務諸表 借方	合併財務諸表 貸方
貸借対照表										
現　　金	8,600		2,100		10,700		a.1,000		11,700	
売　掛　金	17,000		5,600		22,600				22,600	
商　　品	9,400		4,100		13,500		b.1,300		14,800	
建　　物	23,000				23,000				23,000	
備　　品	5,000		3,000		8,000				8,000	
支　　店	11,200		－		11,200			a.1,000 d. 400 (2)9,800		
買　掛　金		16,000		6,500		22,500	c. 800			21,700
借　入　金		15,000				15,000				15,000
資　本　金		40,000				40,000				40,000
本　　店		－		7,700		7,700	(2)9,800	b.1,300 c. 800		
当期純利益		3,200		600		3,800	400			3,400
	74,200	74,200	14,800	14,800	89,000	89,000	13,300	13,300	80,100	80,100
損益計算書										
売　上　高		59,000		33,000		92,000				92,000
売上原価	47,000		28,000		75,000		b.1,300	b.1,300	75,000	
販売費及び一般管理費	8,100		4,400		12,500		d. 400		12,900	
支払利息	700				700				700	
当期純利益	3,200		600		3,800			400	3,400	
	59,000	59,000	33,000	33,000	92,000	92,000	1,700	1,700	92,000	92,000

注．a，b，c，dは，未達事項の仕訳の記号を，(2)は相殺消去の仕訳の記号を示す。

トリビア 本支店合併精算表

例2で示した形式の合併精算表のほかにも，次に示すように，本店および支店の決算整理後試算表をもとにして合併財務諸表を作成する合併精算表もある。今までは財務諸表をもとに合併精算表を作成してきたが，簡便的に残高試算表をもとに作成する方法である。残高試算表をもとに作成する場合には，総勘定元帳の勘定科目で合併精算表が構成されるため，未達事項の整理仕訳も総勘定元帳の勘定科目で行うことになる。

本支店合併精算表
平成○年12月31日

勘定科目	整理後本店試算表 借方	整理後本店試算表 貸方	整理後支店試算表 借方	整理後支店試算表 貸方	合併整理 借方	合併整理 貸方	合併損益計算書 借方	合併損益計算書 貸方	合併貸借対照表 借方	合併貸借対照表 貸方
現　　　金	8,600		2,100		a. 1,000				11,700	
売　掛　金	17,000		5,600						22,600	
繰越商品	9,400		4,100		b. 1,300				14,800	
建　　　物	23,000								23,000	
備　　　品	5,000		3,000						8,000	
支　　　店	11,200		－			a. 1,000				
						d. 400				
						e. 9,800				
買　掛　金		16,000		6,500	c. 800					21,700
借　入　金		15,000								15,000
資　本　金		40,000								40,000
本　　　店		－		7,700	e. 9,800	b. 1,300				
						c. 800				
売　　　上		59,000		33,000				92,000		
仕　　　入	47,000		28,000		b. 1,300	b. 1,300	75,000			
販売費及び一般管理費	8,100		4,400		d. 400		12,900			
支払利息	700						700			
当期純利益							3,400			3,400
	130,000	130,000	47,200	47,200	14,600	14,600	92,000	92,000	80,100	80,100

（繰越商品・仕入の行へ）総勘定元帳の勘定科目で作成するため，商品は繰越商品で売上原価は仕入で示される。

（当期純利益の行へ）当期純利益は貸借差額で求める。

企業全体の貸借対照表と損益計算書は，合併精算表をもとにして作成する。

例 3

例2の合併精算表から，貸借対照表と損益計算書を作成しなさい。

解答

貸 借 対 照 表

北陸商会　　　　　平成○年12月31日　　　　　（単位：円）

資　産	金　額	負債および純資産	金　額
現　　　金	11,700	買　掛　金	21,700
売　掛　金	22,600	借　入　金	15,000
商　　　品	14,800	資　本　金	40,000
建　　　物	23,000	当期純利益	3,400
備　　　品	8,000		
	80,100		80,100

本支店の現金合計￥10,700と未達の現金￥1,000の合計

本支店の商品合計￥13,500と未達の商品￥1,300の合計

損 益 計 算 書

北陸商会　　平成○年1月1日から平成○年12月31日まで　　（単位：円）

費　用	金　額	収　益	金　額
売 上 原 価	75,000	売 上 高	92,000
販売費及び一般管理費	12,900		
支 払 利 息	700		
当 期 純 利 益	3,400		
	92,000		92,000

トリビア　未達商品・未達現金勘定を用いて処理する方法

　未達事項の仕訳には，未達商品勘定や未達現金勘定を用いて処理する方法もある。例1の未達事項をこれらの勘定を用いて処理すると次のようになる。

a．支店（借）未達商品　8,000　（貸）本　　店　8,000
b．本店（借）未達現金　6,000　（貸）支　　店　6,000
c．支店（借）本　　店　5,000　（貸）売　掛　金　5,000

　これらの仕訳を合併精算表の合併整理欄に記入するときは，未達商品は商品として記入するとともに，売上原価の行の借方（仕入を意味する）と貸方（期末商品棚卸高を意味する）にも記入する。また，未達現金は現金として記入する。

第26章 重要仕訳

第26章で学んだ取引を確認しよう。

☐ 1．本店から支店に送った商品が未達である。

　　支　店（借）売　上　原　価　×××　　（貸）本　　　　　店　×××
　　　　　（借）商　　　　　品　×××　　（貸）売　上　原　価　×××
　　　※　未達商品勘定を使用する場合
　　　　　（借）未　達　商　品　×××　　（貸）本　　　　　店　×××

☐ 2．支店から本店に送った現金が未達である。

　　本　店（借）現　　　　　金　×××　　（貸）支　　　　　店　×××

☐ 3．本店で回収した支店の売掛金の通知が未達である。

　　支　店（借）本　　　　　店　×××　　（貸）売　　掛　　金　×××

☐ 4．支店勘定と本店勘定を相殺消去する。

　　　　　（借）本　　　　　店　×××　　（貸）支　　　　　店　×××

確認問題

1．宇都宮商店の本店の支店勘定と支店の本店勘定の残高と未達事項は，次のとおりであった。よって，合併精算表で行う未達事項の整理仕訳を示し，支店勘定と本店勘定の一致する残高を求めなさい。

（本店）　　支　　　店　　　　　　　　　（支店）　　本　　　店
　　　980,000　|　　　　　　　　　　　　　　　　　　　　|　450,000

未達事項

a．本店から支店に小切手¥300,000を振り出して送金したが，支店に未達である。

b．支店が本店の買掛金¥150,000を立替払いしたが，本店に通知が未達である。

c．本店から支店に送った商品¥250,000（原価）が，支店に未達である。

d．支店が本店の出張従業員の旅費¥30,000を立替払いしたが，本店に通知が未達である。

e．本店が支店の売掛金¥200,000を現金で回収したが，支店に通知が未達である。

2. 福島商店の本店および支店の貸借対照表と損益計算書は，次のとおりである。よって，(1)合併精算表で行う未達事項の整理仕訳を示し，(2)合併精算表を完成し，(3)本支店合併後の貸借対照表と損益計算書を作成しなさい。なお，本店の貸借対照表・損益計算書は，支店からの決算の報告が届く前のものである。

未達事項

a．支店から本店に送った現金￥93,000が本店に未達である。

b．本店から支店に送った商品￥102,000（原価）が支店に未達である。

c．支店が本店の仕入先から直接送付を受けて仕入れていた商品￥130,000の掛代金について，本店に通知が未達である。

完成問題

1．福井商店の本店および支店の次の資料によって，(1)支店勘定残高と本店勘定残高の一致額 (2)本支店合併の売掛金 (3)本支店合併の売上原価を求めなさい。

資料

①貸借対照表（一部）・損益計算書（一部）

	（本店）	（支店）
売 掛 金	￥920,000	￥530,000
商　　品	420,000	230,000
支　　店	610,000（借方）	－
本　　店	－	750,000（貸方）
売上原価	2,440,000	1,150,000

②未達事項

　ⅰ．本店から支店に送付した商品¥40,000（原価）が，支店に未達である。

　ⅱ．支店で本店の売掛金¥180,000を回収したが，本店に通知が未達である。

2．秋田商店の本店・支店の損益計算書および未達事項は次のとおりであった。よって，

(1) 未達事項の整理直後の支店勘定残高と本店勘定残高の一致額を求めなさい。ただし，未達事項整理前の本店の支店勘定残高は借方¥856,000　支店の本店勘定残高は貸方¥802,000である。

(2) 本支店合併の損益計算書を作成しなさい。

未達事項

　a．本店から支店へ発送した商品¥80,000（原価）が支店に未達である。

　b．支店で立替払いした本店の販売費及び一般管理費¥5,000の通知が，本店に未達である。

　c．本店で取り立てた支店の受取家賃¥31,000の通知が，支店に未達である。

発展学習　内部利益の控除

本店が支店に商品を送付する場合，原価に一定の利益を加算した額で送付することがある。この場合は，他企業との売買取引と区別するため，本店では**支店へ売上勘定**，支店では**本店から仕入勘定**で処理する。

【例1】
本店は支店に商品¥330,000を送付し，支店はこれを受け取った。ただし，本店は支店に商品を送付するときに，原価の10%の利益を加算している。

〈仕　訳〉
本店　（借）支　　　　店　330,000　（貸）支店へ売上　330,000
支店　（借）本店から仕入　330,000　（貸）本　　　　店　330,000

支店で，この商品が期末に売れ残っていると，期末商品棚卸高は利益加算分だけ多く計上され，その結果，当期純利益も多く計上される。この企業内部の取引によって，期末商品棚卸高に含まれている利益を**内部利益**という。

内部利益の金額は，次の式によって求める。

> ① 内部利益を控除した期末商品の原価 ＝ 内部利益を含んだ期末商品棚卸高（未達商品も含める）÷（1＋利益加算率）
>
> ② 内　部　利　益❶ ＝ 内部利益を含んだ期末商品棚卸高 － 内部利益を控除した期末商品の原価

内部利益は，企業全体からみれば，まだ販売していない商品にかかる利益❷であるから，合併の貸借対照表と損益計算書を作成するさいに控除する。内部利益が含まれている場合，合併の貸借対照表と損益計算書は次の手順で作成する。

① 本支店の貸借対照表・損益計算書の同じ項目の金額を合算する。
② 未達取引を整理して，関連する項目の金額を加減する。
③ 本店貸借対照表の支店勘定と支店貸借対照表の本店勘定の残高，および本店損益計算書の支店へ売上勘定と支店損益計算書の本店から仕入勘定の残高は，それぞれ貸借反対で一致しているので，これを確認して相殺する。
④ 内部利益を計算し，その金額を合併の貸借対照表では商品と当期純利益から控除し，合併の損益計算書では期末商品棚卸高と当期純利益から控除する。❸

なお，期首商品棚卸高に内部利益が含まれている場合には，これを控除するが，本書では扱わない。

❶内部利益を含んだ期末商品棚卸高
　× 利益加算率 /（1＋利益加算率）
でもよい。
❷これを**未実現利益**という。
❸期末商品棚卸高から控除することは，売上原価が増加することを意味する。

【例２】

次の加賀商会の本店と支店の資料から，本支店合併後の貸借対照表と損益計算書を作成しなさい。

本店貸借対照表
平成○年12月31日

現　　　金	45,000	買　掛　金	129,000
当座預金	83,000	資　本　金	500,000
売　掛　金	98,000	当期純利益	195,000
商　　　品	159,000		
建　　　物	340,000		
備　　　品	42,000		
支　　　店	57,000		
	824,000		824,000

支店貸借対照表
平成○年12月31日

現　　　金	30,000	買　掛　金	96,000
当座預金	47,000	本　　　店	38,000
売　掛　金	41,000	当期純利益	61,000
商　　　品	64,000		
備　　　品	13,000		
	195,000		195,000

本店損益計算書
平成○年１月１日から平成○年12月31日まで

期首商品棚卸高	163,000	売　上　高	778,000
仕　入　高	455,000	支店へ売上	143,000
売上総利益	462,000	期末商品棚卸高	159,000
	1,080,000		1,080,000
販売費及び一般管理費	267,000	売上総利益	462,000
当期純利益	195,000		
	462,000		462,000

支店損益計算書
平成○年１月１日から平成○年12月31日まで

期首商品棚卸高	58,000	売　上　高	494,000
仕　入　高	202,000	期末商品棚卸高	64,000
本店から仕入	132,000		
売上総利益	166,000		
	558,000		558,000
販売費及び一般管理費	105,000	売上総利益	166,000
当期純利益	61,000		
	166,000		166,000

未達事項

ａ．本店から支店に送った商品¥11,000が支店に未達である。
ｂ．本店から支店に送った現金¥5,000が支店に未達である。
ｃ．支店で立替払いした本店の販売費及び一般管理費¥3,000の通知が本店に未達である。

付記事項

ⅰ．支店の期末商品棚卸高のうち¥33,000は本店から仕入れたもので，本店は原価に10％の利益を加算した価額で支店に送付している。なお，支店の期首商品棚卸高には，本店から仕入れたものはない。
ⅱ．本店の貸借対照表・損益計算書は，支店の決算報告が届く前のものである。
ⅲ．内部取引は相殺し，内部利益は控除する。

発展学習：内部利益の控除　269

〈解　答〉

○作成手順

1．未達事項の整理

　　a．支店　（借）本店から仕入　11,000　（貸）本　　店　11,000
　　　　　　　（借）商　　　品　11,000　（貸）期末商品棚卸高　11,000
　　b．支店　（借）現　　　金　5,000　（貸）本　　店　5,000
　　c．本店　（借）販売費及び一般管理費　3,000　（貸）支　　店　3,000

2．支店勘定と本店勘定の残高の一致の確認と相殺

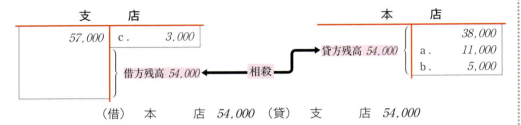

（借）本　店　54,000　（貸）支　店　54,000

3．支店へ売上勘定と本店から仕入勘定の残高の一致の確認と相殺

（借）支店へ売上　143,000　（貸）本店から仕入　143,000

4．内部利益の計算

　　手もと有高分　￥33,000÷（1＋0.1）＝￥30,000
　　　　　　　　　￥33,000－￥30,000＝￥3,000
　　商品の未達分　￥11,000÷（1＋0.1）＝￥10,000　　　内部利益　￥4,000
　　　　　　　　　￥11,000－￥10,000＝￥1,000

5．期末商品棚卸高から内部利益を控除

（本店棚卸高）（支店棚卸高）（a.商品の未達分）（内部利益）
￥159,000　＋　￥64,000　＋　￥11,000　－　￥4,000　＝　￥230,000

6．当期純利益の計算

（本店純利益）（支店純利益）（c.販売費及び一般管理費の未達分）（内部利益）
￥195,000　＋　￥61,000　－　￥3,000　－　￥4,000　＝　￥249,000

貸 借 対 照 表

加賀商会　　　　平成○年12月31日　　　　　　　　（単位：円）

資　産	金　額	負債および純資産	金　額
現　　　　　金	80,000	買　　掛　　金	225,000
当　座　預　金	130,000	資　　本　　金	500,000
売　　掛　　金	139,000	当　期　純　利　益	249,000
商　　　　　品	230,000		
建　　　　　物	340,000		
備　　　　　品	55,000		
	974,000		974,000

損 益 計 算 書

加賀商会　　平成○年1月1日から平成○年12月31日まで　　（単位：円）

費　用	金　額	収　益	金　額
期首商品棚卸高	221,000	売　　上　　高	1,272,000
仕　　入　　高	657,000	期末商品棚卸高	230,000
売　上　総　利　益	624,000		
	1,502,000		1,502,000
販売費及び一般管理費	375,000	売　上　総　利　益	624,000
当　期　純　利　益	249,000		
	624,000		624,000

発展学習 練習問題

佐渡商店の本店と支店の下記の資料から，本支店合併後の貸借対照表と損益計算書を作成しなさい。

本店貸借対照表
平成○年12月31日

現　　　　金	207,000	支払手形	270,000
受取手形	350,000	買　掛　金	860,000
売　掛　金	990,000	借　入　金	500,000
商　　　　品	470,000	資　本　金	3,000,000
建　　　　物	1,800,000	当期純利益	497,000
備　　　　品	440,000		
支　　　　店	870,000		
	5,127,000		5,127,000

支店貸借対照表
平成○年12月31日

現　　　　金	95,000	支払手形	193,000
受取手形	200,000	買　掛　金	790,000
売　掛　金	510,000	本　　　　店	522,000
商　　　　品	330,000		
備　　　　品	250,000		
当期純損失	120,000		
	1,505,000		1,505,000

本店損益計算書
平成○年1月1日から平成○年12月31日まで

期首商品棚卸高	450,000	売　上　高	2,177,000
仕　入　高	1,690,000	支店へ売上	693,000
売上総利益	1,200,000	期末商品棚卸高	470,000
	3,340,000		3,340,000
販売費及び一般管理費	663,000	売上総利益	1,200,000
支払利息	40,000		
当期純利益	497,000		
	1,200,000		1,200,000

支店損益計算書
平成○年1月1日から平成○年12月31日まで

期首商品棚卸高	360,000	売　上　高	1,670,000
仕　入　高	700,000	期末商品棚卸高	330,000
本店から仕入	630,000		
売上総利益	310,000		
	2,000,000		2,000,000
販売費及び一般管理費	430,000	売上総利益	310,000
		当期純損失	120,000
	430,000		430,000

未達事項
a．本店から支店に送った商品¥63,000が支店に未達である。
b．支店から本店に送った現金¥275,000が本店に未達である。
c．本店で立替払いした支店の販売費及び一般管理費¥10,000の通知が，支店に未達である。

付記事項
i．支店の期末商品棚卸高のうち，¥168,000は本店から仕入れたものである。本店から支店に送った商品には，すべて原価の5％の利益が加算してある。
ii．本店の貸借対照表・損益計算書は，支店の決算報告が届く前のものである。

第VII編 複合仕訳帳制

簿記の基礎	I
取引の記帳と決算 I	II
取引の記帳と決算 II	III
帳簿と伝票	IV
取引の記帳と決算 III	V
本支店の会計	VI
複合仕訳帳制	VII
株式会社の記帳	発展

企業の規模が大きくなり，取引量が増えた場合，記帳を合理化するためにどのようなくふうがされているのか。

第VII編では，複合仕訳帳制による正確で合理的な記帳処理について学習しよう。

会計は時代の鏡である。
会計という鏡を通して，われわれは一国の商業史ならびに
社会状態の多くの反映を見い出すことができる。
ウルフ〔イギリスの弁護士，会計史研究家〕

第27章 複合仕訳帳制による記帳

記帳を合理的に行うため，現金出納帳や売上帳などの補助簿を，どのように改善すればよいのか。ここでは，現金出納帳・当座預金出納帳・仕入帳・売上帳などを特殊仕訳帳として用いた記帳法について学習しよう。

キーワード　特殊仕訳帳　普通仕訳帳　検索

1 複合仕訳帳制

　これまでに学んだ帳簿組織では，すべての取引を一つの仕訳帳に記入して，個々の取引ごとに総勘定元帳に転記し，さらに，取引によっては補助簿に記入する方法であった。このような帳簿組織を**単一仕訳帳制**という。

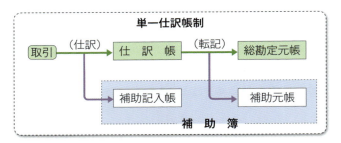

　単一仕訳帳制では，企業の規模が拡大し，取引量が増えると記帳に手数や時間がかかり，誤りも多くなる。
　そこで，記帳の重複をはぶき，また転記の回数を少なくすることができる能率的な帳簿組織をくふうすることが必要になる。このような目的でくふうされたのが，現金出納帳や売上帳などの補助記入帳に仕訳帳としての働きをもたせ，特定の勘定については，そこから一定期間ごとにまとめて転記する方法である。この仕訳帳の働きをかねた補助記入帳を**特殊仕訳帳**といい，これに対して，いままで学んだ仕訳帳を**普通仕訳帳**という。普通仕訳帳には，特殊仕訳帳に記入しない取引を記入することになる。

　このように，複数の仕訳帳を用いる帳簿組織を**複合仕訳帳制**という。
　複合仕訳帳制も，企業の業種や取引量などに応じて合理的に立案す

る必要がある。商品売買業の複合仕訳帳制の例をあげれば，次のとおりである。[1]

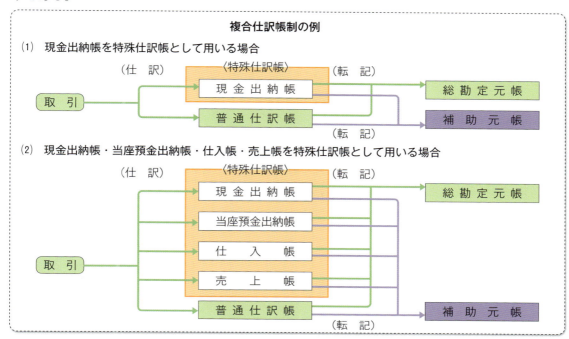

2 現金出納帳

現金出納帳を特殊仕訳帳として用いる場合には，現金出納帳にあらたに勘定科目欄と元丁欄を設ける。

現金出納帳には，残高式と標準式の2種類があるが，それぞれについて特殊仕訳帳としての形式を示せば，次のとおりである。

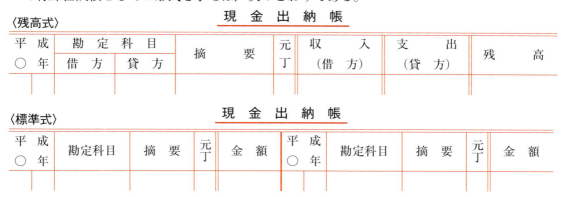

標準式の現金出納帳は，取引ごとの残高が示されない不便さがあり，実務ではあまり用いられていないが，記帳が簡便でわかりやすい。ここでは，学習の便宜上，標準式の現金出納帳を用いる。

[1] このほかに，受取手形記入帳・支払手形記入帳も特殊仕訳帳として用いる例がある(p.292参照)。

> **現金出納帳の記帳法**
> ① 入金取引の仕訳は，借方がつねに「現金」となるから，借方の金額欄に入金額を記入し，その勘定科目欄に相手勘定科目（貸方勘定科目）を記入する。
> ② 出金取引の仕訳は，貸方がつねに「現金」となるから，貸方の金額欄に出金額を記入し，その勘定科目欄に相手勘定科目（借方勘定科目）を記入する。

現金出納帳の摘要欄には，取引の内容を簡単に記入する。勘定科目が売掛金・買掛金の場合には，取引先の商店名を記入する。ほかの勘定科目の場合にも，記入を簡略化して商店名のみを示すことがある。

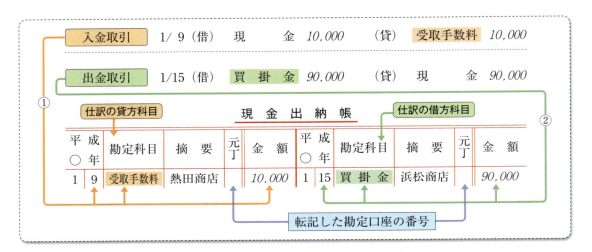

> **転記の方法**
> ① 借方の金額欄に記入した金額を，勘定科目欄に記入した勘定（上の例では受取手数料勘定）の貸方にそのつど転記する。
> ② 貸方の金額欄に記入した金額を，勘定科目欄に記入した勘定（上の例では買掛金勘定）の借方にそのつど転記する。
> ③ 売掛金勘定・買掛金勘定に転記した金額は，それぞれ，売掛金元帳・買掛金元帳の人名勘定にも，そのつど転記する。
> ④ 週末，月末などには，借方の金額欄の合計額を計算し，現金勘定の借方に記入する。
> ⑤ 貸方の金額欄の合計額を，現金勘定の貸方に記入する。

仕訳帳に記入するつど，一つひとつ転記する方法を**個別転記**といい，合計金額をまとめて記入する方法を**合計転記**という。

元丁欄には，総勘定元帳に転記したとき，総勘定元帳の口座番号を記入する。また，補助元帳に記入したときは，補助元帳の種類と口座

番号を記入する。たとえば，買掛金元帳の1の場合は「買1」と記入する。

総勘定元帳に転記したとき，勘定口座の摘要欄には，一般に特殊仕訳帳名を記入する。個別転記のときは，相手勘定科目でもよい。そのさい，仕丁欄には，その帳簿名とページ数を，たとえば，現金出納帳の1ページの場合は「現1」と記入する。

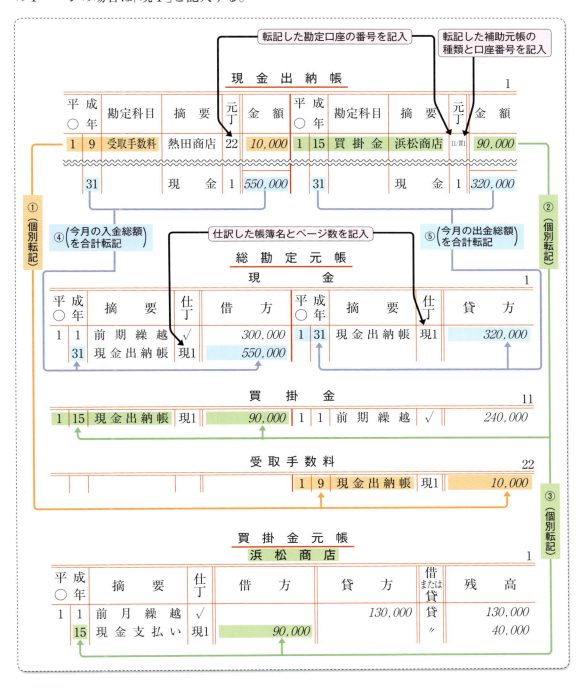

2. 現金出納帳　277

> **現金出納帳の締め切り方法**
> ① 借方入金合計額に前月繰越高を加える。
> ② 借方の合計金額から，貸方出金合計額を差し引いて次月繰越高を算出する。
> ③ 次月繰越高を貸方に赤記して，貸借を一致させる。

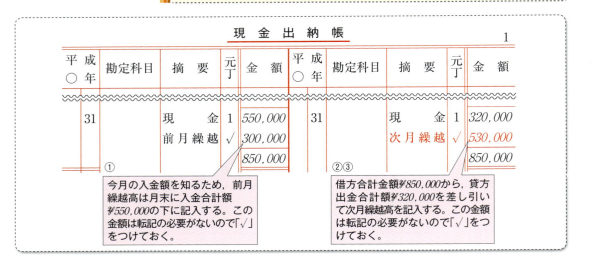

例 1

次の取引を特殊仕訳帳としての現金出納帳に記入し，総勘定元帳および売掛金元帳・買掛金元帳に転記しなさい。ただし，現金の前月繰越高は¥300,000である。

1月9日 熱田商店の商品売買の仲介を行い，手数料¥10,000を現金で受け取った。

15日 浜松商店に対する買掛金¥90,000を現金で支払った。

16日 伊東商店から商品¥150,000を仕入れ，代金は現金で支払った。

19日 瀬戸商店に対する売掛金¥180,000を現金で受け取った。

21日 1月分家賃¥30,000を現金で支払った。

22日 東海商店に対する売掛金¥160,000を現金で受け取った。

25日 東海商店に商品¥200,000を売り渡し，代金は現金で受け取った。

31日 伊東商店に対する買掛金¥50,000を現金で支払った。

現金出納帳

平成○年		勘定科目	摘要	元丁	金額	平成○年		勘定科目	摘要	元丁	金額
1	9	受取手数料	熱田商店	22	10,000	1	15	買掛金	浜松商店	11/買1	90,000
	19	売掛金	瀬戸商店	3/売1	180,000		16	仕入	伊東商店	31	150,000
	22	売掛金	東海商店	3/売2	160,000		21	支払家賃	1月分	33	30,000
	25	売上	東海商店	21	200,000		31	買掛金	伊東商店	11/買2	50,000
	31		現金	1	550,000		〃		現金	1	320,000
			前月繰越	✓	300,000				次月繰越	✓	530,000
					850,000						850,000

総勘定元帳

現金　1
| 1/ 1 前期繰越 | 300,000 | 1/31 現金出納帳 | 320,000 |
| 31 現金出納帳 | 550,000 | | |

売掛金　3
| 1/ 1 前期繰越 | 460,000 | 1/19 現金出納帳 | 180,000 |
| | | 22 〃 | 160,000 |

買掛金　11
| 1/15 現金出納帳 | 90,000 | 1/ 1 前期繰越 | 240,000 |
| 31 〃 | 50,000 | | |

売上　21
| | | 1/25 現金出納帳 | 200,000 |

受取手数料　22
| | | 1/ 9 現金出納帳 | 10,000 |

仕入　31
| 1/16 現金出納帳 | 150,000 | | |

支払家賃　33
| 1/21 現金出納帳 | 30,000 | | |

売掛金元帳

瀬戸商店　1
| 1/ 1 前月繰越 | 260,000 | 1/19 現金受け取り | 180,000 |

東海商店　2
| 1/ 1 前月繰越 | 200,000 | 1/22 現金受け取り | 160,000 |

買掛金元帳

浜松商店　1
| 1/15 現金支払い | 90,000 | 1/ 1 前月繰越 | 130,000 |

伊東商店　2
| 1/31 現金支払い | 50,000 | 1/ 1 前月繰越 | 110,000 |

売掛金勘定と買掛金勘定にはそれぞれ売掛金元帳と買掛金元帳という補助元帳が設けられているので，売掛金と買掛金の転記は総勘定元帳と補助元帳に行います。その結果，現金出納帳の1月15日・19日・22日・31日の元丁欄には「総勘定元帳の口座番号」と「補助元帳の種類と口座番号」の二つが記入されます。

▶特別欄を設けた現金出納帳◀

　これまでに学んだ現金出納帳を用いると，現金以外の勘定は，取引のつど個別転記しなければならない。そこで，入金・出金取引にともなってひんぱんに用いられる勘定については，現金出納帳に特別の欄（**特別欄**）を設けて，その欄に記入しておき，月末などに合計転記すれば，記帳はさらに合理的になる。

　たとえば，現金で掛け代金の決済を行うことが多い場合には，現金出納帳に特別欄として，借方に売掛金欄，貸方に買掛金欄を設ける。

> **記　帳　法**
> ① 特別欄として，借方に売掛金欄を，貸方に買掛金欄を設けた場合には，現金による売掛金の回収額を売掛金欄に，現金による買掛金の支払額を買掛金欄に記入する。
> ② それ以外の現金取引は諸口欄に記入する。

> **転記の方法**
> ① 売掛金欄・買掛金欄に記入した金額は，それぞれ売掛金元帳・買掛金元帳の該当する人名勘定に個別転記する。このさい，元丁欄には，売掛金元帳・買掛金元帳に転記したことを示すため，「売1」「買2」のように記入する。総勘定元帳の売掛金勘定・買掛金勘定には，月末に合計転記するから個別転記はしない。
> ② 諸口欄に記入した金額は，総勘定元帳の該当する勘定に個別転記する。
> ③ 週末，月末などに締め切り，各金額欄の合計額を計算する。売掛金欄の合計額は，売掛金勘定の貸方に合計転記する。また，諸口欄と売掛金欄を加えた借方総合計額（入金合計額）は，現金勘定の借方に合計転記する。
> ④ 買掛金欄の合計額は，買掛金勘定の借方に合計転記する。また，諸口欄と買掛金欄を加えた貸方総合計額（出金合計額）は，現金勘定の貸方に合計転記する。

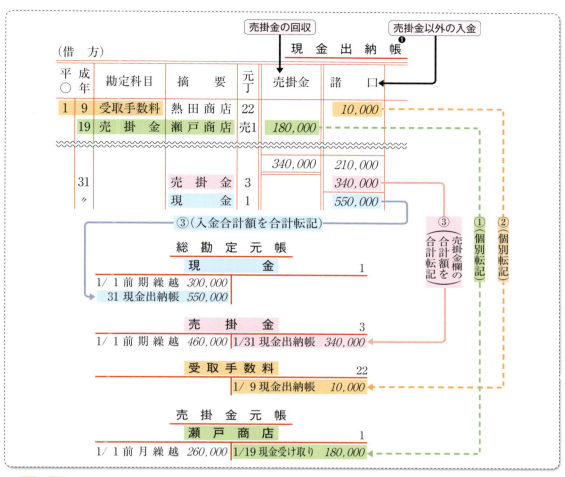

例 2

例1の取引を売掛金欄・買掛金欄を設けた現金出納帳に記入し，総勘定元帳および売掛金元帳・買掛金元帳に転記する。

❶記入については借方のみを示す。

解 答

現 金 出 納 帳　　　1

平成○年		勘定科目	摘　要	元丁	売掛金	諸　口	平成○年		勘定科目	摘　要	元丁	買掛金	諸　口
1	9	受取手数料	熱田商店	22		10,000	1	15	買掛金	浜松商店	買1	90,000	
	19	売　掛　金	瀬戸商店	売1	180,000			16	仕　入	伊東商店	31		150,000
	22	売　掛　金	東海商店	売2	160,000			21	支払家賃	1 月 分	33		30,000
	25	売　上	東海商店	21		200,000		31	買掛金	伊東商店	買2	50,000	
					340,000	210,000						140,000	180,000
	31		売　掛　金	3		340,000		31		買掛金	11		140,000
	〃		現　金	1		550,000		〃		現　金	1		320,000
			前月繰越	✓		300,000				次月繰越	✓		530,000
						850,000							850,000

総勘定元帳

現　金　1

1/ 1 前期繰越	300,000	1/31 現金出納帳	320,000
31 現金出納帳	550,000		

売　掛　金　3

1/ 1 前期繰越	460,000	1/31 現金出納帳	340,000

買　掛　金　11

1/31 現金出納帳	140,000	1/ 1 前期繰越	240,000

売　上　21

		1/25 現金出納帳	200,000

受取手数料　22

		1/ 9 現金出納帳	10,000

仕　入　31

1/16 現金出納帳	150,000		

　　　合計転記を示す。

支払家賃　33

1/21 現金出納帳	30,000		

売掛金元帳

瀬戸商店　1

1/ 1 前月繰越	260,000	1/19 現金受け取り	180,000

東海商店　2

1/ 1 前月繰越	200,000	1/22 現金受け取り	160,000

買掛金元帳

浜松商店　1

1/15 現金支払い	90,000	1/ 1 前月繰越	130,000

伊東商店　2

1/31 現金支払い	50,000	1/ 1 前月繰越	110,000

Let's Try　収納帳と支払帳

　現金を取り扱う係を,収納の係と支払いの係に分けている場合,現金出納帳を,収納帳と支払帳に分けて,これらを特殊仕訳帳として使用することがある。

　収納帳の記入は,現金出納帳の借方の記入と同じであり,支払帳は,貸方の記入と同じである。特別欄には,収納帳の場合,売掛金欄のほか,現金売り上げの多い企業では,売上欄を設けることもある。

　p.278例1の取引例を収納帳に記入すると次のとおりである。

収　納　帳　1

平成○年		勘定科目	摘　要	元丁	売掛金	売　上	諸　口
1	9	受取手数料	熱田商店	22			10,000
	19	売　掛　金	瀬戸商店	売1	180,000		
	22	売　掛　金	東海商店	売2	160,000		
	25	売　　　上	東海商店	✓		200,000	
					340,000	200,000	10,000
	31		売　掛　金	3			340,000
	〃		売　　　上	21			200,000
	〃		現　　　金	1			550,000

3 当座預金出納帳

現金出納帳と同様に，当座預金出納帳に勘定科目欄と元丁欄を設けて，特殊仕訳帳として用いることができる。

当座預金出納帳の記帳と転記の方法
① 特殊仕訳帳としての記帳と転記のしかたは，現金出納帳に準じて行う。
② 現金を当座預金に預け入れる取引と当座預金から現金を引き出す取引は，現金出納帳と当座預金出納帳の両方にそれぞれ記入する。この場合，両帳簿から相手勘定に個別転記すると，月末などに行う現金勘定と当座預金勘定への合計転記と重複するので，これらの取引の元丁欄には「√」をつけ，二重に転記しないようにする。

❶これを**二重転記**という。

1月4日　小切手¥50,000を振り出して，取引銀行から現金を引き出した。

(借) 現　　金　50,000　　(貸) 当座預金　50,000

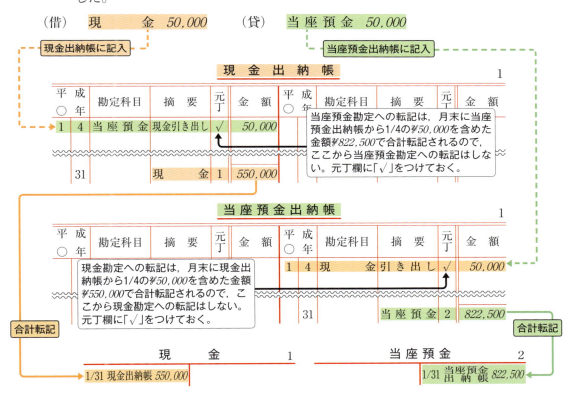

例 3

次の取引をそれぞれ借方に売掛金欄，貸方に買掛金欄を設けた当座預金出納帳と現金出納帳(一部)に記入し，総勘定元帳および売掛金元帳・買掛金元帳に転記しなさい。ただし，当座預金の前月繰越高は¥620,000　現金の前月繰越高は¥30,000である。

1月4日　小切手¥50,000を振り出して，取引銀行から現金を引き出した。

6日　岐阜商店に対する売掛金のうち¥520,000を同店振り出しの小切手で受け取り，ただちに当座預金に預け入れた。

8日　島田商店に対する買掛金¥300,000を小切手を振り出して支払った。

9日　大垣商店に対する売掛金のうち，¥80,000を現金で受け取った。

12日　大垣商店に商品¥150,000を売り渡し，代金として同店振り出しの小切手を受け取り，ただちに当座預金に預け入れた。

14日　下田商店から商品¥180,000を仕入れ，代金は小切手を振り出して支払った。

20日　所有している一宮商店振り出しの約束手形¥200,000を取引銀行で割り引き，割引料を差し引かれた手取金¥197,500は当座預金に預け入れた。

22日　三島商店に対する買掛金¥190,000を小切手を振り出して支払った。

25日　本月分家賃¥100,000を小切手を振り出して支払った。

30日　手もとの現金¥100,000を当座預金に預け入れた。

解答

現金勘定に二重に転記をふせぐため「✓」をつけておく。

当座預金出納帳　　　　　　　　　　1

平成○年		勘定科目	摘要	元丁	売掛金	諸口	平成○年		勘定科目	摘要	元丁	買掛金	諸口
1	6	売掛金	岐阜商店	売1	520,000		1	4	現金	引き出し	✓		50,000
	12	売上	大垣商店	21		150,000		8	買掛金	島田商店	買1	300,000	
	20	受取手形	約手割引	3		200,000		14	仕入	下田商店	31		180,000
	30	現金	預け入れ	✓		100,000		20	手形売却損	約手割引	38		2,500
								22	買掛金	三島商店	買2	190,000	
								25	支払家賃	1月分	32		100,000
					520,000	450,000						490,000	332,500
	31		売掛金	4		520,000		31		買掛金	11		490,000
	〃		当座預金	2		970,000		〃		当座預金	2		822,500
			前月繰越	✓		620,000				次月繰越	✓		767,500
						1,590,000							1,590,000

現金出納帳　　　　　　　　　　　　　　　　1

> 当座預金勘定に二重に転記をふせぐため「✓」をつけておく。

平成○年	勘定科目	摘 要	元丁	売掛金	諸 口	平成○年	勘定科目	摘 要	元丁	買掛金	諸 口
1 / 4	当座預金	現金引き出し	✓		50,000	1 / 30	当座預金	預け入れ	✓		100,000
9	売掛金	大垣商店	売2	80,000							

総勘定元帳

現　金　　1
1/ 1 前期繰越　30,000　│　1/31 現金出納帳　×××
31 現金出納帳　×××

当座預金　　2
1/ 1 前期繰越　620,000　│　1/31 当座預金出納帳　822,500
31 当座預金出納帳　970,000

受取手形　　3
×××　│　1/20 当座預金出納帳　200,000

売掛金　　4
×××　│　1/31 現金出納帳　×××
　　　　　　〃 当座預金出納帳　520,000

買掛金　　11
1/31 現金出納帳　×××　│　×××
〃 当座預金出納帳　490,000

売　上　　21
│　1/12 当座預金出納帳　150,000

仕　入　　31
1/14 当座預金出納帳　180,000

支払家賃　　32
1/25 当座預金出納帳　100,000

手形売却損　　38
1/20 当座預金出納帳　2,500

売掛金元帳

岐阜商店　　1
×××　│　1/ 6 小切手受け取り　520,000

大垣商店　　2
×××　│　1/ 9 現金受け取り　80,000

買掛金元帳

島田商店　　1
1/ 8 小切手支払い　300,000　│　×××

三島商店　　2
1/22 小切手支払い　190,000　│　×××

▲ **手形割引の記帳法**（1月20日の取引で示す）

第1法（当座預金出納帳だけで処理する方法）
　（借）　当座預金　200,000　（貸）　受取手形　200,000……当座預金出納帳の借方に記入
　（借）　手形売却損　2,500　（貸）　当座預金　2,500……当座預金出納帳の貸方に記入

第2法（当座預金出納帳と普通仕訳帳で処理する方法）
　（借）　当座預金　197,500　（貸）　受取手形　197,500……当座預金出納帳
　（借）　手形売却損　2,500　（貸）　受取手形　2,500……普通仕訳帳

　第2法では，1取引を2冊の仕訳帳に分割記入することになり不便である。第1法では，1冊の仕訳帳で処理することができ便利である。本書では第1法で処理した。

4 仕入帳・売上帳

1 仕入帳

　仕入帳を特殊仕訳帳として用いる場合には，仕入帳にあらたに勘定科目欄と元丁欄を設ける。

　掛け仕入れの多い場合には，特別欄として買掛金欄を設けて，月末などに合計転記すれば，記帳を合理的に行うことができる。

> **仕入帳の記帳法**
> ① 仕入取引の仕訳は，借方がつねに「仕入」となるから，勘定科目欄には，相手勘定を記入するだけでよい。金額は，掛け仕入れのときは買掛金欄に，その他のときは諸口欄に記入する。
> ② 仕入返品高・値引高の取引は，補助記入帳としての仕入帳と同様に，赤字で記入する。

> **転記の方法**
> ① 買掛金欄に記入した金額は，買掛金元帳の該当する人名勘定の貸方に個別転記する。総勘定元帳の買掛金勘定には月末に合計転記するから，個別転記しない。元丁欄には，買掛金元帳の人名勘定へ転記したことを示すため「買1」のように記入する。
> ② 諸口欄に記入した取引は，原則として総勘定元帳の該当する勘定の貸方に個別転記する。ただし，現金出納帳や当座預金出納帳に記入した取引については，それらの帳簿から合計転記するので，元丁欄に「✓」をつけ，仕入帳からは個別転記しない。
> ③ 月末などに仕入帳を締め切り，一定期間の買掛金欄の掛け仕入高合計を買掛金勘定の貸方に合計転記する。
> ④ 掛け仕入高合計に諸口欄の仕入高合計を加えて総仕入高を計算し，仕入勘定の借方に合計転記する。
> ⑤ 諸口欄に赤字記入してある仕入返品高・値引高の合計を，仕入勘定の貸方と買掛金勘定の借方に合計転記する。なお，総仕入高から仕入返品高・値引高を差し引いて純仕入高を記入する。

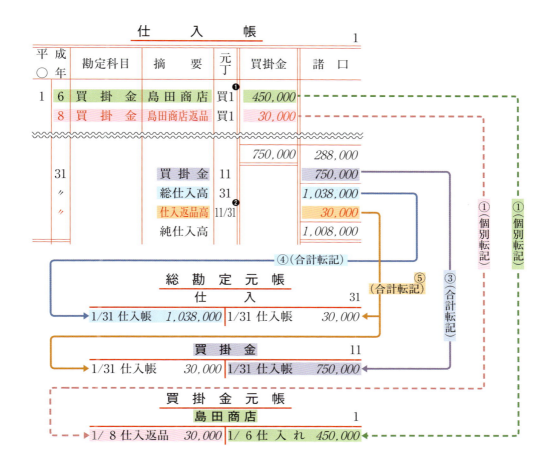

例 4

次の取引を買掛金欄を設けた仕入帳に記入し,総勘定元帳と買掛金元帳に転記しなさい。ただし,仕入帳のほかに当座預金出納帳を特殊仕訳帳として用いている。

1月6日 島田商店から次の商品を仕入れ,代金は掛けとした。
　　　　A品　150個　@¥3,000　¥450,000

8日 島田商店から仕入れた商品のうち,品違いのため,10個を返品し,代金は買掛金から差し引いた。

14日 袋井商店から次の商品を仕入れ,代金は小切手を振り出して支払った。
　　　　B品　100個　@¥1,800　¥180,000

25日 三島商店から次の商品を仕入れ,代金のうち¥100,000は,約束手形を振り出して支払い,残額は掛けとした。なお,引取費¥8,000は小切手を振り出して支払った。
　　　　C品　200個　@¥2,000　¥400,000

❶買掛金欄に記入した金額は,買掛金元帳に個別転記する。

❷仕入返品高・値引高の合計は,仕入勘定の貸方と,買掛金勘定の借方に合計転記したことを示す。

解答

仕 入 帳　　1

平成○年		勘定科目	摘　　　要			元丁	買掛金	諸　口
1	6	買 掛 金	島田商店　　　　　　　掛け			買1	450,000	
			A 品　　150個　@¥3,000					
	8	買 掛 金	島田商店　　　　　　掛け返品			買1	30,000	
			A 品　　10個　@¥3,000					
	14	当座預金	袋井商店　　　　　　　小切手			√		180,000
			B 品　　100個　@¥1,800					
	25	支払手形	三島商店　　　　　　　約手			10		100,000
		買 掛 金	掛け			買2	300,000	
			C 品　　200個　@¥2,000					
		当座預金	上記引取費小切手払い			√		8,000
							750,000	288,000
	31		買 掛 金		11			750,000
	〃		総仕入高		31			1,038,000
	〃		仕入返品高		11/31			30,000
			純仕入高					1,008,000

当座預金勘定に二重に転記をふせぐため「√」をつけておく。

仕入返品・値引高は含まない。

総勘定元帳

支 払 手 形　　10
　　　　　　　　　1/25 仕 入 帳　100,000

買 掛 金　　11
1/31 仕 入 帳　30,000　│　1/31 仕 入 帳　750,000

仕　入　　31
1/31 仕 入 帳　1,038,000　│　1/31 仕 入 帳　30,000

■ 個別転記を示す。
■ 合計転記を示す。

買掛金元帳

島田商店　　1
1/ 8 仕入返品　30,000　│　1/ 6 仕 入 れ　450,000

三島商店　　2
　　　　　　　　│　1/25 仕 入 れ　300,000

2 売 上 帳

　売上帳を特殊仕訳帳として用いる場合には，売上帳にあらたに勘定科目欄と元丁欄を設ける。

　掛け売り上げの多い場合には，特別欄として売掛金欄を設けて，月末などに合計転記すれば，記帳を合理的に行うことができる。

　売上帳の記入と転記のしかたは，仕入帳に準じて行う。

例 5

次の取引を売掛金欄を設けた売上帳に記入し，総勘定元帳と売掛金元帳に転記しなさい。ただし，売上帳のほかに当座預金出納帳も特殊仕訳帳として用いている。

1月7日　岐阜商店に次の商品を売り渡し，代金は掛けとした。
　　　　　　C 品　100個　@¥3,000　¥300,000

　9日　岐阜商店から上記商品のうち，品違いのため5個が返品され，代金は売掛金から差し引くことにした。

　12日　大垣商店に次の商品を売り渡し，代金は同店振り出しの小切手で受け取り，ただちに当座預金に預け入れた。
　　　　　　B 品　60個　@¥2,500　¥150,000

　20日　高山商店に次の商品を売り渡し，代金のうち¥120,000は同店振り出しの約束手形で受け取り，残額は掛けとした。
　　　　　　A 品　120個　@¥4,000　¥480,000

解答

売　上　帳　　　　　　　　　　　1

当座預金勘定に二重に転記をふせぐため「✓」をつけておく。

平成○年		勘定科目	摘　　要	元丁	売掛金	諸　口
1	7	売　掛　金	岐阜商店　　　　　　　　掛け C 品　100個　@¥3,000	売1	300,000	
	9	売　掛　金	岐阜商店　　　　　　掛け返品 C 品　5個　@¥3,000	売1	15,000	
	12	当座預金	大垣商店　　　　　　　小切手 B 品　60個　@¥2,500	✓		150,000
	20	受取手形 売　掛　金	高山商店　　　　　　　約手 　　　　　　　　　　　掛け A 品　120個　@¥4,000	3 売2	360,000	120,000
					660,000	270,000
	31		売　掛　金	4		660,000
	〃		総売上高	21		930,000
	〃		売上返品高	21/4		15,000
			純売上高			915,000

売上返品・値引高は含まない。

総勘定元帳

受取手形	3
1/20 売上帳 *120,000*	

売掛金			4
1/31 売上帳 660,000		1/31 売上帳 *15,000*	

売 上	21
1/31 売上帳 *15,000*	1/31 売上帳 930,000

■ 個別転記を示す。
■ 合計転記を示す。

売掛金元帳

岐阜商店			1
1/ 7 売り上げ *300,000*		1/ 9 売上返品 *15,000*	

高山商店	2
1/20 売り上げ *360,000*	

5 普通仕訳帳

特殊仕訳帳を用いている場合，普通仕訳帳には，次のような取引の仕訳を記入する。

① **開始記入** 開業時の仕訳および前期繰越高を記入する。開業時の現金の出資高（元入高）は，現金出納帳と普通仕訳帳の両帳簿に記入する。❶ そこで，現金勘定と資本金勘定の二重転記をふせぐために，普通仕訳帳の「現金」の元丁欄と現金出納帳の「資本金」の元丁欄には「✓」をつけておく。

② **決算仕訳** 決算のときの整理仕訳や振替仕訳を記入する。

③ **訂正仕訳** 特殊仕訳帳では訂正できない記帳の誤りの訂正仕訳を記入する。

④ **その他の仕訳** 買掛金の支払いのために，得意先あてに為替手形を振り出した取引のように，どの特殊仕訳帳にも記入しない取引を記入する。

❶現金のみの元入れで開業した場合，現金出納帳のみに記入する。

❷総勘定元帳と買掛金元帳に転記する。

普通仕訳帳　1

平成○年		摘　要	元丁	借　方	貸　方
1	5	（買　掛　金）	11/買1 ❷	80,000	
		（売　掛　金）	4/売3		80,000
		買掛金支払いのため為替手形振出			

なお，特殊仕訳帳から，直接，総勘定元帳に合計転記すると誤りが生じやすい。そこで，特殊仕訳帳の合計金額で普通仕訳帳に仕訳を行

い(この仕訳を**合計仕訳**という)，総勘定元帳に転記する方法をとることがある。この場合，諸口欄の金額はすでに個別転記しているので，元丁欄に「√」をつけておく。

例 6

例3の当座預金出納帳(p.284)と例4の仕入帳(p.288)，例5の売上帳(p.289)について，普通仕訳帳に合計仕訳を行いなさい(総勘定元帳は省略する)。

解答

普通仕訳帳   2

平成○年		摘要		元丁	借方	貸方
1	31	(当座預金)	諸　　口	2	970,000	
			(売　掛　金)	4		520,000
			(諸　　口)	√		450,000
		当座預金出納帳借方				
	〃	諸　　口	(当座預金)	2		822,500
		(買　掛　金)		11	490,000	
		(諸　　口)		√	332,500	
		当座預金出納帳貸方				
	〃	(仕　　入)	諸　　口	31	1,038,000	
			(買　掛　金)	11		750,000
			(諸　　口)	√		288,000
		仕入帳総仕入高				
	〃	(買　掛　金)		11	30,000	
			(仕　　入)	31		30,000
		仕入帳仕入返品高				
	〃	諸　　口	(売　　上)	21		930,000
		(売　掛　金)		4	660,000	
		(諸　　口)		√	270,000	
		売上帳総売上高				
	〃	(売　　上)		21	15,000	
			(売　掛　金)	4		15,000
		売上帳売上返品高				

Let's Try 普通仕訳帳と特殊仕訳帳の両方に記入する取引

一つの取引を普通仕訳帳と特殊仕訳帳の両方に記入する場合には，取引の全部をいったん普通仕訳帳に記入する方法がある。これにより，取引を分解することなく記帳・転記することができる。

1月20日　所有している一宮商店振り出しの約束手形¥200,000を取引銀行で割り引き，割引料を差し引かれた手取金¥197,500は当座預金に預け入れた。

普通仕訳帳　1

平成○年	摘　　要	元丁	借　方	貸　方
1　20	諸　口　　（受取手形）	3		200,000
	（当座預金）	√	197,500	
	（手形売却損）	38	2,500	

当座預金勘定へは当座預金出納帳から月末に合計転記されるので，元丁欄に「√」をつける。

当座預金出納帳　1

平成○年	勘定科目	摘　要	元丁	金　額	平成○年	勘定科目	摘　要	元丁	金　額
1　20	受取手形	約手割引	√	197,500					

受取手形勘定へは普通仕訳帳から個別転記されるので，元丁欄に「√」をつける。

Let's Try 受取手形記入帳と支払手形記入帳

　受取手形記入帳にあらたに勘定科目欄と元丁欄を設け，特殊仕訳帳として用いることがある。この場合，手形債権の増加取引は受取手形記入帳に記入して各勘定に転記するが，手形債権の減少取引は受取手形記入帳のてん末欄にメモのみをし，他の仕訳帳（当座預金出納帳や普通仕訳帳）に記入して各勘定に転記する。

　また，支払手形記入帳にあらたに勘定科目欄と元丁欄を設け，特殊仕訳帳として用いることがある。この場合，手形債務の増加取引は支払手形記入帳に記入して各勘定に転記するが，手形債務の減少取引は支払手形記入帳のてん末欄にメモのみをし，他の仕訳帳（当座預金出納帳や普通仕訳帳）に記入して各勘定に転記する。

　また，手形取引は売掛金の回収や買掛金の支払いの場合に生じることが多いので，受取手形記入帳には売掛金欄を支払手形記入帳には買掛金欄を設けることがある。

　受取手形記入帳を特殊仕訳帳として用いた場合は，次のようになる。

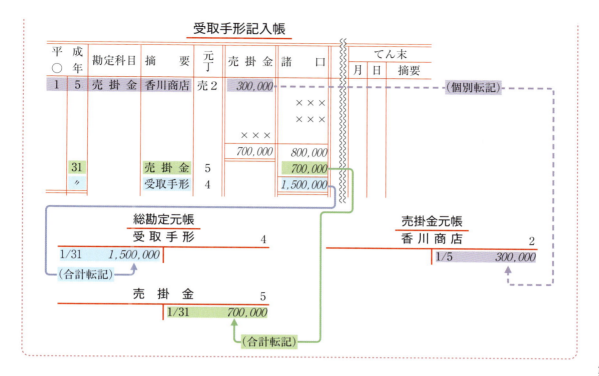

確認問題

1．次の取引を，下の形式の特殊仕訳帳としての現金出納帳に記入し，総勘定元帳に転記して，締め切りなさい。

　　勘定口座とその番号および繰越高は，次のとおりである。

　　総勘定元帳　　1．現　　金（前期繰越高￥250,000）
　　　　　　　　　4．売 掛 金（前期繰越高￥900,000）
　　　　　　　　　11．買 掛 金（前期繰越高￥500,000）
　　　　　　　　　21．売　　上　　31．仕　　入　　32．広 告 料

1月7日　岡山商店に対する買掛金￥220,000を現金で支払った。
　10日　佐賀商店に商品￥290,000を売り渡し，代金は現金で受け取った。
　17日　長崎商店に対する売掛金￥340,000を現金で受け取った。
　20日　広島商店から商品￥270,000を仕入れ，代金は現金で支払った。
　28日　中国広告社に広告料￥40,000を現金で支払った。

現 金 出 納 帳　　　　　　　　　　　　　　　　1

平成○年	勘定科目	摘要	元丁	金額	平成○年	勘定科目	摘要	元丁	金額

2．次の取引を，下の形式の特殊仕訳帳としての現金出納帳に記入し，総勘定元帳および売掛金元帳・買掛金元帳に転記して，締め切りなさい。

勘定口座とその番号および繰越高は，次のとおりである。

総勘定元帳　　1．現　　金（前期繰越高￥270,000）
　　　　　　　　　4．売掛金（前期繰越高￥650,000）
　　　　　　　　　11．買掛金（前期繰越高￥200,000）
　　　　　　　　　21．売　　上　　31．仕　　入　　32．給　　料　　33．発送費

売掛金元帳　　1．富士商店（前月繰越高￥350,000）
　　　　　　　　　2．掛川商店（前月繰越高￥300,000）

買掛金元帳　　1．高浜商店（前月繰越高￥200,000）

1月2日　富士商店に対する売掛金￥240,000を現金で受け取った。
　　4日　西尾商店から商品￥150,000を仕入れ，代金は現金で支払った。
　　7日　高浜商店に対する買掛金￥180,000を現金で支払った。
　14日　清水商店に商品￥140,000を売り渡し，代金は現金で受け取った。なお，発送費￥5,000は現金で支払った。
　19日　掛川商店に対する売掛金￥290,000を現金で受け取った。
　25日　本月分給料￥125,000を現金で支払った。

現　金　出　納　帳　　　　1

平成○年	勘定科目	摘要	元丁	売掛金	諸口	平成○年	勘定科目	摘要	元丁	買掛金	諸口

3．次の取引を，次ページの形式の特殊仕訳帳としての仕入帳に記入し，総勘定元帳および買掛金元帳に転記して締め切りなさい。

ただし，ⅰ．ほかに特殊仕訳帳として，現金出納帳・売上帳を用いている。
　　　　ⅱ．すでに記入してある取引も転記すること。
　　　　ⅲ．勘定口座とその番号は，次のとおりである。

総勘定元帳　　10．支払手形　　11．買掛金　　31．仕　　入

買掛金元帳　　1．松阪商店　　2．草津商店

1月17日　草津商店から次の商品を仕入れ，代金は掛けとした。
　　　　　　B　品　　600個　　@￥800　　￥480,000
　22日　草津商店から仕入れた上記商品について，次のとおり値引きを受けた。
　　　　　　B　品　　50個　　@￥100　　￥5,000
　29日　東海商店から次の商品を仕入れ，代金は同店あての約束手形を振り出して支払った。
　　　　　　C　品　　800個　　@￥700　　￥560,000

仕　入　帳　　　　　　　　　　　1

平成○年	勘定科目	摘　　要	元丁	買掛金	諸口
1　12	買　掛　金	松阪商店　　　　　　　掛　け		450,000	
		A　品　　500個　　@￥900			
	現　　　金	引取費現金払い			27,000

4． 次の取引を，下の形式の特殊仕訳帳としての当座預金出納帳と売上帳に記入し，総勘定元帳および売掛金元帳に転記して，締め切りなさい。

　　　勘定口座とその番号および繰越高は，次のとおりである。

　　総勘定元帳　　2．当座預金（前期繰越高￥820,000）　　3．受取手形
　　　　　　　　　　4．売掛金　　21．売上　　25．発送費
　　売掛金元帳　　1．知多商店　　2．鈴鹿商店

1月5日　鈴鹿商店に次の商品を売り渡し，代金は掛けとした。なお，岡山運送店に発送費￥10,000を小切手を振り出して支払った。
　　　　　　C　品　　1,500個　　@￥200　￥300,000

　　11日　知多商店に次の商品を売り渡し，代金のうち￥80,000は小切手で受け取り，ただちに当座預金に預け入れた。なお，残額は掛けとした。
　　　　　　A　品　　2,000個　　@￥140　￥280,000

　　12日　知多商店に売り渡したA品のうち，品違いのため100個が返品され，代金は売掛金から差し引くことにした。

　　25日　藤枝商店に次の商品を売り渡し，代金として同店振り出しの約束手形＃12￥180,000を受け取った。
　　　　　　B　品　　1,000個　　@￥180　￥180,000

　　30日　鈴鹿商店に対する売掛金のうち￥175,000を小切手で受け取り，ただちに当座預金に預け入れた。

当　座　預　金　出　納　帳

平成○年	勘定科目	摘要	元丁	売掛金	諸口	平成○年	勘定科目	摘要	元丁	買掛金	諸口

売　上　帳

平成○年	勘定科目	摘　　要	元丁	売掛金	諸口

完成問題

1. 次の特殊仕訳帳としての当座預金出納帳，仕入帳，売上帳と普通仕訳帳の（　）内に必要な記入を行い，総勘定元帳と売掛金元帳・買掛金元帳に転記しなさい。

当座預金出納帳　　1

平成○年		勘定科目	摘要	元丁	売掛金	諸口	平成○年		勘定科目	摘要	元丁	買掛金	諸口
1	8	売　上		( )		( )	1	6	仕　入		( )		180,000
	21	売掛金	上尾商店	( )	490,000			12	買掛金	熊谷商店	( )	340,000	
								26	支払手形		( )		100,000
					( )	( )						( )	( )
	31	( )		( )	( )			31	( )		( )	( )	
	〃	( )		( )	( )			〃	( )		( )	( )	
			前月繰越	✓	( )					次月繰越	✓	( )	
					( )	( )						( )	( )

仕　入　帳　　1

平成○年		勘定科目	摘要	元丁	買掛金	諸口
1	6	当座預金		( )		( )
	20	買掛金	深谷商店	( )	390,000	
	28	買掛金	深谷商店に返品	( )	31,000	
					( )	( )
	31		( )	( )		( )
	〃		( )	( )		( )
	〃		( )	( )		( )

売 上 帳　　1

平成○年		勘定科目	摘　要	元丁	売掛金	諸　口
1	8	売　掛　金	上　尾　商　店	( )	380,000	
	〃	当　座　預　金		( )		160,000
	26	売　掛　金	川　越　商　店	( )	250,000	
	28	売　掛　金	川越商店から返品	( )	14,000	
					( )	( )
	31		売　掛　金	( )		( )
	〃		総　売　上　高	( )		( )
	〃		売 上 返 品 高	( )		( )
			純　売　上　高			( )

普 通 仕 訳 帳　　1

平成○年		摘　　要	元丁	借　方	貸　方
1	10	（買　掛　金）	( )	150,000	
		（売　掛　金）	( )		150,000
		川越商店あて為替手形を振り出し深谷商店に渡した			

総 勘 定 元 帳

```
        当 座 預 金           2              売 掛 金            3
1/1 前期繰越 500,000              1/1 前期繰越 710,000
        支 払 手 形          10              買 掛 金           11
              1/1 前期繰越 420,000                1/1 前期繰越 620,000
        売         上         21              仕         入        31
```

売 掛 金 元 帳　　　　　　　　　　買 掛 金 元 帳

```
        川 越 商 店           1              熊 谷 商 店           1
1/1 前月繰越 180,000                         1/1 前月繰越 420,000
        上 尾 商 店           2              深 谷 商 店           2
1/1 前月繰越 530,000                         1/1 前月繰越 200,000
```

2. 栃木商店(決算年1回　12月31日)の次の資料から平成○2年1月31日の残高試算表を作成しなさい。

資料1　平成○1年12月31日の貸借対照表

貸　借　対　照　表
平成○1年12月31日　　　　　(単位：円)

資　産	金　額	負債・純資産	金　額
当　座　預　金	60,000	支　払　手　形	12,000
受　取　手　形	20,000	買　掛　金	60,000
売　掛　金	40,000	借　入　金	40,000
商　　　品	10,000	備品減価償却累計額	20,000
前　払　家　賃	6,000	資　本　金	120,000
備　　　品	120,000	当　期　純　利　益	4,000
	256,000		256,000

資料2　平成○2年1月中の特殊仕訳帳の記入内容

(1)　当座預金出納帳

(借方)　売掛金欄合計　¥36,000
　　　　諸口欄合計　¥62,000　諸口欄内訳　売　　上　¥30,000
　　　　　　　　　　　　　　　　　　　　　受取手形　¥20,000
　　　　　　　　　　　　　　　　　　　　　受取手数料　¥12,000

(貸方)　買掛金欄合計　¥30,000
　　　　諸口欄合計　¥50,000　諸口欄内訳　仕　　入　¥20,000
　　　　　　　　　　　　　　　　　　　　　支払手形　¥10,000
　　　　　　　　　　　　　　　　　　　　　給　　料　¥16,000
　　　　　　　　　　　　　　　　　　　　　借　入　金　¥4,000

(2)　仕入帳

買掛金欄合計　¥28,000
諸口欄合計　¥36,000　諸口欄内訳　当座預金　¥20,000
　　　　　　　　　　　　　　　　　支払手形　¥16,000

(3)　売上帳

売掛金欄合計　¥58,000
諸口欄合計　¥52,000　諸口欄内訳　当座預金　¥30,000
　　　　　　　　　　　　　　　　　受取手形　¥22,000

資料3　平成○2年1月中の普通仕訳帳の記入内容

普　通　仕　訳　帳

日付	摘　　　　要	元丁	借　方	貸　方
1 1	(支払家賃)		6,000	
	(前払家賃)			6,000
10	(買　掛　金)		10,000	
	(受取手形)			10,000

発展編

株式会社の記帳

これまでは，個人商店の記帳について学んできたが，発展編では，株式会社の記帳について学習する。株式会社の簿記も個人商店の簿記と基本原理は同じであるが，ここでは個人商店にはなかった株式会社特有の取引について学習しよう。

簿記の機構は単純な計算の連続からなっている。
リトルトン〔アメリカの会計学者〕

簿記の基礎	I
取引の記帳と決算 I	II
取引の記帳と決算 II	III
帳簿と伝票	IV
取引の記帳と決算 III	V
本支店の会計	VI
複合仕訳帳制	VII
株式会社の記帳	発展

第28章 設立と開業の記帳

株式会社の設立や開業のときの処理は，どのように行うのか。ここでは，株式会社特有の取引について学習しよう。

キーワード　資本金　資本準備金　創立費　開業費　株式交付費

1 株式会社の設立と開業

1 株式会社の資本金

株式会社は，**株式**を発行して多くの出資者（株主）から現金などの提供を受けて資金を調達する。

株式会社を設立するためには，会社法の規定により，まず会社の根本規定である定款を作成し，会社の目的，名称（商号）などとともに設立にさいして出資される財産の価額またはその最低額を定める。また，会社が発行することができる株式の総数（発行可能株式総数）を会社の成立までに定款に定めなければならない。

なお，今日の株式会社では，株式について株券を発行しないことが原則とされるが，定款に発行することを定めれば株券を発行することができる。

❶会社法第27条参照。

株券の例

株式会社の資本金は，原則として株主となる者が会社に対して払い込みまたは給付をした財産の額であり，資本金勘定で処理する。

例 1

東海商事株式会社は，設立にさいし，株式200株を1株につき¥50,000で発行し，その全額の引き受け・払い込みを受け，払込金は当座預金とした。

仕 訳

（借）当座預金　10,000,000　（貸）資　本　金　10,000,000

　　　　　　　　　1株の払込金額　　発行株式数
　資本金の金額　¥50,000　×　200（株）　＝¥10,000,000

例1のように払込金の全額を資本金に計上するのが原則であるが，例外として払込金額の$\frac{1}{2}$を超えない額を資本金として計上しないことが認められている。❶

❶会社法第445条第1項，第2項参照。

このような資本金として計上しない部分を株式払込剰余金といい，**資本準備金勘定**（資本の勘定）の貸方に計上する。

▶資本金として計上しなければならない最低額と資本金として計上しないことができる最高額の例

払込金額 ¥10,000,000	$\frac{1}{2}$ 資本金として計上しなければならない最低額 ¥10,000,000 × $\frac{1}{2}$ ＝ ¥5,000,000	→	資　本　金 ¥5,000,000
	$\frac{1}{2}$ 資本金として計上しないことができる最高額 ¥10,000,000 × $\frac{1}{2}$ ＝ ¥5,000,000	→	資本準備金 ¥5,000,000

・資本準備金として計上する金額＝払込金額－資本金として計上した金額

例 2

西海商事株式会社は，設立にさいし，株式200株を1株につき¥50,000で発行し，その全額の引き受け・払い込みを受け，払込金は当座預金とした。ただし，払込金額のうち，1株につき¥25,000は資本金として計上しないことにした。

仕 訳

（借）当座預金　10,000,000　（貸）資　本　金　5,000,000
　　　　　　　　　　　　　　　　　資本準備金　5,000,000

2 創立費

株式会社の設立のために支出した定款の作成費，株式の発行費用，設立登記のための費用などを**創立費**といい，**創立費勘定**(費用の勘定)の借方に記入する。

例 3

東海商事株式会社は，設立手続きを終了し，設立のために支出した諸費用¥1,000,000を小切手を振り出して支払った。

仕訳

(借) 創 立 費 1,000,000 (貸) 当 座 預 金 1,000,000

3 開業費

開業準備のために支出した広告宣伝費・通信費など，会社設立後から開業までに支出した諸費用を**開業費**といい，**開業費勘定**(費用の勘定)の借方に記入する。

例 4

東海商事株式会社は，開業準備のための諸費用¥800,000を小切手を振り出して支払った。

仕訳

(借) 開 業 費 800,000 (貸) 当 座 預 金 800,000

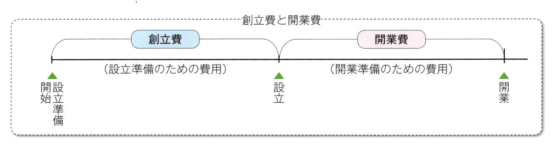

2 株式の発行

株式会社の設立後，企業規模拡大などのために，あらたに株式を発行するなどして資本金を増やすことができる。この場合の処理は設立のときと同様である。

例 5

東海商事株式会社は，事業規模拡大のため，あらたに株式100株を，1株につき¥60,000で発行し，その全額の引き受け・払い込みを受け，払込金は当座預金とした。ただし，払込金額のうち1株につき¥30,000は資本金として計上しないことにした。

解答

（借）当 座 預 金　6,000,000　（貸）資　本　金　3,000,000
　　　　　　　　　　　　　　　　　　　資本準備金　3,000,000

注．　　　　　　　　　　1株の　　　1株につき資本金
　　　　　　　　　　　払込金額　として計上しない額　発行株式数
　　資本金となる金額　　（¥60,000 − ¥30,000）× 100（株）＝ ¥3,000,000
　　資本準備金となる金額　　　　　¥30,000 × 100（株）＝ ¥3,000,000

例5のようにあらたに株式を発行する場合，それに要した費用を**株式交付費**といい，**株式交付費勘定**（費用の勘定）の借方に記入する。

例 6

東海商事株式会社は，企業規模拡大のため，あらたに株式を発行することにし，そのための諸費用¥600,000を小切手を振り出して支払った。

仕訳

（借）株式交付費　　600,000　（貸）当 座 預 金　600,000

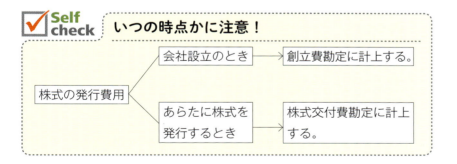

Self check　いつの時点かに注意！

株式の発行費用 ─┬─ 会社設立のとき → 創立費勘定に計上する。
　　　　　　　　└─ あらたに株式を発行するとき → 株式交付費勘定に計上する。

第28章 重要仕訳

第28章で学んだ取引を確認しよう。

- [ ] 1. 会社の設立にさいし，株式を発行して全額の引き受け・払い込みを受け，払込金は当座預金とした。

  (借) 当 座 預 金 ×××　(貸) 資　本　金 ×××

- [ ] 2. 会社の設立にさいし，株式を発行して全額の引き受け・払い込みを受け，払込金は当座預金とした。ただし，払込金の一部は資本金として計上しないこととした。

  (借) 当 座 預 金 ×××　(貸) 資　本　金 ×××
  　　　　　　　　　　　　　　資 本 準 備 金 ×××

- [ ] 3. 会社設立のための諸費用を小切手を振り出して支払った。

  (借) 創　立　費 ×××　(貸) 当 座 預 金 ×××

- [ ] 4. 開業準備のための諸費用を小切手を振り出して支払った。

  (借) 開　業　費 ×××　(貸) 当 座 預 金 ×××

- [ ] 5. 事業規模拡大のため，株式を発行して全額の引き受け・払い込みを受け，払込金は当座預金とした。ただし，払込金の一部は資本金として計上しないこととした。

  (借) 当 座 預 金 ×××　(貸) 資　本　金 ×××
  　　　　　　　　　　　　　　資 本 準 備 金 ×××

- [ ] 6. 事業規模拡大のため株式発行費用を小切手を振り出して支払った。

  (借) 株 式 交 付 費 ×××　(貸) 当 座 預 金 ×××

次の連続する取引の仕訳を示しなさい。

(1) 中国物産株式会社は，設立にさいし，株式1,500株を1株につき¥50,000で発行し，全額の引き受け・払い込みを受け，払込金は当座預金とした。
(2) 会社の設立に要した諸費用¥350,000を，発起人に小切手を振り出して支払った。
(3) 開業準備に要した諸費用¥475,000を，現金で支払った。

完成問題

1. 次の連続する取引の仕訳を示しなさい。
(1) 四国運輸株式会社は，事業規模拡大のため，あらたに株式500株を1株につき¥60,000で発行し，全額の引き受け・払い込みを受け，払込金は当座預金とした。ただし，払込金額のうち，1株につき¥10,000は資本金として計上しないことにした。
(2) 上記の株式発行に要した諸費用¥270,000を小切手を振り出して支払った。

2. 次の取引の仕訳を示しなさい。なお，資本金は計上しなければならない最低金額とする。
(1) 信州商事株式会社は，設立にさいし，株式200株を1株につき¥60,000で発行し，全額の引き受け・払い込みを受け，払込金は当座預金とした。なお，この株式の発行に要した諸費用¥400,000を小切手を振り出して支払った。
(2) 九州商事株式会社は，事業規模拡大のため，あらたに株式100株を1株につき¥110,000で発行し，全額の引き受け・払い込みを受け，払込金は当座預金とした。なお，この株式の発行に要した諸費用¥500,000を小切手を振り出して支払った。

第29章 剰余金の処分に関する記帳

株式会社では，純利益をどのように計上するのか。剰余金の処分はどのような取引なのか。本章でも引き続き株式会社特有の取引の記帳について学習しよう。

キーワード：繰越利益剰余金

1 純利益の計上

個人企業では，損益勘定で算出した当期純利益は資本金勘定の貸方に振り替えた。これに対して株式会社では，当期純利益を**繰越利益剰余金勘定**(資本の勘定)の貸方に振り替えて，次期に繰り越す。

例1

3月31日　関東商事株式会社は，第1期の決算の結果，当期純利益¥1,500,000を計上した。

仕訳

（借）損　　　益　1,500,000　（貸）繰越利益剰余金　1,500,000

損　　益		繰越利益剰余金	
費　用 2,000,000	収　益 3,500,000		当期純利益 1,500,000
当期純利益 1,500,000			

2 剰余金の処分

繰越利益剰余金は，株式会社の剰余金のなかの一つである。剰余金とは，会社法の規定により，株主に配当をすることが認められている繰越利益剰余金や，あとで学ぶ任意積立金などをいう。剰余金は，原則として株主総会の決議によって，株主に配当などの処分をすること

ができる。剰余金の処分には，株主に対して金銭などの財産を支払う配当のほか，繰越利益剰余金の任意積立金への振り替えや損失の処理などが含まれる。配当などで処分した額は，繰越利益剰余金勘定から次に示すそれぞれの勘定の貸方に振り替えられる。

(1) **利益準備金** 株式会社では，会社法令の規定により，繰越利益剰余金から剰余金の配当として会社が支出する額の$\frac{1}{10}$を，資本準備金と合計して資本金の$\frac{1}{4}$に達するまで計上しなければならない。これを利益準備金といい，その計上額を**利益準備金勘定**(資本の勘定)の貸方に記入する。

(2) **配当金** 株主に対する剰余金の金銭などによる分配額を配当金という。株主総会で配当金の支払いが決議されたとき，その金額を**未払配当金勘定**(負債の勘定)の貸方に記入する。

(3) **任意積立金** 利益準備金のように法律の強制ではなく，定款の規定または株主総会の決議によって，繰越利益剰余金の一部を積み立てたものを**任意積立金**という。任意積立金には次のようなものがある。

　　ア．配当平均積立金　　利益の少ない年度でも一定の配当ができるようにするための積立金
　　イ．新築積立金　　店舗などの新築をするための積立金
　　ウ．別途積立金　　特定の目的をもたない積立金

株主総会でこれらの任意積立金の積み立てが決議されたとき，その金額をそれぞれの勘定の貸方に記入する。

以上のような項目に繰越利益剰余金を振り替えたあとの残額は，そのまま繰越利益剰余金勘定に残される。この貸方残高には，期末に純利益が振り替えられ，その合計額が次の剰余金の配当などの処分の対象となる。剰余金を配当などで処分した結果，利益準備金・任意積立金・繰越利益剰余金が社内に留保され，貸借対照表の純資産の部に計上される。未払配当金は負債であるから，株主に支払われ，その支払額だけ資金が社外に流出する。

❶ 第１期の株主総会が開催されるのは，第１期末の決算日後，第２期に入ってからである。

例 2

6月28日 第１期の株主総会❶において，繰越利益剰余金 ¥1,500,000について，次のとおり剰余金の処分が決定された。

利益準備金 ¥ 90,000　配　当　金 ¥ 900,000
新築積立金　　250,000　別途積立金　　150,000

7月1日 配当金¥900,000を小切手を振り出して支払った。

仕訳

6/28 （借）繰越利益剰余金　1,390,000　（貸）利益準備金　　90,000
　　　　　　　　　　　　　　　　　　　　　　未払配当金　 900,000
　　　　　　　　　　　　　　　　　　　　　　新築積立金　 250,000
　　　　　　　　　　　　　　　　　　　　　　別途積立金　 150,000

7/ 1 （借）未払配当金　　 900,000　（貸）当 座 預 金　 900,000

例2を総勘定元帳に転記して記帳の流れを示すと，次のようになる。

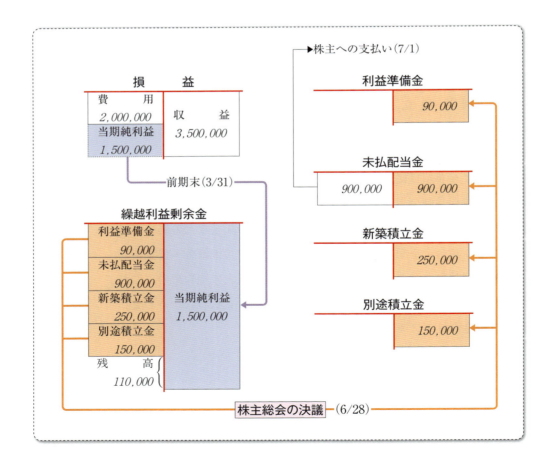

例 3

3月31日　第2期決算の結果，当期純利益¥900,000を計上した。
　　　　なお，繰越利益剰余金勘定に貸方残高が¥110,000ある。

仕 訳

3/31　（借）損　　　益　900,000　（貸）繰越利益剰余金　900,000

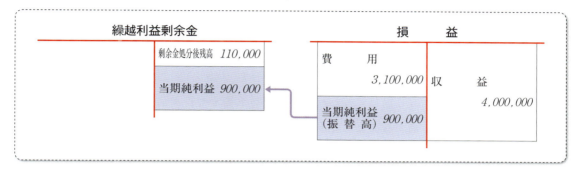

例1から例3までの仕訳を，繰越利益剰余金・利益準備金・未払配当金の各勘定に転記し，締め切ると次のようになる。

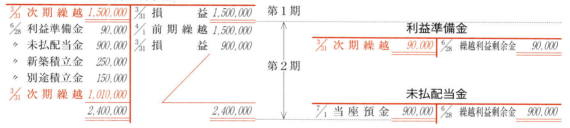

また，決算の結果，当期純損失が生じたときは，その額を繰越利益剰余金勘定の借方に振り替える。

例 4

3月31日　第3期決算の結果，当期純損失¥580,000を計上した。
　　　　なお，繰越利益剰余金勘定に貸方残高が¥130,000ある。

仕 訳

3/31　（借）繰越利益剰余金　580,000　（貸）損　　　益　580,000

巻末 8 に例1から例4を時間の流れにそって図解してあるので必ずみてください。

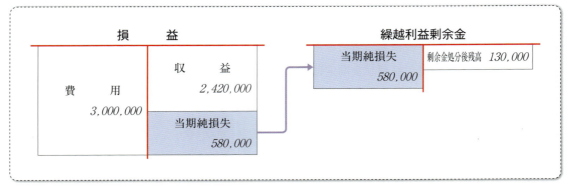

　繰越利益剰余金勘定の借方残高(損失の累積額)は、原則として株主総会の決議によって処理される。ふつう、この処理は、任意積立金を取り崩して行われるが、利益準備金や資本準備金などを取り崩して塡補することもできる。

例 5

6月28日　第3期の株主総会において、繰越利益剰余金勘定の借方残高¥450,000を塡補するため、別途積立金¥450,000を取り崩した。

解答

6/28　(借)別途積立金　450,000　(貸)繰越利益剰余金　450,000

　例4、例5の仕訳を繰越利益剰余金・別途積立金の各勘定に転記すると次のようになる。なお、例5の6月28日は第4期であることに注意する。

310　第29章●剰余金の処分に関する記帳

第29章 重要仕訳

第29章で学んだ取引を確認しよう。

☐ 1. 決算の結果，当期純利益を計上した。

　　（借）損　　　　益　×××　　（貸）繰越利益剰余金　×××

☐ 2. 株主総会において，繰越利益剰余金の処分を決定した。

　　（借）繰越利益剰余金　×××　　（貸）利　益　準　備　金　×××
　　　　　　　　　　　　　　　　　　　　　未　払　配　当　金　×××
　　　　　　　　　　　　　　　　　　　　　新　築　積　立　金　×××
　　　　　　　　　　　　　　　　　　　　　別　途　積　立　金　×××

☐ 3. 配当金を小切手を振り出して支払った。

　　（借）未　払　配　当　金　×××　　（貸）当　座　預　金　×××

☐ 4. 決算の結果，当期純損失を計上した。

　　（借）繰越利益剰余金　×××　　（貸）損　　　　益　×××

☐ 5. 株主総会において，繰越利益剰余金の借方残高を別途積立金を取り崩して填補した。

　　（借）別　途　積　立　金　×××　　（貸）繰越利益剰余金　×××

確認問題

1． 次の連続する取引の仕訳を示し，繰越利益剰余金・利益準備金・未払配当金の各勘定に転記しなさい。

(1) 山梨商事株式会社は，第1期決算の結果，当期純利益¥1,280,000を計上した。

(2) 株主総会の結果，繰越利益剰余金¥1,280,000について，次のとおり処分が決定された。

　　利益準備金　¥ 65,000　　配　当　金　¥ 650,000
　　配当平均積立金　170,000　　別途積立金　270,000

(3) 配当金¥650,000を小切手を振り出して支払った。

(4) 第2期決算の結果，当期純利益¥1,530,000を計上した。

2． 次の連続する取引の仕訳を示し，繰越利益剰余金・利益準備金・未払配当金の各勘定に転記しなさい。

(1) 長野商事株式会社は，第1期決算の結果，当期純利益¥1,300,000を計上した。

(2) 株主総会の結果，繰越利益剰余金¥1,300,000について，次のとおり処分が決定された。

　　利益準備金　¥ 80,000　　配　当　金　¥ 800,000
　　別途積立金　200,000

(3) 配当金¥800,000を小切手を振り出して支払った。

(4) 第2期決算の結果，当期純損失¥560,000を計上した。

3．次の連続する取引の仕訳を示し，繰越利益剰余金勘定に転記しなさい。

(1) 愛知物産株式会社は，第5期決算の結果，当期純損失￥2,630,000を計上した。なお，繰越利益剰余金勘定の貸方残高が￥380,000ある。

(2) 株主総会の決議により，繰越利益剰余金勘定の借方残高￥2,250,000を填補するため，別途積立金￥1,900,000を取り崩した。

(3) 第6期決算の結果，当期純利益￥850,000を計上した。

完成問題

1．次の連続する取引の仕訳を示し，繰越利益剰余金勘定に転記しなさい。

(1) 東西物産株式会社は，第5期決算の結果，当期純利益￥470,000を計上した。なお，繰越利益剰余金勘定の借方残高が￥1,470,000ある。

(2) 株主総会の決議により，繰越利益剰余金勘定の借方残高を填補するため，別途積立金￥600,000を取り崩した。

(3) 第6期決算の結果，当期純利益￥700,000を計上した。

2．次の取引の仕訳を示しなさい。

(1) 東北商事株式会社は，株主総会において繰越利益剰余金￥2,650,000について次のとおり剰余金の処分が決定された。

　　利益準備金　￥180,000　　配　当　金　￥1,800,000
　　別途積立金　￥280,000

(2) 関東商事株式会社は，株主総会において繰越利益剰余金￥2,600,000について次のとおり処分することを決議した。

　　利益準備金　配当金の$\frac{1}{10}$の金額　　配　当　金　￥2,000,000
　　別途積立金　￥320,000

(3) 関西商事株式会社は，株主総会において繰越利益剰余金￥2,400,000について次のとおり処分することを決議した。なお，当社の資本金は￥80,000,000　資本準備金は￥1,000,000　利益準備金は￥300,000である。

　　利益準備金　会社法令に規定する額　　配　当　金　￥1,900,000
　　別途積立金　￥250,000

第30章 社債の記帳

第14章では，社債を購入した側の記帳を学んだが，社債を発行する側は，どのように記帳するのか。本章では，株式会社が社債を発行した場合の記帳について学習しよう。

キーワード　社債　社債発行費　社債利息

1　社債の発行

　株式会社は，会社法の規定にもとづき，社債を発行して，ひろく一般の人々から長期資金を借り入れることができる。これによって生じる長期の負債を**社債**という。

　社債を発行したときは，**社債勘定**(負債の勘定)の貸方に払込金額で記入する。社債は，額面金額と異なる価額で発行されることがあり，とくに社債を額面金額より低い価額で発行することを**割引発行**という。❶ この場合，社債勘定の貸方に記入される払込金額は，額面より低い金額となる。

　また，社債の発行のために要した募集費用，社債券❷の印刷費などの諸費用は，**社債発行費**といい，**社債発行費勘定**(費用の勘定)の借方に記入する。

❶ 割引発行のほかに，額面金額より高い価額で発行することを**打歩発行**といい，額面金額で発行することを**平価発行**という。

❷ 株式会社は，社債の発行ごとに社債券を発行するかしないかを定めることができる。

▶社債券の例

1. 社債の発行　313

> **例 1**
>
> 4月1日　東北産業株式会社（決算年1回　3月末日）は，額面総額￥8,000,000の社債を年利率3％（利払い年2回　3月と9月の末日），償還期限10年，額面￥100につき￥98の条件で発行し，払込金は当座預金とした。
> なお，社債発行のための諸費用￥210,000は，小切手を振り出して支払った。
>
> **仕訳**
>
> 4/ 1　（借）当座預金　7,840,000　（貸）社　　債　7,840,000
> 　　　（借）社債発行費　210,000　（貸）当座預金　210,000
>
> 払込金　$¥8,000,000 \times \dfrac{¥98 \text{（額面総額）}}{¥100} = ¥7,840,000$

2　社債の利払い

社債に対する利息は，ふつう年2回，半年ごとに支払われる。これを**社債利息**という。社債利息は次のように計算する。

$$\text{額面総額} \times \text{年利率} \times \dfrac{6(\text{月})}{12(\text{月})} = \text{半年分の社債利息}$$

社債利息を支払ったときは，**社債利息勘定**（費用の勘定）の借方に記入する。

> **例 2**
>
> 9月30日　例1の社債について，第1回の利息（半年分）を，小切手を振り出して支払った。
>
> **仕訳**
>
> 9/30　（借）社債利息　120,000　（貸）当座預金　120,000
>
> 社債利息　$¥8,000,000 \times 0.03 \times \dfrac{6(\text{月})}{12(\text{月})} = ¥120,000$
> （額面総額）（年利率）

3　社債の期末評価

社債発行時における額面金額と払込金額との差額は，社債の償還期までの利息の調整の性格をもっている。そこでこの差額については，社債の償還期限までの各期間にわたって，社債利息として配分しなけ

❶この方法を**償却原価法**という。

ればならない。この場合，各期間の配分額は，社債利息勘定の借方に記入するとともに，社債勘定の貸方に記入する。このとき，社債勘定の貸方残高は，社債の期末評価をした金額となる。このように社債勘定は，当初の払込金額から額面金額へと徐々に増額されていく。

例 3

3月31日　決算にあたり，例1における社債利息の当期配分額を計上した。

仕訳

3/31　（借）社債利息　16,000　（貸）社　債　16,000

社債利息当期配分額　(額面総額 ¥8,000,000 − 払込金額 ¥7,840,000) ÷ 10(年) = ¥16,000

4 社債の償還

社債は，債務であるからいずれ返済しなければならない。社債を返済することを**社債の償還**といい，償還には次の方法がある。

社債の償還
- **満期償還**……償還期限（満期日）がきたときに額面金額で返済する方法。
- **抽せん償還**……分割して償還する方法で，抽せんによって償還する社債を決め，額面金額で返済する方法。
- **買入償還**……社債市場から，償還期限前に市場価格（時価）で買い入れて償還する方法。

① **満期償還**　償還期限（満期日）に，社債を償還したとき，その額面金額で社債勘定の借方に記入する。

例 4

3月31日　例1の社債が満期になったので，小切手を振り出して，全額を償還した。

仕訳

3/31　（借）社　債　8,000,000　（貸）当座預金　8,000,000

② **抽せん償還**　抽せんによって，償還する社債が決定したときに，その社債の額面金額で社債勘定から**未払社債勘定**（負債の勘定）の貸方に振り替える。償還を行ったときに，未払社債勘定の借方に記入

> **例 5**
>
> 1．額面金額¥50,000,000の社債を抽せんによって償還することを決定した。
> 2．上記の未払社債を小切手を振り出して支払った。
>
> **仕訳**
>
> 1．（借）社　　債　50,000,000　（貸）未払社債　50,000,000
> 2．（借）未払社債　50,000,000　（貸）当座預金　50,000,000

③ **買入償還**　社債を買入償還したとき，そのときの帳簿価額（償却原価）で社債勘定の借方に，買入価額を当座預金など支払手段の勘定の貸方に記入する。この結果，買入価額と帳簿価額に差額があるときは，その差額を**社債償還益勘定**（収益の勘定）または**社債償還損勘定**（費用の勘定）で処理する。

> **例 6**
>
> 4月1日　割引発行した額面総額¥60,000,000（帳簿価額¥59,280,000）の社債のうち，額面金額¥20,000,000を¥100につき¥98で買入償還し，小切手を振り出して支払った。

解答

仕訳　4/1（借）社　　債　19,760,000　（貸）当座預金　19,760,000
　　　　　　　　　　　　　　　　　　　　　　社債償還益　　160,000

買入償還した社債の帳簿価額

$¥59,280,000 \times \dfrac{¥20,000,000}{¥60,000,000} = ¥19,760,000$

社債償還益

$¥19,760,000 - ¥20,000,000 \times \dfrac{¥98}{¥100} = ¥160,000$

転記

社　　債	
4/1 諸　口　19,760,000	4/1 前期繰越　59,280,000

社債償還益	
	4/1 社　債　160,000

Self check : 社債の発行側と購入側の仕訳

　社債を発行する側と社債を購入する側のそれぞれの立場における仕訳を示すと次のとおりである。なお，購入側は売買目的で社債を購入するものとする。

(1) 社債の発行側の仕訳：社債勘定（負債の勘定）を使用する。

　発行時　（借）当 座 預 金　×××　（貸）社　　　　債　×××
　　　　　　　　　　　　　　　　　　　　　　　　↑払込金額

　償還時　（借）社　　　　債　×××　（貸）当 座 預 金　×××
　（満期）　　　　↑償還時の帳簿価額

(2) 社債の購入側の仕訳：有価証券勘定（資産の勘定）を使用する。

　購入時　（借）有 価 証 券　×××　（貸）当 座 預 金　×××
　　　　　　　　　↑取得原価

　売却時　（借）当 座 預 金　×××　（貸）有 価 証 券　×××
　　　　　　　　　↑売却価額　　　　　　　　有価証券売却益　×××

第30章　重要仕訳

第30章で学んだ取引を確認しよう。

☐ 1．社債を発行して，払込金を当座預金とした。また，社債発行のための諸費用を小切手を振り出して支払った。

　　（借）当 座 預 金　×××　（貸）社　　　　債　×××
　　（借）社 債 発 行 費　×××　（貸）当 座 預 金　×××

☐ 2．半年分の社債利息を小切手を振り出して支払った。

　　（借）社 債 利 息　×××　（貸）当 座 預 金　×××

☐ 3．決算にあたり，社債利息の当期配分額を計上した。

　　（借）社 債 利 息　×××　（貸）社　　　　債　×××

☐ 4．社債が満期になったので，小切手を振り出して全額を償還した。

　　（借）社　　　　債　×××　（貸）当 座 預 金　×××

☐ 5．社債を抽せんによって，償還することを決定した。

　　（借）社　　　　債　×××　（貸）未 払 社 債　×××

☐ 6．未払社債を小切手を振り出して支払った。

　　（借）未 払 社 債　×××　（貸）当 座 預 金　×××

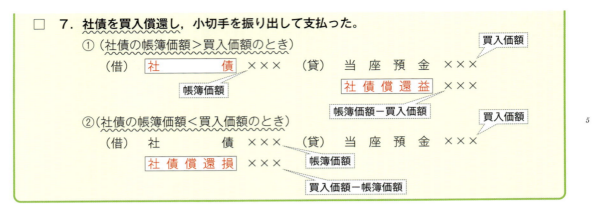

確認問題

次の連続する取引の仕訳を示しなさい。

(1) 兵庫物産株式会社（決算年1回　3月31日）は，4月1日に社債を次の条件で発行し，全額の払い込みを受け，払込金は当座預金とした。なお，この社債の発行に要した諸費用￥510,000は，小切手を振り出して支払った。

　　額面総額￥20,000,000　償還期限　10年　年利率4％
　　利払い年2回（3月と9月の末日）　払込金額　額面￥100につき￥97

(2) 上記の社債について，第1回の利息￥400,000を小切手を振り出して支払った。

(3) 上記の社債について，第2回の利息を小切手を振り出して支払った。同時に，決算にあたり，社債の期末評価を償却原価法によって行った。

(4) 上記の社債が本日満期日につき，額面総額￥20,000,000の社債を小切手を振り出して償還した。

完成問題

次の連続する取引の仕訳を示しなさい。

(1) 広島商事株式会社（決算年1回　3月31日）は，4月1日に社債を次の条件で発行し，全額の払い込みを受け，払込金は当座預金とした。

　　額面総額￥20,000,000　償還期限　10年　年利率5％
　　利払い年2回（3月末，9月末）　払込金額　額面￥100につき￥99

(2) 社債発行の諸費用￥210,000を小切手を振り出して支払った。

(3) 第1回の利息を小切手を振り出して支払った。

(4) 決算にあたり，社債を償却原価法によって評価した。

(5) 上記の社債発行後4年目の初めに，額面￥5,000,000を￥100につき￥98で買入償還し，小切手を振り出して支払った。なお，この買入償還した社債の帳簿価額は￥4,965,000である。

(6) 上記の社債の残高，額面￥15,000,000を満期日に，小切手を振り出して償還した。

第31章 株式会社の税金の記帳

第16章と第17章では，個人企業の税金について学習したが，株式会社の税金についてはどのように記帳するのか。ここでは，株式会社の税金ついて，法人税を中心に学習しよう。

キーワード：法人税等　仮払法人税等　未払法人税等

1 税金の種類

株式会社が納付するおもな税金のうち，法人税・地方法人税[❶]・印紙税・消費税は**国税**(こくぜい)(国に納める税金)であり，住民税・事業税・固定資産税は**地方税**(都道府県・市町村などの地方公共団体に納める税金)である。

これらの税金のうち，法人税，住民税および事業税は会社の利益にもとづいて課される税金として分類され，固定資産税や印紙税などは費用の租税公課で処理する税金として分類される。

❶地方交付税の財源を確保するために国に納める国税をいう。

2 法人税・住民税・事業税の記帳

法人税(地方法人税を含む)は，株式会社などの法人の純利益をもとに税法の規定によって調整計算を行い，税額を確定して国に納める税金である。また，住民税は道府県民税と市町村民税をあわせた税金をいう。事業税は事業を行っている法人に対して課せられ，都道府県に納める税金である。

法人税・住民税・事業税は申告や納付の方法が同じであるので，これら三つの税金は，まとめて**法人税等**として記帳する。

(1) 中間申告・納付の記帳

株式会社は，期首から6か月経過後，2か月以内に**中間申告**を行う。中間申告では，前年度の法人税等の額の2分の1または中間決算を行って，法人税等の額を計算して申告納付する。中間申告において，法人税等を納付したときは，**仮払法人税等勘定**(資産の勘定)の借方に記入する。

(2) 決算日の記帳

決算日に当期の法人税等を計上したときは，**法人税等勘定**の借方に記入するとともに，中間申告による納付額を仮払法人税等勘定の貸方に，また，法人税等の額と中間申告納付額との差額(未納額)を**未払法人税等勘定**(負債の勘定)の貸方に記入する。

(3) 確定申告・納付の記帳

決算の翌日から，原則として2か月以内に確定申告を行い，未払法人税等を納付する。この納付額は未払法人税等勘定の借方に記入する。

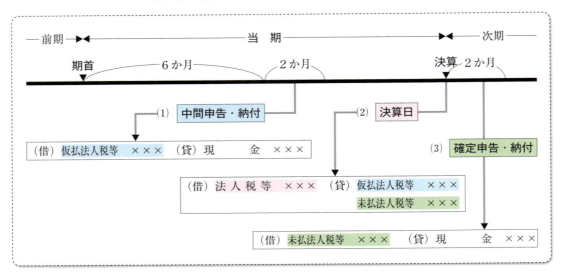

例

11月25日	法人税，住民税および事業税の中間申告を行い，前年度の法人税，住民税および事業税の合計額￥1,220,000の $\frac{1}{2}$ を，現金で納付した。
3月31日	決算にさいし，当期の法人税，住民税および事業税の合計額￥1,460,000を計上した。
5月28日	法人税，住民税および事業税の確定申告を行い，決算で計上した法人税等の額から中間申告納付額を差し引いた￥850,000を現金で納付した。

仕訳

11/25	(借) 仮払法人税等	610,000	(貸) 現　　　金	610,000
3/31	(借) 法 人 税 等	1,460,000	(貸) 仮払法人税等	610,000
			未払法人税等	850,000
5/28	(借) 未払法人税等	850,000	(貸) 現　　　金	850,000

なお，株式会社の税金には，固定資産税・印紙税・消費税などもあるが，これらの記帳は，個人企業の場合と同様である。

> **第31章　重要仕訳**
>
> 第31章で学んだ取引を確認しよう。
>
> ☐ 1．法人税・住民税・事業税の中間申告を行い，現金で納付した。
>   （借）仮払法人税等　×××　（貸）現　　　金　×××
>
> ☐ 2．決算にさいし，当期の法人税・住民税および事業税の合計額を計上した。
>   （借）法　人　税　等　×××　（貸）仮払法人税等　×××
>   未払法人税等　×××
>
> ☐ 3．法人税・住民税および事業税の確定申告を行い，納付すべき税額を現金で納付した。
>   （借）未払法人税等　×××　（貸）現　　　金　×××

次の税金のうち，会社の利益にもとづいて課せられる税金には○印を記入しなさい。

(1) 事　業　税　　(2) 印　紙　税　　(3) 法　人　税
(4) 固定資産税　　(5) 市町村民税

完成問題

1．次の連続する取引の仕訳を示しなさい。

11月25日　岡山商事株式会社（決算年1回　3月31日）は，中間申告を行い，前年度の法人税，住民税および事業税の合計額¥3,370,000の$\frac{1}{2}$を小切手を振り出して納付した。

3月31日　決算の結果，計上した当期純利益にもとづいて法人税，住民税および事業税の合計額¥2,900,000を計上した。

5月28日　法人税，住民税および事業税の確定申告を行い，中間申告による納付額を差し引き，残額を小切手を振り出して納付した。

2．次の取引の仕訳を示しなさい。

(1) 鳥取商事株式会社は，決算にあたり，当期の法人税・住民税および事業税の合計額¥1,400,000を計上した。ただし，中間申告のさい¥800,000を納付している。

(2) 島根商事株式会社は，法人税・住民税および事業税の確定申告を行い，¥700,000を現金で納付した。ただし，未払法人税等の残高が¥700,000ある。

記帳例題
―第1例題―

　　関西商店の4月中の取引は，下記に示したとおりである。よって，次の手順に従って簿記一巡の手続きを行いなさい。ただし，4月1日から4月30日までを一会計期間とする。なお，仕訳帳の小書きは省略する。

(1)　4月1日の取引を仕訳帳に記入して，総勘定元帳の各勘定口座に転記しなさい。
(2)　期首の貸借対照表を作成しなさい。
(3)　4月2日以降の取引を仕訳帳に記入して，総勘定元帳の各勘定口座に転記しなさい。
(4)　仕訳帳を締め切りなさい。
(5)　次の手続きに従って，4月末の決算を行いなさい。
　ア．合計残高試算表を作成しなさい。
　イ．精算表を作成しなさい。
　ウ．決算に必要な仕訳を仕訳帳に記入し，総勘定元帳の各勘定口座に転記して，仕訳帳と各勘定口座を締め切りなさい。
　エ．繰越試算表を作成しなさい。
　オ．損益計算書と貸借対照表を作成しなさい。

▶勘定科目
　1．現　　　　金　　2．売　掛　金　　3．商　　　　品
　4．備　　　　品　　5．買　掛　金　　6．借　入　金
　7．資　本　金　　8．商品売買益　　9．受取手数料
　10．給　　　　料　　11．支払家賃　　12．消耗品費
　13．支払利息　　14．損　　　益

▶取引
　4月1日　関西一郎は現金￥300,000　備品￥200,000をもって営業を開始した。
　　　2日　本月分の家賃￥40,000を現金で支払った。
　　　4日　商品￥150,000を仕入れ，代金は現金で支払った。
　　　6日　商品￥140,000（原価￥100,000）を売り渡し，代金は掛けとした。
　　　7日　事務用の文房具￥10,000を買い入れ，代金は現金で支払った。

4月9日　商品¥500,000を仕入れ，代金は掛けとした。
12日　商品¥300,000（原価¥230,000）を売り渡し，代金のうち¥100,000は現金で受け取り，残額は掛けとした。
15日　銀行から¥700,000を借り入れ，利息¥3,000を差し引かれ，残額は現金で受け取った。
18日　商品¥296,000を仕入れ，代金のうち¥96,000は現金で支払い，残額は掛けとした。
20日　本月分の給料¥130,000を現金で支払った。
〃日　買掛金のうち¥500,000を現金で支払った。
22日　商品¥650,000（原価¥500,000）を売り渡し，代金のうち¥230,000は現金で受け取り，残額は掛けとした。
25日　売掛金¥340,000を現金で受け取った。
28日　商品売買の仲介を行い，手数料¥10,000を現金で受け取った。
30日　借入金¥300,000と利息¥1,000を現金で支払った。
〃日　本日，決算を行う。

合計残高試算表の合計欄の合計	¥ 4,567,000
当　期　純　利　益	¥ 86,000

―第2例題―

九州商店(決算年1回　12月31日)の前期繰越高と12月中の取引は次のとおりである。よって，

(1) 仕訳を示して，総勘定元帳の各勘定口座に転記するとともに，補助簿(商品有高帳・売掛金元帳・買掛金元帳)に記入しなさい。ただし，総勘定元帳および売掛金元帳・買掛金元帳は略式で示してある。総勘定元帳の勘定口座には，日付・相手勘定科目・金額を記入し，売掛金元帳・買掛金元帳には，日付・摘要・金額を記入すること。なお，商品有高帳の記入は先入先出法による。

(2) 次の手続きに従って，12月末の決算を行いなさい。

　　ア．合計残高試算表を作成しなさい。
　　イ．精算表を作成しなさい。
　　ウ．決算に必要な仕訳を示し，各勘定口座に転記して，締め切りなさい。
　　エ．各補助簿を締め切りなさい。
　　オ．繰越試算表を作成しなさい。
　　カ．損益計算書と貸借対照表を作成しなさい。

▶**勘定科目**(前期繰越高で示す以外の勘定科目)

売　　　上	仕　　　入	給　　　料	発　送　費
支払家賃	支払利息	貸倒引当金繰入	減価償却費
損　　　益			

▶**前期繰越高**

現　　　金	¥216,000	当座預金	¥425,000
売　掛　金	360,000	貸倒引当金	7,200
繰越商品	70,200	備　　　品	246,000
買　掛　金	310,000	借　入　金	200,000
資　本　金	800,000		

▶**勘定の内訳**

売　掛　金	鹿児島商店	¥245,000	長崎商店	¥115,000
買　掛　金	福岡商店	¥130,000	大分商店	¥180,000
繰越商品	A　品	9個	@¥7,800	¥70,200

▶取　　引

12月 2日　福岡商店から次の商品を仕入れ，代金は掛けとした。
　　　　　　　　　A　品　　13個　　@¥ 7,900　　¥102,700

　　 5日　鹿児島商店に次の商品を売り渡し，代金は掛けとした。なお，発送費¥4,000は現金で支払った。
　　　　　　　　　A　品　　20個　　@¥12,000　　¥240,000

　　 6日　大分商店から次の商品を仕入れ，代金のうち¥80,000は小切手を振り出して支払い，残額は掛けとした。
　　　　　　　　　A　品　　20個　　@¥ 8,000　　¥160,000

　　 7日　昨日，大分商店から仕入れた商品のなかに品違いがあったので次のとおり返品し，代金は買掛金から差し引くことにした。
　　　　　　　　　A　品　　 2個　　@¥ 8,000　　¥ 16,000

　　10日　長崎商店に次の商品を売り渡し，代金のうち¥50,000は同店振り出しの小切手で受け取り，ただちに当座預金に預け入れ，残額は掛けとした。なお，発送費¥2,000は現金で支払った。
　　　　　　　　　A　品　　10個　　@¥12,000　　¥120,000

　　15日　福岡商店に対する買掛金のうち¥130,000を小切手を振り出して支払った。

　　20日　売掛金を下記の商店からそれぞれ現金で受け取り，ただちに当座預金に預け入れた。
　　　　　　　鹿児島商店　¥120,000　　長崎商店　¥100,000

　　21日　大分商店に対する買掛金のうち¥180,000を小切手を振り出して支払った。

　　25日　本月分給料¥40,000を現金で支払った。

　　30日　借入金の利息¥1,200と本月分家賃¥20,000を現金で支払った。

　　31日　本日，決算を行う。決算整理事項は次のとおりである。
　　　　　a. 期末商品棚卸高　　¥80,000
　　　　　b. 貸倒見積額　　売掛金残高の2%
　　　　　c. 備品減価償却額　　¥4,500

合計残高試算表の合計欄の合計	¥ 2,553,100
当期純利益	¥ 49,600

―第3例題―

富山商店(決算年1回　12月31日)の平成○年11月30日の総勘定元帳の勘定残高と12月中の取引は次のとおりである。よって，

(1) 仕訳を示して，総勘定元帳の各勘定口座に転記するとともに，受取手形記入帳・支払手形記入帳に記入しなさい。ただし，総勘定元帳は略式で示してある。勘定口座には，日付・相手勘定科目・金額を記入すること。

(2) 次の手続きに従って，決算を行いなさい。

　ア．残高試算表を作成しなさい。
　イ．精算表を作成しなさい。
　ウ．決算に必要な仕訳を示し，各勘定口座に転記して，締め切りなさい。
　エ．繰越試算表を作成しなさい。
　オ．損益計算書と貸借対照表を作成しなさい。

▶**勘定科目**(11月30日に残高がない勘定科目)

受取手形	仮払金	前払保険料	未収利息
支払手形	未払家賃	受取利息	有価証券評価益
貸倒引当金繰入	減価償却費	手形売却損	雑損
現金過不足	損益		

▶**11月30日の勘定残高**(資本金以外は，各勘定口座に残高だけを示す)

現　　　　金	¥ 733,000	当 座 預 金	¥ 870,000
売　掛　金	860,000	貸倒引当金	35,000
有 価 証 券	1,300,000	繰 越 商 品	580,000
貸　付　金	200,000	備　　　品	200,000
備品減価償却累計額	45,000	買　掛　金	766,000
前　受　金	90,000	所得税預り金	3,000
資　本　金	(各自計算して求め，勘定口座に記入すること)		
引　出　金	60,000	売　　　上	12,505,000
仕　　　入	9,980,000	給　　　料	1,130,000
支 払 家 賃	330,000	保　険　料	30,000
通　信　費	180,000	旅　　　費	223,000
水 道 光 熱 費	142,000	租 税 公 課	76,000

▶取　　引

12月 1日　現金¥500,000を追加元入れした。

〃日　大町商店に商品¥900,000を売り渡し、代金は内金¥90,000を差し引き、同店振り出し、当店あての約束手形#33（振出日12月1日、支払期日1月31日、支払場所　越中銀行大町支店）で受け取った。

2日　岡谷商店から商品¥500,000を仕入れ、代金は同店あての約束手形#41（振出日12月2日　支払期日12月30日、支払場所　越中銀行富山支店）を振り出して支払った。

5日　前月分給料の所得税預り金¥3,000を税務署に現金で納付した。

6日　高岡商店に対する売掛金¥290,000について、同店振り出し、金沢商店あて（引き受け済み）の為替手形#45（振出日12月6日、支払期日1月6日、支払場所　加賀銀行金沢支店）を受け取った。

10日　七尾商店に対する買掛金¥210,000について、同店振り出し、当店あて、黒部商店受け取りの為替手形#18（振出日12月10日、支払期日1月10日、支払場所　越中銀行富山支店）の引き受けをした。

13日　従業員の出張にあたり、旅費の概算額¥40,000を現金で渡した。

15日　能登商店に対する売掛金¥200,000について、同店振り出し、当店あての約束手形#29（振出日12月15日、支払期日2月15日、支払場所　加賀銀行能登支店）を受け取った。

16日　従業員が帰店し、旅費を精算し、現金¥1,000を受け取った。

19日　能登商店に商品¥750,000を売り渡し、代金は掛けとした。

20日　福井商店に対する買掛金¥320,000を支払うために、売掛金のある得意先能登商店あてに為替手形#22を振り出し、能登商店の引き受けを得て、福井商店に渡した。

23日　本日、現金の実際有高を調べたところ、帳簿残高より¥5,000少ないことがわかった。

24日　水道光熱費¥10,000を現金で支払った。ただし、家計の負担すべき代金¥4,000が含まれていた。

25日　能登商店振り出しの約束手形#29　¥200,000を取引銀行で割り引き、割引料を差し引かれた手取金¥199,000は当座預金に預け入れた。

〃日　本月分給料¥90,000の支払いにあたり、所得税の源泉徴収額¥3,000を差し引き、残額を現金で支払った。

29日　収入印紙¥6,000と郵便切手¥5,000を購入し、代金は現金で支払った。

30日　岡谷商店あての約束手形#41　¥500,000を、期日につき支払ったとの通知を取引銀行から受けた。

31日　本日、決算を行う。決算整理事項は次のとおりである。

　　a．期末商品棚卸高　　¥654,000

b．貸 倒 見 積 額　　受取手形・売掛金残高の2％とする。
c．備品減価償却額　　耐用年数4年　定額法
　　　　　　　　　　　残存価額は取得原価の10％（間接法）
d．有価証券評価額　　時価は¥1,340,000である。
e．保 険 料 前 払 額　　¥6,000
f．家 賃 未 払 額　　¥30,000
g．利 息 未 収 額　　¥2,000
h．現 金 過 不 足 勘 定　　残高は原因不明のため雑損として処理する。
i．引 出 金 勘 定　　残高は整理する。

| 残高試算表の合計 | ¥ 18,634,000 |
| 当 期 純 利 益 | ¥ 1,456,000 |

さくいん

あ
預り金 ……………………… 147
預り金勘定 ………………… 147

い
委託販売 …………………… 221
一部振替取引 ……………… 197
一般管理費 ………………… 153
移動平均法 ………………… 86
印紙税 ……………………… 156
印紙税勘定 ………………… 156
インプレスト システム …… 74

う
受取手形勘定 ……………… 126
受取手形記入帳 …………… 134
受取手数料 ………………… 22
受取手付金勘定 …………… 145
受取配当金勘定 …………… 141
受取家賃 …………………… 22
受取利息 …………………… 22
内金 ………………………… 145
打歩発行 …………………… 313
裏書人 ……………………… 132
売上勘定 …………………… 81
売上原価 …………………… 88
売上原価勘定 ……………… 109
売上債権 …………………… 166
売上総利益 ………………… 88
売上帳 ……………………… 84,288
売上伝票 …………………… 210
売上値引高 ………………… 82
売上返品高 ………………… 82
売掛金 ……………………… 14
売掛金明細表 ……………… 93
売掛金元帳 ………………… 92

え
英米式決算法 ……………… 57

か
カード式帳簿 ……………… 191
買入償還 …………………… 316
買掛金 ……………………… 15
買掛金明細表 ……………… 95
買掛金元帳 ………………… 95
開業費 ……………………… 302
開業費勘定 ………………… 302
会計期間 …………………… 13
会計単位 …………………… 13
開始記入 …………………… 57,290
確定申告 …………………… 162
掛け ………………………… 14
貸方 ………………………… 28
貸方票 ……………………… 198
貸方欄 ……………………… 37,38
貸し倒れ …………………… 97
貸倒償却勘定 ……………… 97,109
貸倒損失勘定 ……………… 97,111
貸倒引当金勘定 …………… 109
貸倒引当金繰入勘定 ……… 109
貸付金 ……………………… 14
貸付金勘定 ………………… 144
割賦売上勘定 ……………… 223
割賦売掛金勘定 …………… 223
割賦販売 …………………… 222
株式 ………………………… 300
株式交付費 ………………… 303
株式交付費勘定 …………… 303
貨幣金額表示 ……………… 13
貨物代表証券 ……………… 220
貨物引換証 ………………… 220
借入金 ……………………… 15
借入金勘定 ………………… 144
仮受金 ……………………… 148
仮受金勘定 ………………… 148
仮受消費税勘定 …………… 156
借方 ………………………… 28
借方票 ……………………… 198
借方欄 ……………………… 37,38
仮払金 ……………………… 148
仮払金勘定 ………………… 148
仮払消費税勘定 …………… 156
仮払法人税等勘定 ………… 319
為替手形 …………………… 126
勘定 ………………………… 28
勘定科目 …………………… 28
勘定口座 …………………… 28
間接法 ……………………… 167

き
期首 ………………………… 13
期首貸借対照表 …………… 16
起票 ………………………… 194
期末 ………………………… 13
期末貸借対照表 …………… 16
給料 ………………………… 22
銀行簿記 …………………… 12
金融手形 …………………… 145,228

く
区分損益計算書 …………… 245
繰越記入 …………………… 57
繰越試算表 ………………… 58
繰越商品勘定 ……………… 81
繰越利益剰余金勘定 ……… 306

け
経営成績 …………………… 11
決算 ………………………… 49
決算仕訳 …………………… 52,107,290
決算整理 …………………… 105
決算整理事項 ……………… 105
決算整理仕訳 ……………… 105
決算日 ……………………… 49
決算報告 …………………… 50
決算本手続き ……………… 50
決算予備手続き …………… 49
減価 ………………………… 112
減価償却 …………………… 112
減価償却費 ………………… 112
減価償却費勘定 …………… 112
減価償却累計額勘定 ……… 167
現金 ………………………… 14
現金過不足 ………………… 68
現金過不足勘定 …………… 68
現金勘定 …………………… 66
現金出納帳 ………………… 67,275
源泉徴収 …………………… 147

こ
工業簿記 …………………… 12
合計残高試算表 …………… 44
合計試算表 ………………… 44

合計仕訳 …………………… 291	自己振出小切手 ……………… 71	純利益 ………………………… 16
合計転記 ……………… 202, 276	資産 …………………………… 14	試用売掛金勘定 …………… 223
広告料 ………………………… 22	試算表 ………………………… 43	試用仮売上勘定 …………… 223
交通費 ………………………… 22	試算表等式 …………………… 61	償却原価法 ………………… 314
小書き ………………………… 37	仕丁欄 ………………………… 39	償却債権取立益勘定 ……… 110
国税 ………………………… 319	実際有高 ……………………… 68	商業手形 …………………… 228
小口現金 ……………………… 74	実地棚卸 …………………… 106	商業簿記 ……………………… 12
小口現金係 …………………… 75	支店会計の独立 …………… 252	試用販売 …………………… 223
小口現金勘定 ………………… 74	支店勘定 …………………… 252	試用販売勘定 ……………… 223
小口現金出納帳 ……………… 76	支店へ売上勘定 …………… 268	試用販売契約勘定 ………… 223
固定資産 …………………… 101	支払地代 ……………………… 22	消費税 ……………………… 156
固定資産税 ………………… 155	支払手形勘定 ……………… 126	証ひょう …………………… 194
固定資産税勘定 …………… 155	支払手形記入帳 …………… 134	商品 …………………………… 14
固定資産台帳 ……………… 103	支払手付金勘定 …………… 145	商品有高帳 …………………… 86
固定資産売却益勘定 … 102, 168	支払保険料勘定 …………… 172	試用品売上勘定 …………… 224
固定資産売却損勘定 … 102, 168	支払家賃 ……………………… 22	商品券 ……………………… 148
5伝票制 …………………… 208	支払利息 ……………………… 22	商品券勘定 ………………… 148
個別転記 ……………… 202, 276	資本 …………………………… 15	商品売買益 ……………… 22, 88
	資本金 ………………………… 16	商品売買損 …………………… 88
さ	資本準備金勘定 …………… 301	商品評価損 ………………… 239
財産管理 ……………………… 11	資本等式 ……………………… 15	商品評価損勘定 …………… 239
財産法 ………………………… 17	資本の引き出し …………… 160	消耗品勘定 ………………… 172
財政状態 ……………………… 11	社会保険料預り金勘定 …… 147	消耗品費 ……………………… 22
再振替 ……………………… 172	社債 ………………………… 313	消耗品費勘定 ……………… 101
再振替仕訳 ………………… 172	社債勘定 …………………… 313	諸口 …………………………… 37
差額補充法 ………………… 110	社債償還益勘定 …………… 316	所得税 ……………………… 162
先入先出法 …………………… 86	社債償還損勘定 …………… 316	所得税預り金勘定 ………… 147
雑益勘定 ……………………… 69	社債の償還 ………………… 315	諸預金勘定 …………………… 74
雑収入勘定 …………………… 69	社債発行費勘定 …………… 313	仕訳 …………………………… 33
雑損勘定 ……………………… 68	社債発行費 ………………… 313	仕訳集計表 ………………… 202
雑損失勘定 …………………… 68	社債利息 …………………… 314	仕訳帳 ………………………… 36
雑費 …………………………… 22	社債利息勘定 ……………… 314	仕訳伝票 …………………… 195
残存価額 …………………… 112	車両運搬具 ………………… 101	新築積立金 ………………… 307
残高式 ………………………… 28	車両運搬具勘定 …………… 101	人名勘定 ……………………… 92
残高試算表 …………………… 44	収益 …………………………… 22	
3伝票制 …………………… 196	収益の繰り延べ …………… 173	**す**
3分法 ………………………… 81	収益の見越し ……………… 176	水道光熱費 …………………… 22
	従業員預り金勘定 ………… 147	
し	従業員立替金勘定 ………… 147	**せ**
仕入勘定 ……………………… 81	集合勘定 ……………………… 52	精算表 ………………………… 50
仕入先元帳 …………………… 95	修正記入欄 ………………… 114	整理記入欄 ………………… 114
仕入諸掛 ……………………… 82	修繕費 ………………………… 22	整理後残高試算表 ………… 177
仕入帳 ………………… 84, 286	住民税 ……………………… 163	整理仕訳 …………………… 105
仕入伝票 …………………… 209	出金伝票 …………………… 196	積送品 ……………………… 221
仕入値引高 …………………… 82	出資 ………………………… 160	積送品売上勘定 …………… 222
仕入返品高 …………………… 82	取得原価 …………………… 101	積送品勘定 ………………… 221
事業税 ……………………… 155	主要簿 ………………………… 67	全部振替取引 ……………… 197
事業税勘定 ………………… 155	純資産 ………………………… 15	
自己受為替手形 …………… 227	純損失 ………………………… 16	

そ

総勘定元帳 …………………… 36
創立費 ………………………… 302
創立費勘定 …………………… 302
租税公課 ……………………… 155
租税公課勘定 ………………… 155
損益勘定 ……………………… 52
損益計算書 …………………… 24
損益計算書等式 ……………… 24
損益法 ………………………… 23

た

貸借対照表 …………………… 15
貸借対照表等式 ……………… 16
貸借平均の原理 ……………… 43
対照勘定 ……………………… 223
耐用年数 ……………………… 112
立替金 ………………………… 147
立替金勘定 …………………… 147
建物 ……………………… 14,101
建物勘定 ……………………… 101
他店商品券 …………………… 149
他店商品券勘定 ……………… 149
棚卸し ………………………… 88
棚卸減耗 ……………………… 239
棚卸減耗損勘定 ……………… 239
棚卸表 ………………………… 113
単一仕訳帳制 ………………… 274
単式簿記 ……………………… 12

ち

地方税 ………………………… 319
中間申告 ……………………… 319
抽せん償還 …………………… 315
帳簿価額 ………………… 102,112
帳簿残高 ……………………… 68
帳簿組織 ……………………… 189
直接法 ………………………… 112
貯蔵品勘定 …………………… 172

つ

追加出資 ……………………… 160
追加元入れ …………………… 160
通信費 ………………………… 22
つづり込み帳簿 ……………… 190

て

定額資金前渡法 ……………… 74

　

定額法 ………………………… 112
訂正仕訳 ……………………… 290
定率法 ………………………… 239
手形貸付金勘定 ……………… 145
手形借入金勘定 ……………… 145
手形債権 ……………………… 126
手形債務 ……………………… 126
手形の裏書譲渡 ……………… 132
手形の書き換え ……………… 228
手形の不渡り ………………… 229
手形の割引 …………………… 133
手形売却損勘定 ……………… 133
摘要欄 ……………………… 37,38
転記 …………………………… 34
電子帳簿 ……………………… 191
伝票 …………………………… 194

と

統括勘定 ……………………… 93
当期純損失 …………………… 16
当期純利益 …………………… 16
当座借越勘定 ………………… 72
当座勘定 ……………………… 73
当座預金 ……………………… 70
当座預金勘定 ………………… 71
当座預金出納帳 ………… 73,283
統制勘定 ……………………… 93
得意先元帳 …………………… 92
特殊仕訳帳 …………………… 274
特別欄 ………………………… 280
土地 ……………………… 14,101
土地勘定 ……………………… 101
取引 …………………………… 27
取引の二面性 ………………… 30
取引の8要素 ………………… 31
取引要素の結合関係 ………… 31

な

内部けん制制度 ……………… 190
内部利益 ……………………… 268

に

荷為替手形 …………………… 231
荷為替の取り組み …………… 231
二重転記 ……………………… 283
荷付為替手形 ………………… 231
入金伝票 ……………………… 196
任意積立金 …………………… 307

の

農業簿記 ……………………… 12

は

配当金 ………………………… 307
配当平均積立金 ……………… 307
売買目的有価証券勘定 ……… 139
8桁精算表 ………………… 50,114
発送諸掛 ……………………… 82
発送費勘定 …………………… 82
販売費 ………………………… 153
販売費及び一般管理費 ……… 153
販売費及び一般管理費勘定 … 153
販売費及び一般管理費元帳
　　　　　　　　　　　　　 153

ひ

被裏書人 ……………………… 132
引き受けの呈示 ……………… 129
引出金勘定 …………………… 160
日付欄 ……………………… 36,38
備品 ……………………… 14,101
備品勘定 ……………………… 101
費用 …………………………… 22
評価勘定 ………………… 109,167
費用・収益の繰り延べ ……… 171
費用・収益の見越し ………… 174
標準式 ………………………… 28
費用の繰り延べ ……………… 171
費用の見越し ………………… 175

ふ

複合仕訳帳制 ………………… 274
複式簿記 ……………………… 12
負債 …………………………… 15
普通仕訳帳 ……………… 274,290
船荷証券 ……………………… 220
振替 …………………………… 52
振替仕訳 ……………………… 52
振替伝票 ……………………… 196
振り出し ……………………… 71
不渡り ………………………… 71
不渡小切手 …………………… 71
不渡手形 ……………………… 229
不渡手形勘定 ………………… 229
分課制度 ……………………… 189
分記法 ………………………… 81

へ

平価発行 ……………………… 313
別途積立金 …………………… 307

ほ

法人税等 ……………………… 319
法人税等勘定 ………………… 320
簿記 …………………………… 10
簿記一巡の手続き ……………… 63
保険料 ………………………… 22
保証債務 ……………………… 233
保証債務勘定 ………………… 233
保証債務取崩益勘定 ………… 234
保証債務費用勘定 …………… 233
補助記入帳 …………………… 188
補助簿 ………………………… 67
補助元帳 ……………… 92，188
本支店の財務諸表の合併 …… 258
本店から仕入勘定 …………… 268
本店勘定 ……………………… 252
本店集中計算制度 …………… 255

ま

前受金 ………………………… 145
前受金勘定 …………………… 145
前受収益 ……………………… 173
前受家賃勘定 ………………… 173
前受利息勘定 ………………… 173
前払金 ………………………… 145
前払金勘定 …………………… 145
前払費用 ……………………… 171
前払保険料勘定 ……………… 171

前払利息勘定 ………………… 171
前渡金勘定 …………………… 145
満期償還 ……………………… 315
満期日 ………………………… 126

み

未実現利益 …………………… 268
未収金 ………………………… 146
未収金勘定 …………………… 146
未収収益 ……………………… 176
未収地代勘定 ………………… 176
未収入金勘定 ………………… 146
未収利息勘定 ………………… 176
未達取引 ……………………… 258
未着商品 ……………………… 220
未着商品売上勘定 …………… 221
未着商品勘定 ………………… 220
未着商品売買 ………………… 220
未着品勘定 …………………… 220
未払金 ………………………… 146
未払金勘定 …………………… 146
未払社債勘定 ………………… 315
未払消費税勘定 ……………… 156
未払税金勘定 ………………… 155
未払地代勘定 ………………… 175
未払配当金勘定 ……………… 307
未払費用 ……………………… 175
未払法人税等勘定 …………… 320
未払利息勘定 ………………… 175

も

元入れ ………………………… 160
元帳 …………………………… 36

元丁欄 ………………………… 37

や

約束手形 ……………………… 126

ゆ

有価証券勘定 ………………… 139
有価証券の評価替え ………… 170
有価証券売却益勘定 ………… 140
有価証券売却損勘定 ………… 140
有価証券評価益勘定 ………… 170
有価証券評価損勘定 ………… 170
有価証券利息勘定 …………… 141

よ

予約販売 ……………………… 224
予約販売前受金勘定 ………… 224

り

利益準備金 …………………… 307
利益準備金勘定 ……………… 307
流動資産 ……………………… 101

る

ルーズリーフ式帳簿 ………… 190

ろ

6桁精算表 …………………… 50

わ

割引発行 ……………………… 313
割引料 ………………………… 133

■執筆・編修

大塚宗春（おおつかむねはる）

川村義則（かわむらよしのり）

粕谷和生（かすやかずお）

古野利勝（ふるのとしかつ）

高橋　司（たかはしつかさ）

山縣文嗣（やまがたふみつぐ）

実教出版株式会社

ほか1名

●本書の関連データがwebサイトからダウンロードできます。

http://www.jikkyo.co.jp/downkoad/ で

「簿記概論」を検索してください。

提供データ：問題解答

表紙デザイン──難波邦夫
本文基本デザイン──㈱エッジ・デザインオフィス

First Stageシリーズ　　　2017年3月20日　初版第1刷発行

簿記概論

Ⓒ著作者　大塚宗春　川村義則
　　　　　ほか6名（別記）

●発行者　実教出版株式会社
　　　　　代表者　戸塚　雄弐
　　　　　東京都千代田区五番町5

●印刷者　株式会社 廣 済 堂
　　　　　代表者　浅野　健
　　　　　東京都港区芝4丁目6番12号

●発行所　実教出版株式会社
〒102-8377　東京都千代田区五番町5
電話〈営業〉(03)3238-7777
　　〈企画開発〉(03)3238-7751
　　〈総務〉(03)3238-7700

●無断複写・転載を禁ず　Printed in Japan

ISBN978-4-407-34065-5

当期純損益の計上と剰余金の処分の流れ〔本文P.306～P.310参照〕

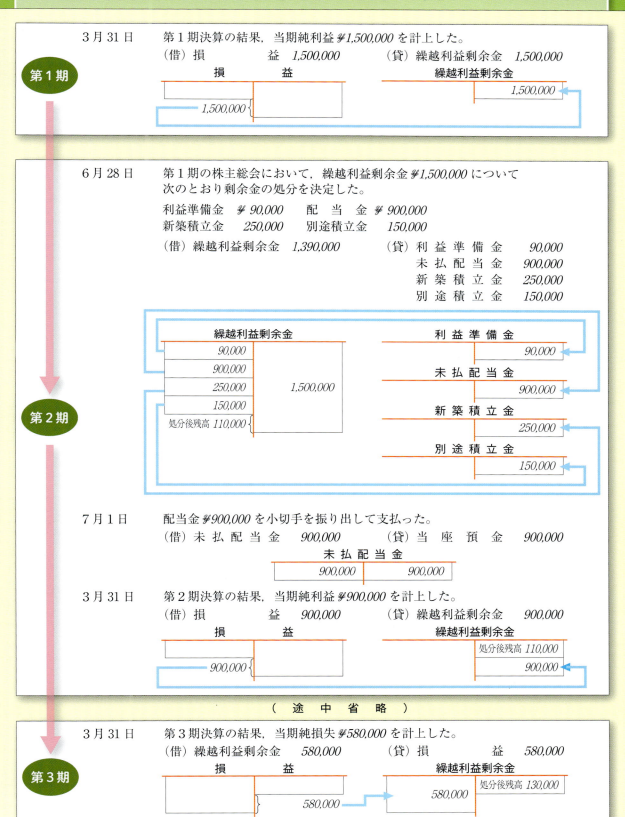

勘定科目一覧表

貸借対照表の勘定

資産の勘定

現　　　　　　　金	貸　　付　　　金
小　口　現　金	手　形　貸　付　金
当　座　預　金	未　　収　　　金
当　座（※借方残）	前　　払　　　金
普　通　預　金	支　払　手　付　金
通　知　預　金	立　　替　　　金
定　期　預　金	従　業　員　立　替　金
諸　　預　　　金	仮　　払　　　金
受　取　手　形	仮　払　消　費　税
〔貸　倒　引　当　金〕	仮　払　法　人　税　等
不　渡　手　形	前　払　保　険　料
売　　掛　　　金	前　払　利　息
〔貸　倒　引　当　金〕	未　収　利　息
割　賦　売　掛　金	未　収　地　代
〔貸　倒　引　当　金〕	
○○商店（人名勘定）	建　　　　　物
有　価　証　券	〔建物減価償却累計額〕
商　　　　　品	車　両　運　搬　具
繰　越　商　品	〔車両運搬具減価償却累計額〕
未　着　商　品	備　　　　　品
積　　送　　品	〔備品減価償却累計額〕
消　耗　品	土　　　　地
他　店　商　品　券	

負債の勘定

支　払　手　形	預　　り　　金
買　　掛　　　金	従業員預り金
○○商店（人名勘定）	所得税預り金
受　取　手　付　金	社会保険料預り金
借　　入　　　金	商　　品　　券
手　形　借　入　金	未　払　家　賃
当　座　借　越	未　払　地　代
当　座（※貸方残）	未　払　利　息
未　　払　　　金	前　受　家　賃
未　払　消　費　税	前　受　地　代
未　払　税　金	前　受　利　息
未　払　法　人　税　等	未　払　配　当　金
前　　受　　　金	未　払　社　債
予約販売前受金	保　証　債　務
仮　　受　　　金	
仮　受　消　費　税	社　　　　債

資本の勘定

資　　本　　　金	配当平均積立金
〔引　　出　　金〕	新　築　積　立　金
資　本　準　備　金	別　途　積　立　金
利　益　準　備　金	繰越利益剰余金

損益計算書の勘定

費用の勘定

商 品 売 買 損	事 業 税
仕 入	固 定 資 産 税
売 上 原 価	印 紙 税
	消 費 税
販売費及び一般管理費	雑 費
給 料	棚 卸 減 耗 損
発 送 費	商 品 評 価 損
広 告 料	保 証 債 務 費 用
貸 倒 引 当 金 繰 入	
貸 倒 損 失	支 払 利 息
支 払 手 数 料	社 債 利 息
減 価 償 却 費	手 形 売 却 損
支 払 家 賃	有 価 証 券 売 却 損
支 払 地 代	有 価 証 券 評 価 損
福 利 厚 生 費	創 立 費
通 信 費	開 業 費
交 通 費	株 式 交 付 費
旅 費	社 債 発 行 費
消 耗 品 費	社 債 償 還 損
保 険 料	雑 損
修 繕 費	
水 道 光 熱 費	固 定 資 産 売 却 損
租 税 公 課	

収益の勘定

商 品 売 買 益	受 取 利 息
売 上	受 取 配 当 金
未 着 品 売 上	有 価 証 券 利 息
積 送 品 売 上	有 価 証 券 売 却 益
割 賦 売 上	有 価 証 券 評 価 益
試 用 品 売 上	保 証 債 務 取 崩 益
	社 債 償 還 益
受 取 手 数 料	雑 益
受 取 家 賃	
受 取 地 代	固 定 資 産 売 却 益

その他の勘定

支 店	法 人 税 等
本 店	（試 用 販 売 契 約
支 店 へ 売 上	試 用 仮 売 上
本 店 か ら 仕 入	損 益
現 金 過 不 足	

注
1. この表は，本書で取り扱ったおもな勘定科目を示したものである。なお，第Ⅴ編以降で取り扱っている勘定科目は赤色，発展編で取り扱っている勘定科目は青色で示している。
2. 〔 〕は，評価勘定を示す。
3. （ をつけた勘定は，対照勘定を示す。